高等院校公共基础课素质教育系列教材

大学美育

主　编　李　宁　崔现强　杨晨程

副主编　陈胜红　刘　洋　汲艳蕊　朱元锋

肇　芬　史婉莹

参　编　（按姓氏笔画排列）

万建华　史银珍　冯爱利　朱　璐

李　辉　杨晓燕　罗梦霞　郑　伟

陶芳玲　黄　丽

合肥工业大学出版社

HEFEI UNIVERSITY OF TECHNOLOGY PRESS

图书在版编目（CIP）数据

大学美育 / 李宁，崔现强，杨晨程主编. —合肥：合肥工业大学出版社，2023.1
ISBN 978-7-5650-6219-3

Ⅰ. ①大… Ⅱ. ①李… ②崔… ③杨… Ⅲ. ①美育—高等学校—教材 Ⅳ. ①G40-014

中国国家版本馆 CIP 数据核字（2023）第 007920 号

大学美育
DAXUE MEIYU

李　宁　崔现强　杨晨程　主编

责任编辑　张　慧
出版发行　合肥工业大学出版社
地　　址　（230009）合肥市屯溪路 193 号
网　　址　www.hfutpress.com.cn
电　　话　人文社科出版中心：0551-62903205
　　　　　营销与储运管理中心：0551-62903198
规　　格　787 毫米×1092 毫米　1/16
印　　张　13.25
字　　数　305 千字
版　　次　2023 年 1 月第 1 版
印　　次　2023 年 1 月第 1 次印刷
印　　刷　廊坊市广阳区九洲印刷厂
书　　号　ISBN 978-7-5650-6219-3
定　　价　49.80 元

前言

美育是审美教育、情操教育、心灵教育，也是丰富想象力和培养创新意识的教育，对于立德树人具有不可替代的作用。美是无时不在、无处不在的，因此美育也就无时不可进行、无处不可进行。进一步发掘“美”、升华“美”，更新青年群体的“美感”意识，端正大学生对“美”的认知，塑造大学生的美育精神，也是高校面临的新使命。

习近平总书记在2018年全国教育大会上指出，“要全面加强和改进学校美育，坚持以美育人、以文化人，提高学生审美和人文素养”。要落实这一重要指示精神，就要下大力气改进美育工作，将其作为推动高校审美教育高质量发展的基础环节。2020年10月，中共中央办公厅、国务院办公厅印发了《关于全面加强和改进新时代学校美育工作的意见》，为新时代高校美育工作提供了根本遵循和前进方向。正是基于这样的背景，我们在前期大量搜集素材、开设专题讲座的基础上，编写了这本《大学美育》。

本教材共十三章，主要内容包括美与美育、自然美、音乐美、绘画美、舞蹈美、戏曲美、书法美、文学美、建筑美、雕塑美、服饰美、器皿美和饮食美。本教材将美学基础理论、审美欣赏和创造实践有机结合在一起，既不脱离美学的哲学品位，又强调在美学观点中紧密联系并指导实践，探讨和揭示审美的特征和规律，同时引导学生对美的欣赏和创造。

为深入学习贯彻党的二十大精神，进一步落实党中央国务院关于新时代高校美育工作的有关部署要求，本教材在编写方面具有以下四个特点：

（1）编写体例遵循认识规律。在编写体例上，本教材遵循审美认识规律，由浅入深地引导学生感受美、欣赏美、创造美，逐步提高学生的审美能力。第一步，提出本章的“思政目标”，并由“美学思考”入手，引发学生的学前思索；第二步，通过“美的印象”，引领学生进入本章内容的学习；第三步，在“美的漫步”中介绍一种美的基本情况；第四步，让学生在“美的体验”中升华感悟。

（2）教材编写融入课程思政。本教材以习近平新时代中国特色社会主义思想为指导，挖掘课程思政的融入点，将教材案例与民族精神等思政元素相结合，进行渗透式教学设计与实践，使教材中隐性的思政元素显性化。同时，在教学内容中更多地体现出中国元素，展现中国博大精深的文化。

（3）教材设计体现实践特色。本教材融入了实践内容，包含书法临摹、摄影、表演、诗词赏析等，帮助学生做到学与练相结合，注重以真实生产项目、典型工作任务、案例等为载体组织教学单元。同时，部分章节中吸收了利用比较成熟的新技术、新工艺、新规范形成的文化产品，在感受最新人类文明审美的同时，也能培育学生追求卓越、精益求精的大国工匠精神。

（4）教材内容注重立体呈现。本教材提供内容更充足、更丰富的微课、音频、图片等资源，以及互动学习、论坛研讨等方式，学生可通过二维码识别、网址检索等方式，把线上、线下学习资源衔接起来。基于审美的特殊性，立体化教材活化了文字与静态图片的表达方式，更大程度地激发学生的学习兴趣。

本教材由黄冈职业技术学院李宁、崔现强、杨晨程担任主编，陈胜红、刘洋、汲艳蕊、朱元锋、肇芬、史婉莹担任副主编，郑伟、李辉、杨晓燕、冯爱利、万建华、陶芳玲、黄丽、罗梦霞、朱璐、史银珍参与编写。最后由李宁统稿、郑柏松审定。

在编写本教材的过程中，我们借鉴了多位专家学者的著作和研究成果，在此一并表示感谢。由于编写时间紧、编者水平有限，书中难免有疏漏之处，望读者不吝批评和指正，以便我们进一步完善。

编　者

2022 年 9 月

目录

第一章

美与美育

本章导读

爱美是人类自我意识的表现，是人与动物的根本区别之一。马克思在《1844 年经济学哲学手稿》中指出：“动物只是按照它所属的那个种的尺度和需要来建造，而人却懂得按照任何一个种的尺度来进行生产，并且懂得怎样处处都把内在的尺度运用到对象上去；因此，人也按照美的规律来建造。”马克思的这段至理名言，从哲学的高度阐述了人类的社会实践与动物的活动所遵循的不同原则。动物的活动是以本能需求的满足为原则的，既无社会，也无历史，但人类的社会实践却是按照“真、善、美”统一的原则进行的。

所谓“美”是人类所特有的真与善的本质力量的感性显现，是真与善的升华。它以真与善为前提、为基础、为潜在因素。人在爱美时，自然接受了潜在的真与善的内容。由于美的存在和发展，由于人类审美活动的不断展开，人类对美的奥秘的探求也越来越热忱而执着。美是那样的丰富多彩，令人心醉神迷，然而它的底蕴到底是什么？

在人类文明发展的漫长过程中，人们除了在自然界、社会生活和艺术领域中欣赏美、创造美之外，还有一个重要的方面，就是对人类自身进行审美教育，即美育，以实现人自身的美化。人类社会的发展史，也就是人们对理想社会和理想人格追求的历史。我们学习美学，也就是以培养德智体美劳全面发展的高素质人才作为自己的精神层面的归宿。

思政目标

1. 传承和弘扬中华优秀传统文化，领悟中华美学精神，以入脑入心的方式将社会主义核心价值观融入美育学习之中。

2. 树立正确的审美观，陶冶高尚的道德情操，塑造美好的心灵。

美学思考

习近平总书记在2014年10月15日的文艺工作座谈会上指出：“中华优秀传统文化是中华民族的精神命脉，是涵养社会主义核心价值观的重要源泉，也是我们在世界文化激荡中站稳脚跟的坚实根基。”“我们要结合新的时代条件传承和弘扬中华优秀传统文化，传承和弘扬中华美学精神。”请结合习近平总书记对弘扬中华美学精神的重要讲话精神，开展课前3分钟演讲，主题是“传统文化与美”，对发生在我们身边的点点滴滴，从美的角度谈谈自己的感受。

美的印象

著名美学家朱光潜的文章《慢慢走，欣赏啊！》告诉我们，生活中到处都有美的存在，那鬼斧神工的自然之境、巧夺天工的艺术之境，乃至我们生活中的点点滴滴，都是美的存在，关键在于我们是否拥有一双发现美的眼睛、一颗感受美的心灵和一种创造美的智慧。审美教育作为学校教育的重要组成部分，带领我们步入艺术的殿堂，聆听那幽远缥缈的天籁之音，观赏那“笔简意繁”的山水之作，品味那如梦如幻的舞台人生，让我们在美的巡礼中增强亲和力、舒展想象力、激发生命力、点燃创造力，更在美的体验中触摸我们的心灵、升华我们的灵魂、创造我们的人生。

朱光潜《慢慢走，欣赏啊！》

美的漫步

第一节 美的表现及分类

在现实生活中，人们时时处处都能感受到美的存在，只是感受的途径和方式有所不同——有的是看到，有的是听到，有的是品尝到，有的是触摸到，还有的是通过想象和联想体会到。美的表现形式不同，人们欣赏美的方式和方法就不同，获得的审美体验也不同。

一、美的表现

美是事物的属性，对于事物的存在形式具有依赖性和从属性。因此，美的表现形式一般是与它所依附的事物相一致的。概括来讲，美的表现形式主要有以下几种。

（一）视觉形象

视觉形象是事物存在的一种基本形态，也是美的主要表现形式。不论是自然美、生活美，还是艺术美、技术美，大多表现为视觉形象。例如，艺术美中的绘画美、雕塑美和舞蹈美都是以视觉形象表现出来的。其要表现的精神内涵，一部分通过视觉形象直接表现出来，另一部分是在视觉形象的触发下通过人们的想象和联想感悟出来的。

（二）真实情境

真实情境是自然美和生活美的一种主要表现形式。自然美的真实情境常常表现为迷人的景色、清新的境界、高远的空间等，一般能使人的心境豁然、身心轻松，如图 1-1 所示；生活美的真实情境大多表现为欢乐的场面、热烈的气氛等，能够使人感受到生活的快乐，激励和鼓舞人的精神。

图 1-1　自然美的真实情境

（三）文化意象

在中国古典诗词中，有很多关于“明月”的诗，其中有的读来令人顿生思念之情，如“露从今夜白，月是故乡明”（杜甫《月夜忆舍弟》）；有的读来使人有悲伤之感，如“料得年年肠断处，明月夜，短松冈”（苏轼《江城子》）。人们之所以在诗文中读到“明月”二字时会产生强烈的情感反应，是因为诗文中的“明月”已经不再是一种简单的自然事物，而是一种具有思想美的文化意象——“明月”是思念的象征（图 1-2）。

图 1-2　感受明月的文化意象——思念

（四）感官知觉

美味佳肴是生活美的重要组成部分。香甜之美、舒适之美和快意之美主要是以感官知觉的形式表现出来的。例如，不论是甘蔗的甜美、佳肴的香美，还是好酒的醇美、果蔬的爽美，都必须通过品尝才能感受到。西瓜的味美是通过感官知觉表现出来的。人们之所以看到香甜多汁的西瓜就能感受到其爽口之美，是因为以往的感官知觉在大脑中留下了印象，当西瓜形象再次出现时，以往的记忆性美感被唤起（图 1-3）。

图 1-3　感受西瓜的爽口之美

（五）心理感受

亲情美、友情美、爱情美，这些美都是以心理感受的形式存在的，人们既可以在各种人际活动中真切地体验到，也可以通过文学和艺术作品及现实情景感受到。例如，人们不论是聆听《我和我的祖国》，还是聆听《歌唱祖国》，都能获得强烈的情感体验。

二、美的分类

因为美没有主体性，只有从属性，所以美一般是按照其所依附的事物的属性来分类的。按所依附的事物性质，美主要分为自然美、艺术美、文字美、辞章美、生活美五大类。

（一）自然美

自然美有两种含义：一是指自然界中各种事物美的属性，二是指事物与生俱来的美。自然美的最大特点是单纯、本真，没有经过人为加工，一般能够给人以清雅、和美、朴素的印象，使人从中感受到自然的意趣。自然美既是一切美的基础，也是各种美创造的基本参照。自然美的内容十分丰富，其表现形式也多种多样，其中既有各种事物形象，也有各类情境，还有丰富的文化意象。例如，春天的牡丹、夏天的荷花（图 1-4）、秋天的海棠、冬天的梅花，辽阔的大海、壮美的草原、高远的天空，美丽的春色、迷人的秋景，这些既是自然美的事物形象，又是具有思想美的文化意象。

图 1-4　荷花

（二）艺术美

艺术美是以自然和生活为基础，通过对自然美和生活美的提炼和加工创造出来的一种美。相对于自然美而言，雕塑、音乐、舞蹈等艺术美中不仅加入了思想美的元素，而且精神美更为突出。因此，艺术美不仅给人的审美影响积极强烈，而且能鼓舞人的精神、增强人的信念等；相对于生活美而言，艺术美更加集中和典型，给人的情感与精神影响更为直接和强烈。

（三）文字美

文字是记录语言的符号系统。任何一种文字的创造都融入了人类的智慧。文字美主要体现在两方面：一是形体的图画美，二是表意的内涵美。例如，东晋书法家王羲之的草书作品《初月帖》（图 1-5），风格逸笔草草，线条浑厚生动，极具形体的图画之美；整体自然天真、率意畅达，又有表意的内涵美。

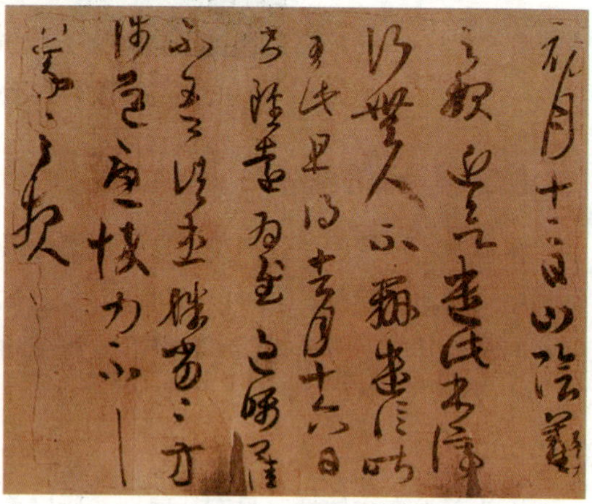

图 1-5　王羲之《初月帖》（唐摹本）

（四）辞章美

辞章美包含两大内容：一是指语言本身所具有的各种美的元素，其中包括音韵美、词义美、修辞美和语法美；二是指各类以辞章形式存在的事物中所包含的美，其中包括应用文和文学作品的思想美、形象美、意境美等美的元素。

（五）生活美

生活美是指人们为了满足生活的需要，通过劳动创造的一切物质中所表现出来的美。生活美以服饰美和饮食美为基本内容，以器物美、建筑美为重要组成部分。生活美与人的距离最近，对人产生的情绪和精神影响一般要比自然美更直接、更强烈。

第二节　美学的基本脉络

一、中国古典美学的发展

中国人对自然的亲和态度，对山水林木的深情凝望，对植物鸟虫的细腻审美，对四季规律的准确把握，对田园生活的诗意美化，以及对安土乐居、落叶归根的期盼，无不体现出温带大陆性气候中农耕民族的自然审美偏向。中国古典美学把中和之美、自然之美、素淡之美奉为至高标准，在世界美学之林中独树一帜。

（一）先秦两汉美学思想

先秦诸子掀起了中国的第一次文化思潮。先秦时期产生了一系列不同派别的学说，其中涵盖了大量的美学思想，并对中国后世美学流派的形成和发展产生深远的影响。先秦时期，以《易经》为核心的原初阴阳生化观，代表了古代中国人对自然、世界及二者形成之道的理解，奠定了中国美学思想的基本精神。百家争鸣时期，儒家和道家既相互对立又相互补充，建构和形成了中国古代美学的基本格局。

孔子从仁出发，联系伦理道德的善来解释美，认为外在形式必须与内在道德的善相统一才具有审美价值，“文质彬彬，然后君子”，在经历“兴于诗，立于礼，成于乐”的审美途径后，获得“可以兴、可以观、可以群、可以怨”的艺术功能，陶冶情感，促进个人与社会的和谐发展。孟子的“可欲之谓善……充实之谓美”，认为从善到美呈现为逐步递升的状态。

汉代形成了以气、阴阳、五行为核心的严谨的宇宙论结构，天地相通、天人感应、万物和合，汉代美学养成了一种向外部世界扩延的气质和气魄。《淮南子》把先秦儒、道两家对内在审美人格精神的追求，转换为对广大外部世界的审美追求。董仲舒把“仁”置于“天人感应”的宇宙论框架中，认为天地的美表现在天地无私地长育万物。《乐记》以音乐为言说对象，对“和”的美学思想做出了延伸，认为音乐的和谐可以“与天地同和”“通伦理”“与政通”。《毛诗序》则以诗歌为言说对象，对儒家诗论做了系统总结，“发乎情，止乎礼义”，是儒家诗教的经典命题，对后世艺术美学思想产生了巨大的影响。

（二）魏晋南北朝及隋唐美学思想

魏晋南北朝时期是“文学”的自觉时代，也是中国美学真正起步的时代。文学艺术不再被看作是朝廷进行伦理教化的工具，而是被看作个体人生意义价值、个人生命生存境遇的审美表达。曹丕《典论·论文》首倡“文以气为主”，强调作家的个性、气质、天赋与文艺创作风格的内在联系。钟嵘《诗品序》以“摇荡性情”说诗，强调诗对个体心理感受的表达。陆机《文赋》高标“诗缘情”，确立了情感在文艺中的本体地位。嵇康、宗炳分别论证音乐和绘画的审美特征。刘勰的《文心雕龙》不仅提出了“神思”“风骨”等重大审美话题，还构建了中国古代第一个完整系统的文论、美学体系。

曹丕《典论·论文》

《文心雕龙》在中国文学史上的地位

刘勰《文心雕龙》的体系性

儒家美学在唐代的发展，主要是通过杜甫、韩愈、白居易等人来体现的。杜甫的诗既温柔敦厚，又沉郁顿挫；韩愈坚持文以载道的儒家美学传统，兼顾“物不平则鸣”的独创精神；白居易则发挥诗的讽喻作用，以求改良政治。唐代美学的最高成就在道家美学与禅宗美学方面，集中体现为意境理论的创立。王昌龄的《诗格》明确提出“诗有三境”，即物境、情境、意境。司空图的《二十四诗品》，以审美意象为核心，“不著一字，尽得风流”；他还提出“思与境偕”“象外之象”“韵外之致”“味外之旨”等观点，既刻画了意境的审美构成和审美品格，又创建了一套完整的意境美学理论。

（三）宋元明清美学思想

随着宋代市民阶层及以市民审美趣味为核心的世俗审美心态的兴起，宋代美学呈现出追求平淡境界和“以禅喻诗”的特点。欧阳修主张诗文“古淡有真味”，苏轼以平淡为“文”的最高境界，认为“大凡为文，当使气象峥嵘，五色绚烂，渐老渐熟，乃造平淡”。严羽《沧浪诗话》以禅学为理论依据，探讨诗歌的审美特征，认为“禅道惟在妙悟，诗道亦在妙悟”，“妙悟”是“最上乘”的因素，认为一切外在的事物、现象，只有作为人的自由内心生活的表现，才有真正的美的意义。

明代李贽主张一切诗文应自然地表现人的性情。汤显祖把“情”提到使“生者可以死，死者可以生”的高度，并提出“世总为情，情生诗歌，而行于神”。清代美学延续明代的“主情说”，黄宗羲提出“诗以道性情”，王夫之提出“情之所至，诗无不至”，对“情”与“诗”的关系做了深刻的阐述；另外，王士祯“神韵说”、沈德潜“格调说”、袁枚“性灵说”都与“主情说”一致，表达重自我、重个性、重情感的美学思想。

（四）现当代中国美学研究

随着西方美学思想的引进，中国传统美学在中西美学思想的碰撞、交汇中开始了真正意义上的现代性建构。

《人间词话》是王国维构建的以“境界说”为核心范畴的美学体系，是中国现当代美学的第一个理论模式。王国维以中西方共有的“自然”概念诠释出“境界”一词，认为“境界”有三种含义：真实、率真、清新。他提出和阐述了物与我、意与境、虚与实、情与景、写境与造境、有我之境与无我之境、诗人之境与常人之境等概念和命题，拓展了中国古典美学意境说的理论内涵。

王国维的三重境界

蔡元培的美学思想，是以美育实践为轴心展开的，他认为美育的意义在于用美的事物来陶冶人的情感和行为，提出了“美育代宗教说”，成为中国现当代美育思想的最早开拓者。

20 世纪 30 年代以后，中国现当代美学进入更有生机、更富有建设性的阶段。朱光潜在《谈美》《文艺心理学》《诗论》等著作中，运用西方美学思想的直觉说、心理距离说和移情说，对审美心理和艺术创造心理做了细腻而独到的分析。宗白华在《略谈艺术的“价值结构”》和《中国艺术意境之诞生》等论文中，对审美、艺术和人生的关系，艺术意境的生成、构成和魅力及中西美学特征的比较等问题提出了精彩的见解。此外，钱钟书的《谈艺录》也为中国现当代美学增添了厚实的内容。

20 世纪 40 年代以后，在鲁迅、瞿秋白、周扬和冯雪峰等人的介绍下，马克思主义美学思想进一步中国化，产生了毛泽东《在延安文艺座谈会上的讲话》这一具有深远意义的文艺理论和美学文献。同时，蔡仪的《新美学》和李泽厚的《美的历程》也开始了中国现当代特色美学理论的有益尝试。

二、西方美学的发展

（一）西方美学发展史

关于“美是什么”这个命题，从古希腊圣哲苏格拉底与希庇阿斯辩论开始，无数的哲学家、美学家、思想家为了探寻美的奥秘，从不同的途径进行了艰苦的探索，但至今仍像“斯芬克司之谜”一样，无人能给出让大家心悦诚服的答案。

回答“美是什么”之所以困难，是因为它所要求的并不是对个别对象做审美判断，而是要求在各种美的对象中找出美的普遍本质，或者在与非审美对象的比较中找出其特殊的本质。古希腊哲学家柏拉图写过一篇对话体文章《大希庇阿斯篇》，其中，柏拉图的老师苏格拉底与希庇阿斯有一段关于“美是什么”的对话。当苏格拉底问“美是什么”时，希庇阿斯非常肯定地脱口而出：“美就是一位美丽的姑娘！”苏格拉底又问：“那一匹身材匀称、毛色光滑、奔跑飞快的母马呢？连神都赞美过，难道不美吗？”希庇阿斯点点头：“的确，美是一匹美丽的母马。”苏格拉底又问：“那一个造型别致、制作精良而且能装水的陶罐呢？又经看又耐用，难道不美吗？”希庇阿斯只好说：“美是一个美丽的陶罐。”苏格拉底笑了笑说：“你看，美是一位美丽的姑娘，又是一匹美丽的母马，还是一个美丽的陶罐，那请问尊敬的希庇阿斯先生，美到底是什么呢？”这下希庇阿斯终于无言以对了。

苏格拉底与希庇阿斯的对话给出了一个启示，美并不是固定的、形而上的。从感性具体的审美现象出发，谁也回答不了苏格拉底的问题。事实上，在美的概念下，包含着各种性质极不相同的事物。从宏观世界到微观世界，如自然界的日月星辰，社会生活中的精神产品和物质产品，乃至日常生活中人们的仪容服饰、动作表情、谈吐气质等，都可以作为审美对象。要在这些性质极不相同的各种事物中概括出美的普遍本质，当然是困难的。况且，随着社会历史的发展和变迁，美的内涵和价值意义也会发生变化。正是美的概念内涵的宽泛性、复杂性，甚至变易性给美的本质罩上了一层神秘面纱。朱光潜说：“‘美是什么’的问题，不可能有公式化的一成不变的结论。各时代和各流派各有不同的出发点和不同的结论。”

通过考察西方美学发展史我们可以发现，美学的一个基本特点在于，它始终被当作哲学的一个分支或组成部分来看待，并与哲学史一起经历了从“本体论阶段”到“认识论阶段”再到“语言学阶段”的转换。

“本体论阶段”指的是以“本体”或“存在”为思考中心的思想发展阶段，起止时间大约从古希腊早期到16世纪。这一阶段，西方思想的焦点是探索超越于人与万物、给人与万物以存在根据的本体，解答世界是什么的根本问题。对本体的追求激发和滋养了人类的智能，也催生和孕育了世界上最古老的学科——哲学。与哲学相对应，本体论阶段的西方美学，主旨是透过具体个别的美的事物，追求一种独立的、终极的、普遍的美，也就是使一切事物成为美的共同本质。这一阶段的美学思想家主要有毕达哥拉斯、柏拉图、亚里士多德、朗加纳斯等。

古希腊早期，毕达哥拉斯及其追随者从数学入手进行哲学和美学思考，认为事物最终由数构成，数的原则就是万物的原则，数给出一种永恒有序的局面和状态。柏拉图则开启了西方美学关于美的形而上的思考方式，他严格区分了“美的事物”与“美本身”两个概念，主张美学思考应该超越美的具体事物去寻求美本身。这个美本身，柏拉图称为理念，理念是万物的本体，是永恒不变的原型。柏拉图的学生亚里士多德一反柏拉图将理念与现实、本体与现象分离开来的世界构成论，转而到“一个世界”探讨“存在”，把“存在”理解为推动事物构成、发展的“实体”和“始因”。亚里士多德认为美的本体与美的现象统一于客观世界，美的形式归结为“秩序、匀称与明确”，同时美与善紧密相连，一切事物都有美和善的天然趋向。

文艺复兴后，西方美学进入认识论阶段。这一阶段，哲学焦点由世界本体转移到真理获得的可能性及人的认识能力等，思维范式由本体论范式转移为认识论范式，更具有伦理学和人性论的倾向。这一阶段，西方美学的主旨是探求审美的起因与构成，追寻人的审美能力。

经验主义认为一切知识来源于感官知觉和经验，肯定各种感性素质在认识活动中的作用。英国哲学家培根认为，人作为认识主体具有理性和感性两种灵魂，在感性灵魂中，想象体现着审美能力的本质特征。理性主义则更看重感觉经验对理性、法则的尊崇和服从，试图将审美现象与最高真理、纯粹知识联系起来。西方现代哲学的奠基人之一笛卡儿从“我思故我在”入手，建立了审美主体，找到了审美活动的理性原则。法国启蒙主义美学的代表狄德罗提出了“美在关系”说，美是一切物体所共有的品质的表征。美在关系中，以关系为转移。德国古典美学的代表康德将美学思想的发展推向顶峰，他在以鉴赏判断为核心的《判断力批判》中提出，判断力中最重要的是鉴赏判断，即审美，其宗旨是以审美联结自然世界和自由世界，以美学作为沟通认识论和伦理学的桥梁。在此基础上，黑格尔提出了“美是理念的感性显现”的论断，得出艺术的美不是来自所表现的事物本身的美，而是来自理念的感性显现。因此，美学研究的对象应是艺术，美学应是“艺术哲学”。

19世纪末20世纪初，西方思想界采用全新的语言来叙述世界与人生，开启了语言学的转向，西方美学走向语言学阶段。语言学阶段的西方美学的宗旨是探寻人是如何生存于世界以及如何谈论世界和人对世界的认识。

人本主义美学将语言置于美学思考的中心地位，赋予语言以本体论的崇高地位，以人为核心、起点和归宿来探究审美现象，其先导是以叔本华、尼采为代表的唯意志主义美学。人本主义美学在经历了“直觉说”“孤立说”“移情说”“心理距离说”的不同演绎后，由奥地利心理学家弗洛伊德提出了审美和艺术创造均是审美主体的无意识升华和转移的命题。当代科学主义美学关注作为思想的表达媒介和意义的符号工具的语言，其思想先驱是19世纪以孔德为代表的实证主义美学和19—20世纪以马赫为代表的经验批判美学。美国实用主义哲学家杜威把实证主义的观点应用于美学，认为艺术是自然经验的延续和完善，审美经验与日常经验密不可分；以维特根斯坦为代表的分析美学通过“语言批判”，清洗了传统美学中的没有意义、不可分析和无法定义的概念和命题，推进了美学的科学化。

（二）西方美学的主要代表人物

（1）苏格拉底（约公元前468—公元前399），古希腊早期美学家。苏格拉底一生没留下什么美学著述。他的美学思想主要保存在他的门徒克塞纳芬的《回忆录》之中。

苏格拉底把美学研究由毕达哥拉斯、赫达克利特和德谟克利特的从自然科学的观点考察美，转向从社会科学的观点考察美。他把美与善相提并论，认为美的东西就是善的东西。苏格拉底的美与善是统一的看法，标志着早期希腊美学向后期的转进和深化。

苏格拉底继承了“艺术模仿自然”的看法，又加以深刻改造。他指出，“模仿”并不等同于“抄袭”。例如，画家、雕刻家在创作过程中，不能只瞩目于外形的模仿，而应“现出生命”，应在自然形体中选出某些因素，塑造一个极美的整体。总之，文艺作品中的人物应当比生活中的更美。由此出发，他提倡描写人的心理问题，认为绘画、雕刻应着重表现“人的心境、最令人感动的、最和蔼可亲的或是引起爱与憎的”“精神方面的特质”。只有将“活人身体的各部分俯仰屈伸紧张松散这种姿势”刻画出来，而且将“人在各种活动中的情感也描绘出来”，才能使作品焕发美的魅力。

（2）柏拉图（公元前427—公元前347），西方著名美学家。他一生对美学做了深入、广泛的研究，留下了《大希庇阿斯》《理想国》等著述。

柏拉图的生平和主要思想

柏拉图的美学思想在西方美学史中是一个新的开始。柏拉图认为，美既是具体的、特殊的，又是普遍的、一般的；既是外在的、物质的，又是内在的、精神的。由此，他提出了美在“理式”的看法：感觉只能认识事物美，理性才能达到“理式”美。在艺术研究领域，柏拉图提出了别具一格的模仿论，要求艺术透过现实表象逼近真善美本体，成为人类丰富、发展理性的途径。

（3）亚里士多德（公元前384—公元前322），西方著名美学家。车尔尼雪夫斯基评价亚里士多德“是第一个以独立体系阐明美学概念的人”。

批判柏拉图的“理式”说是亚里士多德美学的起点。在他看来，脱离个别甚至先于个别的“理式”是不存在的。他指出，美与善实际上是统一的，它们都是现实的、具体的，而且都蕴含在事物本性之中。“美是一种善，其所以引起快感正因为它是善。”在亚里士多德看来，美的主要形式是“秩序、匀称与明确”，简而言之就是“整一”。“整一”是亚里士多德美学的核心范畴。从这一观点出发，亚里士多德有针对性地研究了一系列艺术问题，尤其在艺术的社会功用上，他提出了著名的“净化”说，认为艺术可以使人把过度的情感发泄掉，获得一种“轻松舒畅的快感”，因而“净化”也就成为自然的人向社会的人过渡的桥梁。

（4）朗加纳斯（约213—273），古罗马后期美学家。其主要美学著作是《论崇高》。顺应古罗马的审美理想，朗加纳斯提出了“崇高”这一美学范畴。

他认为伟大作品的真谛在于崇高。“一篇作品只有在能博得一切时代中一切人的喜爱时，才算得真正崇高。”他还从四个方面揭示了崇高的内涵：从根源上讲，“崇高可以说就是灵魂的伟大的反映”；从性质上讲，崇高是大自然竞争者们的产物；从效果上讲，崇高要竭力打动人们，使人们“充满了快乐和自豪”；从心理上讲，崇高对人的心灵起着不可抗拒的作用。这是西方美学史中对于崇高美学范畴的第一次认真的论述。朗加纳斯关于崇高的美学探索，为后世的美学探索开辟了广阔的道路。

（5）康德（1724—1804），德国古典美学的奠基人。康德在近代西方美学史上起着承前启后的作用。黑格尔评价他的思想既是近代哲学的“转折点”，又是近代美学的“出发点”。

康德于1781年和1788年先后撰写了《纯粹理性批判》和《实践理性批判》。康德空前地强调美自身的特性，强调审美是一个独立的领域，在把握复杂的美的现象时其思想趋向辩证，这是他在美学史上的重要贡献。

（6）黑格尔（1770—1831），德国古典美学的完成者，在马克思主义美学思想产生以前，其美学思想是西方美学史上的一个高峰。恩格斯在《路德维希·费尔巴哈和德国古典哲学的终结》一文中批判黑格尔的同时，给他以高度的评价：“他不仅是一个富于创造性的天才，而且是一个学识渊博的人物，所以他在每一个领域中都起到了划时代的作用。”

黑格尔的美学是他整个哲学体系的重要组成部分。其美学思想主要体现在《精神现象学》《精神哲学》《美学》等著作中。他认为“美是理念的感性显现”，以此构成了他美学思想的核心。系统而完整地表达他的美学观点的《美学》，就是围绕这一核心思想而展开的。在黑格尔看来，只有艺术才是真正的美。因此，他认为美学研究的范围就是艺术，这门科学的正当名称应是“艺术哲学”，或者更确切一点说是“美的艺术的哲学”。

（7）车尔尼雪夫斯基（1828—1889），俄国哲学家、文艺批评家。车尔尼雪夫斯基曾因参加反对沙皇的专制斗争而遭逮捕、监禁。在流放期间，他创作长篇小说《怎么办》。

在美学上，车尔尼雪夫斯基继承、发扬别林斯基的传统，坚持文学的现实主义与人民性原则，批判当时风行的黑格尔派唯心主义美学观和文艺观，肯定了美和文艺的客观性与现实性。他在《艺术与现实的审美关系》中提出了“美是生活”的著名论断，强调艺术具有“再现生活”“说明生活”“对生活现象下判断”等社会作用。

第三节　美育的发展与基本特征

一、美育的发展

美育，即审美教育。在我国绵延数千年之久的传统文化中，儒家的美育思想一直占据主导地位。《孟子·滕文公上》记载：“夏曰校，殷曰序，周曰庠，学则三代共之，皆所以明人伦也。”在学校教育中，礼与乐是必备的科目。礼、乐、射、御、书、数，即“六艺”，是主要的教育内容。“兴于诗，立于礼，成于乐。”（《论语·泰伯》）“志于道，据于德，依于仁，游于艺。”（《论语·述而》）“不学《诗》，无以言。”（《论语·季氏》）“《诗》，可以兴，可以观，可以群，可以怨，迩之事父，远之事君。”（《论语·阳货》）孔子把美育看成贯穿于教育全过程的重要手段，认为人格教育发端于诗教、完成于乐教。诗教是人格教育的基础，乐教则使人格臻于最高境界。诗教与乐教在人格培养中发挥着重要作用，即通过艺术的审美功能，使人受到感染，在潜移默化中把外在的社会伦理规范（礼）变成个体自觉的内在要求。

如果说，儒家的美育思想以造就“文质彬彬”的“君子”为最高目标，具有很强的道德色彩，那么以庄子为代表的道家则突出了审美本身的功能，即着眼于一种理想化的审美人生态度的培养。庄子的学说不仅在整体精神上具有一种审美哲学的品格，而且他对人的最高精神境界及如何才能达到这种境界等问题的论述，构成了一种比较系统的审美教育理论。庄子的《庄子·逍遥游》，以其雄伟的气魄、非凡的想象、恣肆的文风，展示了一幅恢宏的画卷，也呈现了人生不同的精神境界。

在庄子看来，只有“无己、无功、无名”，即真正自由的“至人”才能达到最高的精神境界，具有广阔无限的自由精神的审美人格。他所描述的那种“乘夫莽眇之鸟，以出六极之外，而游无何有之乡，以处圹埌之野”（《庄子·应帝王》）的精神境界，也正是一种只有在高度凝神的审美体验中才能呈现的心灵状态。因此，要培养所谓的“至人”，必须通过审美教育这一途径。

继传统的“诗教”“乐教”后，中国现代美育的开创者王国维在《论教育之宗旨》一文中，把教育分为“心育”和体育，“心育”又可分为智育、德育和美育。王国维通过智育和德育的比较来确定美育的性质。他把人的精神分为知、情、意三个方面，“对此二者而有真美善之理想：‘真’者智力之理想，‘美’者感情之理想，‘善’者意志之理想也”。美育，就是用美来陶冶人的情感。“美育者，一面使人之感情发达，以臻完美之域，一面又为德育和智育之手段，此又教育者所不可不留意也。”就是说，美育一方面具有自己独特的性质和目的，另一方面它与德育、智育又不是决然相分或相互外在的。正确的美育应该能够促进德育与智育的发展，成为德育与智育的有效手段。因此，尽管智育、德育、美育三者各有专司、各有侧重，“然人心之知、情、意三者，非各自独立，而互相交错者。如人为一事时，知其当为者‘知’也，欲为之者‘意’也，而当其为之前(后)又有苦乐之‘情’伴之：此三者不可分离而论之也。故教育之时，亦不能加以区别。有一科而兼德育、智育者，有一科而兼美育、德育者，又有一科而兼此三者。三者并行而得渐达真善美之理想，又加以身体之训练，斯得为完全之人物，而教育之能事毕矣”。王国维既强调了美育作为情感教育的独特性质，又没有忽视美育与德育和智育的联系。

王国维之后，蔡元培提出了“以美育代宗教”的著名主张，而且对美育在全民中的普及和如何实施等问题做了十分具体而详备的设想。在美育观上，蔡元培把美育称为“美感教育”，他认为，通过审美可以打破人与人之间的界限，实现人与人的相互沟通。“名川大山，人人得而游览；夕阳明月，人人得而赏玩；公园的造像、美术馆的图画，人人得而畅观。”正因为美的对象可以使人从一己小我的束缚中解放出来而进入无私的境界，所以才使人“超于生死利害之上，而自成兴趣，故养成高尚、勇敢与舍己为群之思想者”。

在 20 世纪三四十年代提倡美育的各种观点中，朱光潜的看法可以说最具代表性，也最具理论深度。在朱光潜看来，要矫正时弊，最紧要的莫过于先救治人心，而救治人心最根本的途径就是提倡美育。在《谈美感教育》一文中，朱光潜提出“美感教育是一种情感教育”的观点。他认为美感教育的功用就在于怡情养性，美育因而为德育的基础。朱光潜不仅极力推崇艺术的美感教育作用，还把艺术是否发达、美育是否兴盛与民族生命力的强弱联系起来。

二、美育的基本特征

美育作为一种独特的教育方式，不仅具有特殊的内涵与目的，而且具有与其他教育形式不同的、显著的教育特点。

(一)情感性

情感性是美育的首要特性。所谓情感性，不仅是指美育主要是以情感为中介，通过诉诸人的情感领域来进行的，而且也是指美育具有激发情感、以情动人、陶情养性的重要作用。

在审美教育中，情感并非仅仅表现为一种单纯的手段，它还是美育直接的目的之一。如果审美教育不能开启人情感世界的大门，不能引起人情感的激动，就不可能真正实现美育的目的。而在美育中，人的情感一旦被激发起来、活跃起来，就不仅会在受教育者的心灵中唤起一种新的力量，使他“如入云烟中而为其所烘，如近朱墨处而为其所染”，而且会使受教育者留下持久而深刻的印象。由于在美育中所生成的审美感受往往与情感伴随交融在一起，其中涉及十分复杂的生理和心理过程，因而这种情感的记忆比普通的记忆要深远得多。美学家蒋孔阳在一篇文章中所谈的一段亲身经历就是一个生动的例证：“抗日战争刚刚爆发的时候，我在初中读书。一天，来了两位抗敌宣传队的队员。他们把全校同学召集在一起，不讲任何一句话，只是唱《流亡三部曲》。先唱《松花江上》，全场唏嘘，无不痛哭。又唱《打回老家去》，全场的情绪立刻为之一振，所有的同学都沸腾了起来，恨不得立刻杀上战场。”

（二）审美性

审美就其深层的本质而言，乃是人类生命意识的自觉和完满人性的展现。因此，美育的效用与意义，突出地表现在它能培养人们对生命的热爱、崇高感和同情心，这是培养高尚品德的最深厚土壤。而美育区别于其他教育形式的一个重要特点，即施教者必须积极引导受教者参与并投入审美活动中。如音乐欣赏，教师如果仅仅在课堂上向学生讲授音乐的旋律、节奏、调式等音乐理论，显然是无法达成教育目标的。因此，施教者总是通过自己的教学设计、策划与组织，引导受教者在具体的作品演绎中去体验、去发现、去领悟。受教者正是在欣赏作品的过程中，全身心地沉浸到审美世界中，在直觉、情感、理性等元素的充分作用下，融入作者的心灵、触摸作品的灵魂、领悟作品的境界，并升华自己的情感与内心世界，最终达成美育的目标。

（三）全面性

培养德智体美劳全面发展的高素质人才，既是社会发展对教育提出的根本要求，也是在全球化语境下我国教育提出的新理念。人们日益深刻地认识到教育不是单纯的“复制”工作，即把前人的文明成果单纯地迁移到受教育者身上，使之成为适应特殊职业要求的工具，更多的是把培养具有人文情怀、创新意识、批判精神和独立个性的人作为自身崇高的使命，这是一种以人为本的、面向未来的教育观。

美育的全面性主要体现在两个方面：一方面，日常教育教学可借助美育的手段方法来增进教学效果；另一方面，美育又是其他各种教育方式发展的基础。例如德育，除了向学生讲解政治方向、人生理想、道德标准等之外，还可借助美育的手段来引导学生阅读经典名著，组织学生参观和游览祖国的名胜古迹、山水风光，使学生在欣赏美的过程中潜移默化地受到民族优秀传统文化和爱国主义的理想教育。又如上历史课，教师可组织学生参观博物馆，对艺术品（如秦始皇兵马俑、宋画《清明上河图》等）的观赏能够帮助学生更具体地进入历史情境，更深切地感受历史氛围，从而更准确地理解历史事件。再如体育，许多体育运动本身就有很高的艺术性和审美观赏价值，如体操、跳水、武术等，教师可组织学生观看体育表演，帮助学生发现体育运动中的审美因素，从而帮助学生更自觉地参与体育锻炼。

美的体验

1. 课外阅读

阅读朱光潜的《谈美》和李泽厚的《美的历程》，将所思所想提交到云教学平台上。

2. 实践体验

观看《建党伟业》《建军大业》《建国大业》等电影，从艺术、意境的角度谈一谈自己的感受。

3. 思维拓展

试就某一艺术门类的发展史来分析人类审美的发展。

第二章

气象万千的自然美

本章导读

自然美是指各种自然事物美的属性和非自然事物本身具有的美的特质。我国现代著名艺术家、教育家丰子恺说：“对于自然美的真实的爱护心，尤为美的教育上的要务。自然是美的源泉、艺术的源泉，亦可说是人生的源泉。”自然美的本质是“自然的人化”或“人化的自然”。自然美具有丰富多彩、气象万千的特点，其具体、鲜明、感性的形式能带给人美感，并且这种美感往往令人流连忘返。

思政目标

1. 感受大自然的鬼斧神工，加强对美的认知与理解，提升发现美的能力。

2. 欣赏祖国大自然的美，陶冶性情，开阔视野，唤起对生活的热爱之情，激发热爱祖国的情感。

美学思考

1. 说说你所了解的自然美景观为什么美、美在哪里。

2. 自然美总是和人类社会生活联系在一起，你怎样理解自然美背后的社会属性?

美的印象

“迎来送往有奇松，不论阴晴雨雪中。今被浮云遮盖住，依然美雅露忻容!”这首诗描写的是黄山迎客松(图 2-1)。迎客松是黄山的标志性景观，其饱经风霜，仍然郁郁苍苍、苍翠挺拔，充满生机，其一侧枝丫伸出，如人伸出一只臂膀欢迎远道而来的客人，姿态优美，给黄山增添了无穷的诗情画意，也给游人带来了美的感受。

图 2-1　黄山迎客松

美的漫步

第一节　自然美的认识过程

自然审美是对自然美进行观赏的审美活动。如果没有自然美，也就没有自然审美。自然美和自然审美都是在人类的社会实践中形成和发展的。人类对自然美的认识大致经历了致用、比德、畅神三个阶段。

一、致用阶段

在原始人的思想中，美的观念是比较朦胧、模糊的，其以对人是否有显而易见的实用价值作为对事物是否赞美的标准。有用就好，就亲近，就喜欢，就赞美；无用就不感兴趣，不予理睬。最初成为人们审美对象的自然物，就是与原始生产实践、原始生活方式密切相关的自然物。对于以狩猎为主的原始部落来说，最初的审美对象就是动物。尽管他们生活在鲜花盛开的地方，但是由于植物同他们的生产和生活还没有直接的联系，他们是不用鲜花装饰自己的，而是用兽皮、兽骨、兽牙、兽角、兽尾、羽毛等作为装饰品，以显示自己的智慧和力量。在他们所画的壁画中，有动物形象、动物图案，但没有花草树木。如西班牙阿尔塔米拉洞穴、法国拉斯科洞穴中都有一两万年前旧石器时代的壁画，画的都是各种颜色的野牛、野猪、野鹿、野马等动物，却没有植物（图 2-2）。正如德国艺术家格罗塞在他的著作《艺术的起源》中所说的："狩猎部落由自然界得来的画题，几乎绝对限于人物和动物的图形。他们只挑选那些对他们有极大实际利益的题材。原始狩猎者对植物食粮多视为下等产业，自己无暇照管，都交给妇女去办理，所以对植物就缺少注意。于是我们就可以说明为什么在文明人中用得很丰富、很美丽的植物画题，在狩猎人的装潢艺术中却绝无仅有的理由了。"

图 2-2 拉斯科洞穴壁画

进入农耕时期后，原始人开始对植物产生浓厚的兴趣，于是植物成为新的审美对象，自然美的领域扩大到植物的范围。原先在狩猎时期"绝无仅有"的植物装饰图纹，在这时大量出现。例如，在我国仰韶文化时期的彩陶上，就描绘着植物的花、茎、叶，如图 2-3 所示。这显然是因为人类农业的生产实践，使人们越来越关注植物、喜爱植物，以植物为美了。马克思在《1844 年经济学哲学手稿》中指出："通过这种生产，自然界才表现为他的作品和他的现实。因此，劳动的对象是人的类生活的对象化，人不仅像在意识中那样在精神上使自己二重化，而且能动地、现实地使自己二重化，从而在他所创造的世界中直观自身。"动物、植物相继成为审美对象，归根结底，是由人类生产实践的发展所决定的。这也说明，人类最初的自然审美主要

图 2-3 花瓣纹彩陶盆（河南博物院藏）

是对那些对于他们物质生活有重要实用价值的自然物、自然现象的审美。

二、比德阶段

随着人类实践的日益深入和扩大以及人类劳动自由特色的日益显明，人们不再拘泥于从实用的（即物质功利的）观点来划分自然物、自然现象的美与不美，而是进一步将自然物、自然现象同人的社会生活、风俗习惯、精神活动、道德观念等联系起来，发现并赞叹自然物和自然现象之美。于是，自然美和自然审美由此脱离了物质的实用、功利的内涵而进入更高一级的具有深刻的精神意蕴的比德阶段。其中，比德的“比”指比拟或象征，“德”指伦理道德或精神品格。

在我国，比德阶段大致形成和成熟于商周至秦汉时期。《诗经》中大量的比、兴手法，反映了当时人们已经从比德的角度进行自然审美。例如《国风·秦风·小戎》中有“言念君子，温其如玉”，这便是以玉石的温润来比喻温和宽厚。用比德来认识自然美，虽然在孔子以前就有，但孔子却是一个对后世有着深远影响的比德说的倡导者。据《荀子·法行》记载，一次孔子的弟子子贡问道：为什么君子“贵玉而贱珉”（珉，指像玉的石头）？孔子回答说：“夫玉者，君子比德焉。温润而泽，仁也；栗而理，知也；坚刚而不屈，义也；廉而不刿，行也；折而不桡（挠），勇也；瑕适并见，情也；扣之，其声清扬而远闻，其止辍然，辞也。故虽有珉之雕雕，不若玉之章章。”玉之所以为美，就是因为它能用来比作君子所崇尚的高贵品德。孔子的这段话，说明了人们对自然美的发现和欣赏是出于比德的动机。孔子还说过“知（智）者乐水，仁者乐山”（《论语·雍也》）。朱熹解释道，“知（智）者达于事理而周流无滞，有似于水，故乐水；仁者安于义理而厚重不迁，有似于山，故乐山”（《论语集注》）。这说明智者、仁者都是从自然物中看到了有与人值得肯定的品德的相似之处，才欣赏、赞美水和山的；山、水之所以为美，也同样是因为它们能作为人们美好品德的象征。比德至今仍是人们自然审美的一个重要方面。如四季常青、不畏严寒的松树（图 2-4），犹如坚贞不屈的志士，因此一直被人们赞赏。孔子在《论语》中曾赞其曰：“岁寒，然后知松柏之后凋也。”两千多年后的中华人民共和国开国元勋陈毅也咏道：“大雪压青松，青松挺且直。要知松高洁，待到雪化时。”挺拔、长青的松树始终是诗人、画家赞美的对象。

图 2-4　松树

三、畅神阶段

我国在秦汉之后，随着生产力的不断提高，自然物和自然现象不仅被作为一种人格美的象征而受到赞美，而且也作为娱情畅神的对象而为人所欣赏。东汉著名的科学家、文学家张衡曾在《归田赋》中以欢娱的笔调勾勒春光明媚、鸟语花香的自然景象，并点明："于焉逍遥，聊以娱情。"可见，不以功利观点而从娱情的角度来认识和欣赏自然美，在我国东汉时期已见端倪。到了南北朝时期，更是涌现出许许多多描写山水风光的散文、诗歌、绘画，成为人们对自然美的欣赏达到娱情畅神阶段的标志。当时的浙江会稽山、常熟虞山、镇江的南山和三山、南京的栖霞山和茅山，都是人们欣赏自然美的胜地。三国时期文学家嵇康说："游山泽，观鱼鸟，心甚乐之。"东晋书法家王献之说："从山阴道上行，山川自相映发，使人应接不暇，若秋冬之际，尤难为怀。"南朝宋画家王微说："望秋云，神飞扬；临春风，思浩荡。"宗炳说："余眷恋庐（山）、衡（山），契阔荆、巫，不知老之将至。……余复何为哉？畅神而已。神之所畅，孰有先焉！"我国现存最早的表现人们赏景的山水画是隋代展子虔的《游春图》，但从留存下来的六朝时期关于山水画的许多精辟的画论中，也可以知道那时的山水画已有何等的艺术造诣了，可惜后来都毁于动乱之中。

东晋杰出画家顾恺之是我国山水画的鼻祖，他的自然审美的境界就很高。一次他从会稽归来，有人问会稽的山水之美，他说："千岩竞秀，万壑争流。草木蒙笼其上，若云兴霞蔚。"此时的自然美已经不只是作为一种人格美的象征受到赞美，而是被人们当作娱情畅神的对象欣赏。

在比德阶段，自然审美虽然突破了物质实用的束缚，但仍具有道德上的意义，还没有突破精神实用的束缚。到了娱情畅神阶段，自然美之所以为美，已不再是因为其有着物质上或精神上的功利性，不再是因为对人有用或与人的某种美好的品德可以比拟，而是因为它本身的勃勃生机、万千景象给人以精神享受，让人心旷神怡、流连忘返。这时，凡是使人娱情畅神的自然物、自然现象便是人们的审美对象，自然美的范围和领域大大拓展了。由于社会文明发展情况的差异，西方进入相当于我国的畅神审美阶段比较晚。中世纪长达千年的黑暗统治禁锢了西方社会经济文化的发展和人们的头脑。瑞士文化史学家雅各布·布克哈特认为："（在西方）准确无误地证明自然对于人类精神有深刻影响的还是开始于但丁。……他可能只是为了远眺景色而攀登高峰——自古以来，他或许是第一个这样做的人。"西方文艺复兴时期的米开朗琪罗以及和他同时代的杰出画家虽然在表现人体形象上出类拔萃，但却很少去描绘自然景物。一般而言，直到17世纪资产阶级在荷兰第一次取得政权后，风景画才开始作为独立的艺术出现。霍贝玛则以景物秀丽、颇有田园诗趣的《并木林道》（图2-5）为后世留下楷模。

图2-5 霍贝玛《并木林道》

随着生产力的解放和发展，人们的视野越来越开阔，自然美和自然审美也越来越得到发展。在前一两个世纪还让人惊骇的自然物和自然现象，如雷电、骤雨、海啸、火山、原始森林等在19世纪陆续被作为美的事物而为人们所欣赏。当时的法国风景画家柯罗就曾把狂风画入他的作品。这说明自然美的领域有了很大的拓展，惊心动魄的自然现象也成为审美对象了。

自然美、自然审美的范围和领域现在还在不断地扩大和发展之中。人类社会实践的深入和扩展以及科学技术水平的提高，使过去无法观赏的微生物、海底世界、天外星球等潜在的审美价值得以转化为现实的审美价值。如宇航员可以登上月球近观月球、远眺地球，这样的自然美景是航天科技发展给人类带来的审美享受。而在将来，当人们的社会实践能力和领域更加提高和扩大时，现在尚未同人类建立起审美关系的自然物和自然现象，也会逐渐成为人们的新的审美对象。

第二节　自然美的特征

自然美与社会美同属现实美，与艺术美相比显得驳杂、纷纭，不那么集中、典型，却是艺术美的源泉和基础，有着使艺术美相形见绌的最生动、最丰富、最基本的美。这是自然美与社会美的共同的特征。

自然美与社会美虽同属现实美，但又是存在于不同现实领域中的美，有着与社会美不同的特征。

一、自然美以自然属性为存在的必要条件

自然美虽然是社会实践的产物，在本质上是离不开社会的，但是其社会性比较隐蔽，与社会的联系比较间接。它以自然事物、自然现象的某些自然属性（质料、形状、线条、色彩、光泽、声音等）为存在的必要条件。例如大海之所以壮观，是因为它的浩瀚澎湃；弯月之所以秀美，是因为它的皎洁清澈。如果不作深层分析，则不易发现它们和社会的联系。自然属性是构成自然美的物质基础，它使自然美具有了不同于社会美的质的规定性。

马克思曾经在《政治经济学批判》中谈到金、银这两种自然物时指出："它们的美学属性使它们成为满足奢侈、装饰、华丽、炫耀等需要的天然材料……它们可以说表现为从地下世界发掘出来的天然的光芒，银反射出一切光线的自然的混合，金则专门反射出最强的色彩红色。而色彩的感觉是一般美感中最大众化的形式。"金、银所发射出的天然的光芒和色彩就是它们具有自然美的前提条件和物质基础。

自然界的各种事物、现象，各有其美。日月星辰的美不同于高山巨川的美，飞鸟走兽的美不同于花草树木的美。其原因就在于它们的自然属性各有不同。即使是同一类自然物、自然现象，它们的自然属性、自然状态也不尽相同，因而呈现出不同的美来。如我国著名的"五岳"，它们地质结构相似，形成的原因都包含褶皱断块的因素，但是它们却有着不一样的外形特征：东岳泰山，形体厚重，主峰高耸；西岳华山，四壁陡立，山脊高窄；南岳衡山，形似大鸟，云雾缭绕；北岳恒山，逶迤起伏，绵延不绝；中岳嵩山，没有高峰，如眠龙状。因此，人们以人的五种姿态来形容五岳的各不相同的形象美：泰山如坐，华山如立，衡山如飞，恒山如行，嵩

山如卧（图 2-6）。如果没有这些独特的外形，也就没有它们独特的美。可见，虽然不能把自然美的本质简单地归结为自然属性，但自然属性确实是构成自然美的必要条件：离开了自然物、自然现象本身的质料、形状、线条、色彩、光泽、声音等，自然美也就不存在了。

图 2-6 嵩山

二、自然美偏重于形式美

前面谈到，自然美和自然审美经历了致用、比德、畅神三个阶段，这就是人对自然美的认识从物质实用性进入精神方面的品德的比拟，再进入精神方面的更高层次——愉悦畅神的发展过程，也是从对自然物、自然现象的内容的欣赏进入对自然物、自然现象的形式的欣赏的发展过程。当然，进入畅神阶段后，由于具有物质实用性而形成的自然美并未就此消失。例如，太阳是美的，它之所以为美，在很大程度上是因为它给人以温暖，使万物得以生长，人们因此而讴歌太阳。这一类的自然美，确实仍然具有功利意义。

不过，就自然美的一般情况而言，决定自然物、自然现象是否美，主要并不在于是否具有对人有实用价值的功利意义，而在于它的形式是否让人赏心悦目。在自然美中，美的形式占据突出、显要的位置，而内容却往往比较朦胧，无关大局。唐代诗人王维的《使至塞上》中写道："大漠孤烟直，长河落日圆。"这两句诗所表现的对落日的欣赏，并非对其内容的欣赏，而是对它在大漠、长河、孤烟的映衬下显现出来的形状、光泽、色彩的欣赏，是对落日和大漠、长河、孤烟一起构成的肃穆雄浑的意境的欣赏。显然，这里对太阳的审美感受是由其形式因素引起的，而不是它给人以温暖诸如此类的因素引起的。

最能说明自然美偏重于形式美这一特征的是，有些自然物虽然对人类有益，但因为外形难看，便不能成为审美对象。例如，大蟾蜍能捕食害虫，保护农作物，它的白色分泌物还可制成中药蟾酥，此药有强心、镇痛、止血、疗疮等功效，但大蟾蜍皮肤灰黑，体态臃肿，还长着一身大小不等的皮脂腺，疙疙瘩瘩，因而被称作癞蛤蟆，当成丑的典型。而有些自然物虽然对人有某些害处，但只要不是十分严重，就能被人控制、治理，那么其会由于外形美观而得到人们的喜爱。例如，蝴蝶的幼虫危害农作物，但人们对它的美的欣赏热情至今不减。它斑斓的翅翼、翩翩的"舞"姿等均有很高的观赏价值，因而被当作美的典型，入诗入画。民间传说梁山伯、祝英台死后化为美丽的蝴蝶，让人欣羡。

由于自然美偏重于形式美，因此具有直观性，比较容易被观赏者发现和感受，可以立即引起审美愉悦。一般来说，自然审美要比社会审美、艺术审美更快捷。

三、自然美具有联想性

从自然美的形成和发展中可以看到，除了最初的致用阶段外，自然美和社会功利的联系是间接的、曲折的、模糊的。自然物、自然现象往往是作为人和人类生活的一种象征而显示其美学意义。车尔尼雪夫斯基曾说："构成自然界的美是使我们想起人来（或者预示人格）的东西，自然界的美的事物，只有作为人的一种暗示才有美的意义。"因此，自然美具有联想性。某些自然物之所以获得审美价值，往往是因为它的某些特征可以让人联想起人的某种精神、品格、个性、理想等，联想起人的生活，因而被人称道、赞美。画家蔡若虹说："比如蒲公英，我原先并不感到它很美，可是在延安生活了几年，有一天，是二月的春寒尚未消逝的时节，我看见蒲公英从贫瘠的土地里最先冒出来，我觉得它很美很美。这原因，是我发现了蒲公英的特征，我赞美蒲公英，也是赞美人的革命干劲，不怕艰难困苦的干劲。"我国自古以来就称颂松、竹、梅是"岁寒三友"，梅、兰、竹、菊为"四君子"，加上水仙为"五清"，并写诗、作画赞美它们，同样是因为从这些植物的自然特征上联想到了人的美好情操和品德。

除了比德外，当自然物的形态让人感到同某些生活中事物、经历有类似之处时，人们也会产生遐想，觉得它美，如黄山的奇石怪峰最易引起类似联想："喜鹊登梅""猴子观海""天鹅孵蛋""仙女绣花""丞相观棋""老翁钓鱼""鳌鱼驮金龟""松鼠跳天都"以及鹦鹉石、骆驼石、笔架峰等。这些名称使眼前的顽石被注入了生命的血液，成为一个个鲜活、生动的形象，演绎着各种各样的故事，令人游兴盎然，流连忘返。

四、自然美具有多方面性和变易性

由于自然物的属性是多方面的，自然物可以和人类生活构成不同的联系，因而使人产生不同的联想，具有多方面性和变易性。例如，古代士大夫多以竹为美，居必有竹，晋有竹林七贤，唐有竹溪六逸。但竹子的特性是多方面的，可以引起人多方面的联想，它的美也就具有多方面性。唐代裴说的《春日山中竹》："数竿苍翠拟龙形，峭拔须教此地生。无限野花开不得，半山寒色与春争。"赞美竹子先于野花争春斗翠的强大生命力。宋代文同的《一字至十字成章二首·咏竹》："心虚异众草，节劲逾凡木。"由它内里虚空的形象联想到人虚怀若谷的品质，由它的四季常青可折不可弯联想到人的气节，因而讴歌其美。清代郑燮的《竹》："一节复一节，千枝攒万叶。我自不开花，免撩蜂与蝶"，是赞颂竹的不媚不谀、朴实无华；另一首《竹石》"咬定青山不放松，立根原在破岩中。千磨万击还坚劲，任尔东西南北风"，则是赞颂竹的坚韧、坚定、坚强的精神。可见竹之美的丰富性。

又由于自然物同人类生活的联系是不确定的，这使自然物不仅有美的不确定性，还在一定条件下具有美丑两重性。同是杜甫，有时珍爱竹子，写诗道："绿竹半含箨，新梢才出墙。……但令无剪伐，会见拂云长。"有时却把它当作丑的象征咒骂："新松恨不高千尺，恶竹应须斩万竿。"可见竹子的美与丑是人联想的结果，而不是它本身固有的、确定不移的特性。

再如，桃花以它艳美的芳姿为人所爱，常让人联想起美貌的少女。唐代诗人崔护的名句"人面桃花相映红"便是以桃花之美，烘托少女之美，但它的易于凋零又会让人联想到不坚贞。唐代诗人李白的《古风其四十七·桃花开东园》斥责桃花："岂无佳人色？但恐花不实。宛转龙火飞，零落早相失。讵知南山松，独立自萧瑟。"有的人甚至把桃花比作轻薄女子，无情地予以鞭挞："开时不记春有情，落时偏道风声恶。东风吹树无日休，自是桃花太轻薄。"（明人丰坊《桃萼歌》）当然，古代这种歧视女性的片面看法并不足取。

此外，一些通常当作丑的代表的自然物，有时也可以被作为美的对象来歌颂。例如，狼总是被人认为是凶残和狡诈的象征，但在奴隶出身的古罗马寓言诗人菲德鲁斯笔下，却成为追求自由的勇士而被赞美。后来裴多菲也写过《狼之歌》，对狼尽情歌颂。可见，自然物在人们的审美感受中常常具有美丑两重性，不像社会美那样具有确定性，在社会生活中美就是美，丑就是丑。

自然美的多方面性和变易性还表现在自然物所显示的美不是单一的，而是多角度、多侧面、多层次、变动不居的。苏轼《题西林壁》："横看成岭侧成峰，远近高低各不同。"说的是同一座山岩，由于观看的距离、角度、侧面的不同，它所呈现的景观和美也就不同。所谓"景随步移"，也是这个意思。这是由自然物具有三维空间的特性造成的。

欧阳修《醉翁亭记》描写安徽的琅琊山"日出而林霏开，云归而岩穴暝，晦明变化"，朝暮之景不同；"野芳发而幽香，佳木秀而繁阴，风霜高洁，水落而石出"，四时之景相异。因而美不胜收，"乐亦无穷也"（图 2-7）。这是由于自然美受自然规律的制约和人的活动的影响，在不同情况下产生变化。这一切都构成了自然美的丰富性。

图 2-7　琅琊山醉翁亭

五、自然美一般具有全人类性

有人说，自然美具有阶级性，是把自然美和对自然美的审美感受混为一谈了。

自然美是以自然属性为其物质基础，它虽然和人类生活相联系，但从根本上说，同人类的关系是一种自然关系，一般不受时代、民族、阶级的制约；而且自然美重在形式，其功利性主要表现在观赏方而不涉及民族、阶级的利益关系。因此，自然美一般具有全人类性。虽然不同的人在观赏时会有不同的感受，这种感受会带有时代、民族、阶级的烙印，这是审美感受的时代性、民族性、阶级性，但不能就此认为自然美本身有时代性、民族性、阶级性。例如被白居易赞为"匡庐奇秀，甲天下山"的庐山，王羲之来此处建屋，慧远和尚来此处盖寺庙，陆修静来此处创建道观，周敦颐、朱熹来此处兴办书院；诗人李白、苏轼在此处放歌咏觞，名将李纲、岳飞也曾在此处驻足赋诗；中华人民共和国成立后，庐山又成为广大人民旅游的胜地。不同时代、不同阶层的人都迷恋庐山的美景。庐山的美是属于全人类的美。

第三节　自然美的类型

自然界中的事物千变万化，不同事物所创造的自然美各不相同。自然美大致分为天地日月、山水树石、鸟兽鱼虫、花草果蔬四大类。

一、天地日月

天地日月的美，表现为博大与高远、生机与活力、光明与温暖、缥缈与宁静，这种美是自然形成的，会随着时辰、气候、季节的变化呈现不同的面貌。早上的天空蔚蓝透亮，晚上的天空昏暗静谧；雨中的天空乌云翻滚，晴朗的天空温暖湛蓝（图 2-8）。

图 2-8　晴朗的天空

平原辽阔，山川秀丽，峡谷险峻。春天的大地碧绿苍翠、生机勃勃，冬天的大地白雪皑皑、寒冷苍茫。

初升的太阳红彤彤，透射绚烂霞光，呈现出朝气蓬勃的生机美；正午的太阳明晃晃，普洒万丈光芒，呈现出活力四射的活力美；傍晚的太阳金灿灿，光芒不再刺目，呈现出祥和温暖的安宁美（图 2-9）。

图 2-9　夕阳之美

月亮或皎洁似玉盘，或弯曲如银钩，文人墨客留下了许多描写月亮之美的诗词。例如“明月松间照，清泉石上流”描写的是宁静美；“深林人不知，明月来相照”描写的是岑寂美；“星垂平野阔，月涌大江流”描写的是开阔美。

二、山水树石

古往今来，人们常寄情于山水树石，并将其作为诗词歌赋和各类艺术作品的重要表现内容。例如，巍峨雄伟的泰山、烟雾迷蒙的黄山（图 2-10）、陡峭险峻的华山、如诗如画的西湖（图 2-11）、碧波清澄的桂林、精雕细琢的苏州园林等常出现在各类艺术作品中，传递着各种美感。

图2-10　黄山

图2-11　西湖夜景

美丽的风景离不开山水的衬托、树木的点缀。山无水不活，水无山不动，风景无树木无生机。大自然之所以令人感到美，正是山水树石相互衬托的结果。山水树石之美随着季节的更替而不断变换。北宋画家郭熙在《林泉高致·山水训》中写道："春山澹冶而如笑，夏山苍翠而如滴，秋山明净而如妆，冬山惨淡而如睡。"

山之美在于厚重、险峻、巍峨、俊秀。北方的山多雄伟崇高，令人心生敬畏；南方的山多郁葱俊秀，令人心生向往。春天的山妩媚葱翠，给人生机勃勃的朝气美；夏天的山青翠欲滴，给人绿荫笼盖的清凉美；秋天的山橙黄橘绿，给人赏心悦目的收获美；冬天的山银装素裹，给人悄然无声的寂静美。

水之美是由其透明、流动等自然属性表现出来的，表现为碧波如镜的宁静美、晶莹清澈的纯净美、映照斑驳的色彩美、奔腾不息的动态美、轻盈如烟的缥缈美等。例如，湖水一碧千里、波光粼粼，具有水清镜明的清澄美；瀑布飞流直下、水珠四溅，具有周而复始的飘逸美（图2-12）；小溪晶莹清澈、时缓时急，具有静谧活泼的灵动美。

树之美在于生机和活力，也在于多变的姿态，有风时树影婆娑、摇曳多姿，无风时高大挺拔、灵秀俊美。

石之美在于稳固、坚韧和形态，也在于其精神品质，如顶天立地、坚韧不拔等，园林中的石头既有天然之美，也有雕琢之美，不管是自然形成的独特美石，还是后天加工的嶙峋巧石，它们都符合美的法则（图2-13）。

图2-12　黄果树瀑布

图2-13　苏州狮子园怪石

三、鸟兽鱼虫

在现实生活中，人们会养一些小动物，如小鸟、小狗、金鱼、蟋蟀等。鸟兽鱼虫各有其美，都能给人带来美的享受。例如，鸟儿美丽的羽毛、悦耳的叫声（图 2-14），鱼儿妙曼的身姿、灵动的尾巴（图 2-15），小狗机灵的特性、光滑的皮毛（图 2-16），蟋蟀灵巧的身形、优美的歌声，这些都能给人以美感与愉悦。

图 2-14　飞翔的小鸟

图 2-15　游动的鱼

图 2-16　可爱的小狗

四、花草果蔬

花草果蔬是人们在生活中接触得最多的自然事物，也是人们进行艺术创作的重要题材。在插花工艺中，许多插花师会将各类花草搭配在一起，营造一种舒适自然的田园美（图 2-17）。

花之美在于颜色、姿态和香味。例如牡丹，色、姿、香、韵俱佳，花大色艳，花姿绰约，艳压群芳，具有“花中之王”的称号（图 2-18）；荷花，亭亭玉立，宛如出淤泥而不染的少女，姿态盎然；梅花，香味别具神韵、清逸幽雅，沁人心脾、催人欲醉，被历代文人墨客称为“暗香”。

图 2-17　插花

图 2-18　牡丹

草之美在于颜色、活力和生机。例如，小草面对冷酷无情的冬天不卑不亢，屹立于风雪交加的冰天雪地中。虽然到了生命的终结，它的种子却悄无声息地埋入地下，待到春天又一次冒出生命的绿色、绽放生命的光彩，给人极具感染力的色彩美、自然美和生机美（图 2-19）。

图 2-19 小草

果蔬之美在于诱人的颜色和爽口的味道。例如，樱桃色泽鲜艳、晶莹美丽，红如玛瑙（图 2-20），黄如凝脂；黄瓜甘甜、爽口、清香，脆嫩多汁，色感俱佳（图 2-21）。它们都能给人们带来视觉上的美感和味觉上的享受。

花草果蔬进入人们的生活后，成为质朴生活的一部分，更成为生活美的重要组成部分。

图 2-20 樱桃

图 2-21 黄瓜

第四节 欣赏自然美——自然风光的不同风格

大自然所展现出来的景色有很多种，每一种景色都会带给人不同的感受。例如，山川带给人们的是挺拔伟岸，湖泊带给人们的是平澈如镜，森林带给人们的是神秘深邃，草原带给人们的是宽广无边，等等。这些感受的不同，都是由于这些自然风光的风格不同所产生的。下面介绍 5 种自然风光的风格。

一、雄伟

这类风光的自然景物多以高大厚重、气势磅礴见美。有“五岳之长”“五岳独尊”之称的泰山，是我国名山雄伟风格的典型（图 2-22）。《诗经·鲁颂·閟宫》歌颂道：“泰山岩岩，鲁邦所詹。”孟子赞美说：“（孔子）登泰山而小天下。”汉武帝登封泰山后感叹道：“高矣，极矣，大矣，特矣，壮矣，赫矣，骇矣，惑矣！”东方朔著文惊讶它“吞西华，压南衡，驾中嵩，轶北恒”。杜甫则吟诵道：“会当凌绝顶，一览众山小。”泰山东临黄海，西襟黄河，以拔地通天之势雄峙于齐鲁平原之上，它“山势累叠，主峰高耸”的造型地貌特征给人以雄浑、坚实、不可动摇的感受，因而被古人视为华夏神山，天下大宗。泰山还是历史上帝王封禅的圣地，名人遗迹也十分丰富，使它的人文意蕴异常雄厚。1987 年，泰山被联合国教科文组织在保护世界文化和自然遗产公约缔约国会议上批准列入《世界遗产名录》。

有“夔门天下雄”之称的长江三峡西面的夔门，它的雄伟则在于汹涌澎湃“奔流到海不复回”的江流，在于“高江急峡雷霆斗，古木苍藤日月昏”的气势。

图 2-22 泰山

二、壮阔

壮阔的风光，大抵一望无际，无遮无挡，辽阔开朗。位于江汉平原的洞庭湖，“衔远山，吞长江，浩浩汤汤，横无际涯”，是我国名湖壮阔风格的代表。范仲淹在其名篇《岳阳楼记》中对洞庭湖春天浩渺开阔的风光及其给人的审美感受作了生动的描写：“至若春和景明，波澜不惊，上下天光，一碧万顷，沙鸥翔集，锦鳞游泳，岸芷汀兰，郁郁青青。而或长烟一空，皓月千里，浮光跃金，静影沉璧，渔歌互答，此乐何极！登斯楼也，则有心旷神怡，宠辱偕忘，把酒临风，其喜洋洋者矣。”

塞北苍茫的草原风光，也属于壮阔的风格。北朝乐府民歌《敕勒歌》唱道：“敕勒川，阴山下。天似穹庐，笼盖四野。天苍苍，野茫茫，风吹草低见牛羊。”赞美了阴山脚下土地辽阔、牧草丰茂、牛羊肥壮的自然风光。那寥廓浩茫、无边无际的草原景色使人心胸开阔、意气风发、情志豪放（图 2-23）。

图 2-23 草原

三、险峻

“无限风光在险峰”，险峻是自然风光的一种重要风格，它让人在历经险阻后获得审美愉悦。这种审美愉悦来得惊心动魄，却又有强烈的自豪感。因此，险峻的自然风光尤为青年人所喜爱。剑门关、瞿塘峡等，都以险景著称。

“自古华山一条路。”谈到山险，就不得不提到华山。华山四壁陡立，几乎无攀缘之处，到处是突兀凌空的险道，天际一隙，千仞一脊，下为万丈峡谷，一失足便有粉身碎骨的危险，游者莫不心生恐惧。然而，也正是在经历了回心石、千尺幢、百尺峡、老君犁沟、擦耳崖、苍龙岭（图 2-24）等悬崖峭壁后，惊魂未定之时，游客观赏到了在别处无法看到的大自然风光的险峻之美，而庆幸不虚此行。

图 2-24　华山苍龙岭

四、幽深

幽深的风光一般视域狭窄，光亮时大时小，气清声静，景色很有层次，观赏时不能一目了然、一览无余。所谓“山重水复疑无路，柳暗花明又一村”，指的就是这种幽深风格的风光。浙江省杭州市的九溪十八涧（图 2-25），“重重叠叠山，曲曲弯弯路，叮叮咚咚泉，高高下下树”，也属于幽深风格。

图 2-25　九溪十八涧

山幽深的代表，要数四川青城山。青城山隐伏在岷江峡谷中，群峰耸立，涧壑众多，有许多隐蔽的空间，加之古木参天，宫观亭阁掩映于浓荫翠盖之间，一条小道蜿蜒而上，难见前后左右，四处唯闻蝉噪鸟鸣，更显得林静山幽。在青城山游览，游客会产生心静气爽、高古脱俗的感受。

奇奥也可归入幽深，但细分起来，它的景色要比幽深更为封闭、复杂和神秘，如深不可测的奇峰谷底、奥妙无穷的山中溶洞，都让人感到惊险和诡秘。武陵景观有“奇奥甲天下”之称，《慈利县志》中对其评价：“崇峦大谷，接连数县，……盖亦所谓赤县之奥区焉。”其中的金鞭溪，穿行于峰谷之间，婉转曲折，随山而移。狭窄的溪水两边，峰密森立，高空蔽日，非午时不见阳光，然而植被丰茂，鸟兽嬉戏，五步一个景，十步一重天，深深地吸引着探奇觅奥的游者。位于湖南省张家界市桑植县的九天洞，有“亚洲第一大洞”的美称，是一座迷宫般的溶洞，已经探明可供游览的面积约为 250 万平方米，分为上、中、下 3 个主体层次，最低层低于地表 420 米；洞内有 2 口龙井、3 条阴河、3 个天然湖、5 个池、5 座自生桥、6 块千丘田、12 条瀑布、

15 个潭、10 余座洞中山、36 个大厅及数不尽的奇形怪状的钟乳石，出入口十分狭窄，里面一片漆黑，要用人造光来引路，通道曲折迂回，地质构造复杂多样。它以深奥莫测的神秘感引得人们的赞叹，现已被指定为国际溶洞探险基地。

五、秀丽

秀丽是自然风光中与雄伟相对的另一种主要风格。雄伟为阳刚之美，秀丽为阴柔之美。我国有“南秀北雄”之说，峨眉山便是以秀丽闻名天下。《峨眉郡志》曰：“此山云鬘凝翠，鬒黛遥妆，真如螓首峨眉，细而长，美而艳也，故名峨眉山。”峨眉山的秀丽，一是由于它的山势绵亘，曲折如眉，线条柔美；二是由于它的植被丰茂，葱茏翠绿，终年不枯；三是由于它的气候温润，云雾恻绕，含而不露。

有“甲天下”之称的桂林山水也为秀丽风格。韩愈的诗句“江作青罗带，山如碧玉簪”，最确切不过地表明了桂林山水秀丽的特点。在漓江泛舟，两岸田野似锦，时见独立如柱的小山峰，玲珑剔透，千娇百媚；江水碧绿澄澈，可现出岸边山峰的倒影，清秀可爱（图 2-26）。漓江风光真如开国元帅之一叶剑英的诗中所写的“万点奇峰千幅画”，景致优美极了。

图 2-26　漓江峰林倒影

美的体验

1. 课外阅读

观看视频《古典诗词中的中国意象与中国精神》，感受古诗词中的意象之美。此外，请采用一定的艺术手法拍摄并解读生活中的意象美。

2. 实践体验

选择自己喜欢的一处风景名胜，了解其形成与发展史。

3. 思维拓展

自然美是人类对自然的认识，也是关于自然和人生的一种思考。这种思考体现了人类在美的本质、美的范畴和美感体验问题上，与自然的亲和共存。这不仅是对自然和人生本质性的探讨，也是对宇宙及自然的追问，还是人类适性自然、追寻天人合一境界的本性流露。

第三章

余音绕梁的音乐美

本章导读

音乐是由有组织的乐音来表达人们的思想感情、反映现实生活的一种艺术。音乐是有目的的，也是有内涵的，其中隐含了作者的生活体验、思想情怀。音乐在给人以美的享受的同时，还能使人们提高审美能力，净化灵魂，陶冶情操，提高审美情趣，树立崇高理想。音乐反映社会生活，又给予社会以深刻的影响。通过音乐，人们可以互相交流情感和生活体验。音乐以其特有的艺术魅力，给人以智慧，给人以美感，给人以激励，给人以启示，显示出音乐艺术美的价值。

思政目标

1. 通过聆听经典旋律片段，了解音乐作品的创作背景、思想内涵与历史积淀，体会不同作品带来的地域美、民俗美，感悟作曲家的家国情怀，体会人与人之间的真情实感，从而为形成远大的理想信念、高尚的道德品质、良好的行为习惯与优秀的人格魅力助力。

2. 通过对中国优秀传统音乐和世界优秀音乐的学习，触摸历史、感知现实，激发对中华优秀传统文化的历史自豪感，成为优秀音乐文化的热爱者、传承者和传播者，为实现中华民族伟大复兴作出自己的贡献。

美学思考

1. 回忆曾经给你带来较大触动的一个音乐作品，并与同学分享你的感受。

2. 列举中华人民共和国国歌《义勇军进行曲》响起的某个瞬间，感受并分享音乐中所蕴含的无穷的精神力量。

美的印象

江苏民歌《茉莉花》是一首唱遍大江南北、大家耳熟能详的民间小调，也是一首享有全球知名度的中国名曲。婉转的旋律、缠绵的曲调、含蓄的寓意、悠远的遐思，让人们从茉莉花的芬芳中嗅到了爱情的甜美，看到了少女的娇羞，更体会了一种生活的向往。在硝烟弥漫的抗战前线，它让将士们心情豁然；在雅典奥运会的闭幕式上，它让世人领略了中国的魅力。

音乐是声音的艺术，是听觉的艺术，也是时间的艺术。它通过有组织的乐音、节奏、旋律、调式等一系列元素，塑造听觉艺术形象，描写社会生活和自然事物，抒发人的生活体验和思想情感，表现人类的审美理想和观念。音乐不仅具有认识和教育功能，更具有审美和娱乐功能。

美的漫步

第一节　音乐艺术发展概述

一、中国音乐发展概述

中国音乐是光辉灿烂的中国文化的一个重要组成部分，在数千年的漫长岁月中，以其绚丽多姿的品种和内涵丰富的独特体系闻名于世。

中国古代音乐经历了远古、中古、近古三个发展阶段。1840 年以后，随着中国社会的历史性变革和中西文化的广泛交流，音乐创作不仅在观念上，在体裁、技法等方面也出现了大胆突破和长足发展的势头。为了与古代音乐相区分，人们通常将 1840 年以后的中国音乐称为近现代音乐。

《吕氏春秋・大乐》说："音乐之所由来者远矣。"根据大量历史文献和考古发现，中国古代音乐的可考历史最早可上溯至新石器时代（公元前 40 世纪到公元前 11 世纪），与西洋音乐相比，早了 2 000 多年。远古时期，我们的祖先在劳动中不仅创造了语言和文字，而且创造了音乐和舞蹈。鲁迅曾在《门外文谈》中写道："我们的祖先原始人，原是连话也不会说的，为了共同劳作，必须发表意见，才渐渐练出复杂的声音来，假如那时大家抬木头，都觉得吃力了，其中有一个叫道'杭育杭育'，那么，这就是创作。"

新石器时期音乐的总特征是诗、舞、乐三位一体，统称为"乐"。《尚书・益稷》中"击石拊石，百兽率舞"的记载就描述了先民们一边敲击土鼓、石磬，一边模仿各种兽类动作欢歌的场景。当时最具代表性的音乐体裁是"六代乐舞"，即从黄帝时期开始到周代诞生的歌颂帝王功德的大型乐舞，分别是《云门》《大咸》《大韶》《大夏》《大濩》《大武》。这些原始乐舞场面宏大，具有史诗性质。如《大夏》颂扬的是夏禹治水，《大武》描述的是武王伐纣。这些作品代表了远古时期中国音乐的发展成就。

这一时期还出现了最早的乐器骨哨、骨笛，它们源于先民的狩猎生活，是用禽类动物的中段肢骨加工制成，距今已有 8 000 年的历史。先民们利用它们诱捕禽鸟，也可吹奏简单的曲调。

周秦时期在中国古代音乐发展史上有两个特别值得称道的贡献，一个是雅乐，另一个是编钟。宫廷雅乐是统治者为了巩固王权，以"礼"为中心，礼、乐、刑、政并举而制定的一系列礼仪和相应的典礼音乐，一般用于祭祀、宴饮、祝捷和狩猎。这一时期不仅诞生了著名的《诗经》等作品，还诞生了师旷、伯牙、高渐离、瓠巴、韩娥等著名艺人。1978 年出土的曾侯乙编钟距今已有 2 400余年历史，它是 20 世纪中国音乐考古的一次最伟大的发现。全套编钟共计 65 件，不仅数量多、制作精美，而且钟体上的铭文记录了当时各国使用的律名、阶名、音名情况，是中国古代音乐研究中极具价值的文献。

西汉初年经济繁荣，国力强盛，汉武帝设置了专门从事音乐活动的机构乐府。乐府里集中了千余名民间音乐家从事采风和创作。《汉书・礼乐志》记载："武帝定郊祀之礼。……乃立乐府，采诗夜诵。有赵、代、秦、楚之讴；以李延年为协律都尉；多举司马相如等数十人，造为诗赋，略论律吕，以合八音之调。"汉代音乐中最具代表性的是相和歌，它是汉代各种民间歌曲的总称。如"江南可采莲，莲叶何田田。鱼戏莲叶间。鱼戏莲叶东，鱼戏莲叶西，鱼戏莲叶南，鱼戏莲叶北"。这首歌被认为是相和歌的正声，也是传于后世的最古老的一首五言体乐府。到东晋时期，相和歌逐渐与长江流域的吴歌、楚声融合，形成了一种新的音乐，这就是历史上著名的"清商乐"，其风格清婉、细腻、柔美。随着西域交通的开通，琵琶、箜篌、羯鼓等乐器传入国内，产生了鼓吹乐的雏形。古琴形制有了重要改进，演奏技巧也有进步，创造了初期的文字谱。京房发明的六十律和荀勖的笛律代表了当时的律学成就。

隋唐时期音乐文化繁盛的标志是燕乐。燕乐又称宴乐，是当时汇集于宫廷的俗乐的总称，也是在隋唐与周边民族、国家进行音乐交流的基础上形成并发展起来的流行音乐。燕乐的范围十分广泛，既有各种声乐、器乐及舞蹈，也有散乐百戏，但它的主体是具有较高艺术水平的歌舞大曲。隋唐时期不仅产生了大乐署、教坊、梨园等音乐机构，更产生了古代几种主要的乐谱。其中最具代表性的是文字谱、减字谱、唐燕乐半字谱、俗字谱、工尺谱和二四谱等。如现藏于日本的《碣石调·幽兰》就是用汉字记录的一份古琴谱。

自宋以下四代约900年间，中国古代音乐的一个主要发展趋势是走向民间，以曲子词、说唱、戏曲为代表的新兴音乐体裁强化了这种趋势，并在俗化的进程中，将中国古代音乐的艺术水准提到了一个崭新高度。两宋时期最流行的音乐体裁是曲子词，它直接成就了宋词创作的大繁荣。而戏曲艺术的发展和成熟更是宋元时期对中国古代音乐的一个伟大贡献。关汉卿、王实甫、马致远、白朴等人创作的《窦娥冤》《西厢记》《汉宫秋》《墙头马上》成为彪炳史册的艺术杰作。

《西厢记》

明清时期是中国古代音乐发展的集大成时期。以“弹词”、鼓词为主的说唱音乐空前繁盛，海盐、余姚、弋阳、昆山四大声腔争奇斗艳，汤显祖《牡丹亭》、洪昇《长生殿》、孔尚任《桃花扇》的相继诞生，京剧艺术的成熟定型，陕西锣鼓、十番锣鼓、江南丝竹乐、广东音乐、弦索十三套等器乐合奏的百花齐放以及明代朱权的《神奇秘谱》和朱载堉创造的“新法密率”等理论研究成果均从不同侧面勾勒了音乐艺术发展的历史成就。

从 20 世纪初开始，在中国社会的剧烈变革与中西文化广泛交流的历史背景下，中国音乐也随之发生了嬗变与转型，新旧乐之间的相互交融和相互碰撞，在某种程度上极大地改变了中国音乐的面貌。《义勇军进行曲》《黄河大合唱》等歌曲创作，《白毛女》《江姐》《洪湖赤卫队》《伤逝》等歌剧创作，《宝莲灯》《红色娘子军》《白毛女》《丝路花雨》等舞剧音乐创作，《梁祝》《民族解放交响乐》《春节序曲》《春江花月夜》《喜洋洋》《长城随想》等器乐作品创作，都标志着现代音乐发展的巨大成就。

《梁祝》

二、西洋音乐发展概述

西洋音乐，实际是指欧洲音乐。公元前 3 000 年，欧洲处于原始社会，古希腊基于其政治、经济和地理位置等原因，成为欧洲文化的发祥地，同时也成为欧洲音乐文化的中心。

在斯巴达城，有专业的音乐家，有希腊第一所音乐学校，有最初的弹拨乐器，有威武雄壮的行军歌曲，有歌颂酒神的歌曲。希腊人毕达哥拉斯发明“五度相生律”，创立和发展了音乐理论，包括音乐美学。古希腊时期的音乐活动及成就，对欧洲音乐文化的发展有着深远的影响。中世纪时，基督教成为欧洲占统治地位的宗教。宗教音乐中的赞美歌、多声部音乐是宗教音乐活动的主要内容，为后来音乐的发展提供了广阔的前景。

西方音乐史上比较重要的时期，是从 16 世纪末开始的。这时，世俗音乐逐渐占据主导地位，主调音乐取代了复调音乐，器乐得到了相当大的独立发展，特别是诞生了歌剧这一综合音乐、戏剧、美术、舞蹈的新的艺术形式。也正是从这个时期开始，西方涌现出许多著名音乐家，如巴赫、亨德尔等，创作出许多优秀的音乐作品。各种不同的音乐形式具有各自独特的艺术风格，西方音乐呈现出繁荣发达的局面。

近现代欧洲音乐史上最重要的音乐流派主要有以下几种：

古典乐派。它是从18世纪下半叶至19世纪初在维也纳形成的以古典风格为创作标志的音乐流派，以海顿、莫扎特和贝多芬三人为主要代表，这个流派推崇理性和情感的统一，追求艺术形式的严谨和完美，创作手法上注重戏剧的对比、冲突和发展，成为当时的典范。

浪漫乐派。浪漫乐派是19世纪在欧洲兴起的音乐流派，它最大的特点就是强调激情，强调抒发主观情感，强调表现个性。前期浪漫乐派的代表人物主要有奥地利的舒伯特、德国的舒曼、匈牙利的李斯特、波兰的肖邦、法国的柏辽兹等人，后期浪漫乐派的代表人物主要有德国的瓦格纳和勃拉姆斯、俄国的柴可夫斯基等。

《夜曲》

民族乐派。19世纪中叶以后，在欧洲各国兴起和发展了民族乐派，民族乐派音乐具有鲜明的民族风格和民族特色，注重采用本国的民间音乐作为创作素材，将传统音乐成果与本民族音乐密切结合起来。民族乐派的主要代表人物有挪威的格里格（管弦乐组曲《培尔·金特》等）、捷克的德沃夏克（交响曲《自新世界》等），以及俄国“强力集团”的一批著名音乐家，如穆索尔斯基（交响音画《荒山之夜》等）、里姆斯基-科萨科夫（交响组曲《舍赫拉查德》）和鲍罗丁（交响音画《在中亚细亚草原上》）等。

20世纪的西方音乐更是流派繁多，难以尽述，其中主要有以法国音乐家德彪西为代表的印象派音乐、以奥地利音乐家勋伯格为代表的表现派音乐、以意大利音乐家布梭尼为代表的新古典主义音乐等，并且相继出现了爵士乐、摇滚乐、电子音乐等，尤其是偶然音乐与观念艺术，在20世纪中期影响很大。

总之，20世纪的欧洲音乐经历的是一个动荡变化的发展历程，各种音乐流派纷纷出现，在各自的道路上不断地探索和演变，为世界音乐向前迈进奠定了基础。

第二节 音乐艺术的审美特征

一、音乐语言的基本要素

音乐是声音的艺术，它通过有组织的乐音及节奏、速度、音区、音色、调式等的变换、对比与组合，体现在音乐的音响中，形成艺术形象并抒发内心情感，反映社会生活。

音乐作品的内容非常广泛，有的叙述具有重大社会意义的事件，有的反映风俗人情生活，有的描绘自然风光，有的抒发思想感情。但无论涉及什么题材、反映什么主题，其艺术形象塑造主要是通过音乐语言来实现。音乐语言的基本要素包括旋律、节奏、节拍、速度、力度、音区、音色、和声、复调、调式、调性和配器等。如果旋律是人的灵魂，那么节奏就是人的骨骼，而调式、和声、配器元素就好比是人的器官、血液、皮肤，这样才会让人的形象鲜活起来。

（一）音乐之美首先源自旋律之美

旋律又称曲调，它是塑造音乐形象最主要的手段，是音乐的基础和灵魂，也是一首歌曲或乐曲流传的生命之源。旋律分声乐旋律和器乐旋律两种。声乐旋律为人声演唱创作，器乐旋律为乐器演奏创作。旋律将音乐的基本要素有机整合，呈现出不同的风格与特征。

音乐的主要魅力来自旋律。许多音乐作品把旋律的美体现为音调的曲折流畅、起伏平衡及主题的完整对称，以此来表现人们繁杂多样、深刻细腻的内心情感。正因如此，人们可以在音乐欣赏中感受到贝多芬作品旋律的激情奔放、莫扎特作品旋律的优美细腻、柴可夫斯基作品旋律的忧郁深沉。

（二）音乐之美其次源自节奏之美

节奏常被喻为音乐的骨架。许多音乐作品把音乐节奏的美体现为时值长短有序、张弛有致的韵律之美。音乐中各具特征的节奏，反映出所表现的事物、情感的运动特征，形成不同的风格。正因如此，人们从柴可夫斯基《悲怆交响曲》沉重、缓慢的节奏中能感受到作者对理想的追求、对生活的赞美以及对光明和幸福的向往心情；从贝多芬《命运交响曲》命运敲门的节奏声中能感受到英雄多方面的性格与情感；从冼星海《黄河船夫曲》铿锵有力的节奏中能感受到它给人带来的无形的力量和团结一心的精神。

《命运交响曲》

（三）音乐之美还源自和声之美

和声是丰富旋律的手段之一。许多音乐作品把音乐和声的美体现为多声部音响丰满的美、和弦从不稳定到稳定的协调的美及色彩的美。正因如此，德彪西的交响素描《大海》能够通过丰富多彩的和声手法及绚丽多彩的管弦乐配器手段，使人们联想到辽阔的海面变幻无穷的景象，联想到阳光映照下充满生机与活力的大海；贝多芬《第九交响曲》把《欢乐颂》人声合唱的和声效果融入交响乐和声之中，以恢宏的气势唱响“拥抱起来，亿万人民”的主题，给人以和声音响之美的感受。

二、音乐作品的类别

音乐作品大致可以分为声乐作品和器乐作品两大类。声乐作品可根据形式、风格的不同，分成歌曲、说唱音乐、戏曲音乐、歌剧等不同种类。器乐作品按演奏形式分，可分成独奏、齐奏、重奏和合奏曲；按体裁分，可分为交响曲、协奏曲、奏鸣曲、进行曲、圆舞曲、幻想曲、随想曲等。

从声乐作品演唱上看，人声可分为女声、男声、童声三种，演唱则分为独唱、重唱、对唱、合唱等。

从器乐作品演奏上看，器乐分为民族乐器和西洋乐器。民族乐器分为以二胡、板胡为代表的拉弦乐器，以琵琶、古筝、古琴、扬琴为代表的弹拨乐器，以笛、箫、笙、唢呐为代表的吹管乐器，以及以鼓、锣为代表的打击乐器。西洋乐器则分为以小提琴、中提琴、大提琴为代表的弓弦乐器，以木管、长笛、双簧管、单簧管为代表的木管乐器，以圆号、小号、长号为代表的铜管乐器，以及以定音鼓为代表的打击乐器。乐器的演奏一般分为独奏、重奏、合奏等。

三、音乐艺术的欣赏方法

欣赏一件音乐作品，主要从以下三方面入手：

第一，要熟悉音乐语言。音乐主要是通过有组织的乐音而形成的听觉艺术形象。一件音乐作品的思想内容和艺术之美，总是通过诸如旋律、节奏、和声、调式等音乐语言要素来表现的。所以，欣赏音乐作品首先必须熟悉丰富多彩的音乐语言，进而借助这些音乐语言领会作品中的情感，理解作品中的音乐形象。

第二，要了解作者和作品创作的时代。一件音乐作品，总是既表现了作者对现实生活的感受、体验和思考，也寄寓了作者的思想与情怀。要深刻领会音乐作品，就必须了解作者生活的时代、作者的生平及作者的创作风格。聂耳的《义勇军进行曲》是在中华民族遭遇日寇侵略、全国上下救亡图存的历史背景下创作的。它展示的是中国人民为了拯救祖国、视死如归奔赴抗日前线的决心与信心。正是因为这一点，它才能很快风靡全国，并最终成为我们的国歌。

第三，要在音乐实践活动中培养自己的欣赏能力。一般来说，欣赏一件音乐作品，大致会经历音响感知、情感体验、想象联想和理解认识四个阶段的心理认知过程。例如，人们一般在听到一首歌曲时，首先是觉得旋律动听，其次逐渐理解作品中蕴含的情感，最后才会领悟作品的意境。因此，一方面要多参加艺术实践活动，培养自己对音乐艺术的广泛兴趣；另一方面要多阅读、多涉猎各种门类的艺术经典，提高自己的艺术修养和审美能力。

第三节　音乐作品欣赏

一、中国声乐作品欣赏

（一）《黄河大合唱》

《黄河大合唱》于1939年创作于延安，由现代著名诗人光未然（1913—2002）作词、被誉为“人民的音乐家”的作曲家冼星海（1905—1945）作曲。这是一部在中国音乐史上具有较高艺术成就、享誉中外的里程碑式的大型声乐套曲。

《黄河大合唱》

1938年，诗人光未然赴延安途经黄河时，面对着汹涌澎湃的黄河，目睹着船夫与惊涛骇浪搏斗的情景，聆听着高亢、激奋的船夫号子，心中激起了强烈的感情和创作欲望。到延安后，他仅用了5天时间便一气呵成完成了全诗，并在1939年除夕晚会上登台朗诵。冼星海听后激动不已，用了近3个月时间完成音乐创作。1939年4月，《黄河大合唱》首演便获得了极大成功，很快就流传全国。

《黄河大合唱》全曲由9个乐章组成，依次为《序曲》《黄河船夫曲》《黄河颂》《黄河之水天上来》《黄水谣》《河边对口曲》《黄河怨》《保卫黄河》《怒吼吧，黄河》。内容上，它以黄河为背景，热情歌颂了中华民族源远流长的光荣历史和中国人民坚强不屈的斗争精神，痛诉了侵略者的残暴，展现了抗日战争的历史画面，并向全中国、全世界发出了民族解放的战斗警号，从而塑造起中华民族巨人般的英雄形象。形式上，它以诗朗诵贯穿全曲，采用了独唱、齐唱、轮唱、重唱、合唱等多种声乐演唱形式，或急促，或舒展，或慢板抒情，或叙事对唱，或含悲控诉，或波澜壮阔。音调上，它既有中国民间音乐风格，也有群众歌曲的特点，从而成为我国现代大型声乐作品的典范。

（二）《长江之歌》

《长江之歌》是电视系列片《话说长江》的主题曲。词作者是国家一级编剧胡宏伟，曲作者是作曲家王世光。全曲以哺育了一代又一代中华儿女的“母亲河”长江为背景，形象地描绘了长江气势磅礴的雄姿和温婉秀丽的情怀，洋溢着对祖国山河的赞美之情。音乐深情厚实、简洁明朗。跌宕起伏的宏大场景令人荡气回肠，舒展流畅的优美旋律让人充满眷恋。其在一唱三叹的演绎中，将长江之险峻、长江之柔美、长江之豪迈、长江之依恋展示得淋漓尽致。

《长江之歌》

（三）《龙船调》

《龙船调》是由湖北恩施土家族人的利川灯歌《种瓜调》整理改编而成的。它以《种瓜调》为基础，积累了当地劳动人民长期的生活经验和智慧，字里行间透露出浓浓的生活气息，经过反复推敲锤炼，词义更加精练，旋律更是极其流畅、优美动人，集中而又风情万种地表现了土家族幺妹的娇羞、妩媚，秀才的酸腐、挑逗，驼背艄公的幽默、野性。

二、中国器乐作品欣赏

（一）古琴曲

古琴又称七弦琴，是最早的弹拨乐器，它以其历史久远、文献浩瀚、内涵丰富和影响深远为世人所珍视。唐宋以来，历代都有古琴精品传世，现存南北朝至清代的琴谱有百余种，琴曲达3 000余首，还有大量关于琴家、琴论、琴制、琴艺的文献，遗存之丰硕堪为中国乐器之最。古时所说的“琴、棋、书、画”中的“琴”就是指古琴。汉代以前，古琴曲的传授完全依靠口传心授；到汉魏之交，随着古琴在形制上的定型及演奏技巧的成熟，有人便创造了初期的文字谱。著名的古琴曲有《高山》《流水》《广陵散》《胡笳十八拍》《酒狂》等。

《流水》是一首非常古老、著名的琴曲。相传，《高山流水》原来是一首曲子，到了唐朝才分成《高山》和《流水》两首曲子。《吕氏春秋》中记载，俞伯牙擅长弹奏古琴，他的好友钟子期非常善于听琴，可以在他的琴声中听出“巍巍乎若泰山”“洋洋乎若江海”的意境。钟子期死后，俞伯牙砸碎古琴，从此不再弹琴。由于这个故事，人们用“高山流水”比喻知音难觅或乐曲高雅精妙。《流水》的谱本最早见于朱权的《神奇秘谱》，现在最流行的是清代张孔山留下来的版本。乐曲意境深邃，若行云流水，旋律流畅，用多样的演奏手法体现出流水的不同形态。1977年，美国发射了“旅行者1号”宇宙探测器，船上有一张欲用来与外星生物交流的唱片，其中就收入了我国著名古琴演奏家管平湖演奏的《流水》。

《流水》

（二）琵琶曲

琵琶（图 3-1）是中国历史悠久的主要弹拨乐器。琵和琶原是两种弹奏手法的名称，琵是右手向前弹，琶是右手向后弹。南北朝时，我国通过丝绸之路与西域进行文化交流，琵琶由波斯经今新疆传入我国。到了唐代后期，琵琶从演奏技法到制作构造都得到了很大的发展。著名乐曲有《十面埋伏》《霸王卸甲》《浔阳月夜》《阳春白雪》《月儿高》《春雨》《彝族舞曲》《昭君出塞》《歌舞引》《大浪淘沙》《赶花会》《飞花点翠》《天鹅》《狼牙山五壮士》《草原英雄小姐妹》等。

图 3-1 琵琶

《十面埋伏》是一首著名的琵琶独奏曲，也是中国十大古曲之一。乐曲以公元前 202 年楚汉战争为题材，以音乐的形式生动描绘了当年项羽、刘邦垓下决战的情景。汉军用十面埋伏的阵法击败楚军，项羽自刎于乌江。乐曲共分 13 段，分别是列营、吹打、点将、排阵、走队、埋伏、鸡鸣山小战、九里山大战、项王败阵、乌江自刎、众军奏凯、诸将争功、得胜回营。乐曲描绘了短兵相接、刀光剑影的交战场面。音乐多变，节奏急促，在演奏上连续运用了弹、扫、轮、绞、滚、煞等手法，以描写激烈的厮杀及英雄末路的项羽发出的惊天动地、动人心弦的“悲歌慷慨之声”。

《十面埋伏》

（三）二胡曲

二胡（图 3-2）是我国独具魅力的拉弦乐器。它既适宜表现深沉、悲凄的内容，也能描写气势壮观的意境。二胡形制为琴筒木制，筒一端蒙以蟒皮，张两根金属弦，定弦时内外弦相隔纯五度。主要作品有《赛马》《二泉映月》《月夜》《江河水》《三门峡畅想曲》《长城随想》《战马奔腾》等。通过许多名家的革新，二胡已成为一种重要的独奏乐器和大型合奏乐队中的弦乐声部重要乐器。

《二泉映月》是中国民间音乐家华彦钧（阿炳）的代表作。这首乐曲自始至终流露的是一位饱尝人间辛酸和痛苦的盲艺人的思绪情感，展示了独特的民间演奏技巧与风格及无与伦比的深邃意境，显示了中国二胡艺术的独特魅力，拓宽了二胡艺术的表现力，曾获“20 世纪华人音乐经典作品奖”。

《二泉映月》

图 3-2 二胡

（四）笛子曲

竹笛又称笛子（图 3-3），是我国最古老的乐器之一。在河南舞阳县贾湖村东新石器时代早期遗址中发掘出的 16 支竖吹骨笛，据测定距今已有 8 000 余年历史。竹笛一般分为南方的曲笛和北方的梆笛。曲笛因伴奏昆曲而得名，广泛流行在中国南方各地，音色浑厚而柔和、清新而圆润，是江南丝竹、苏南吹打、潮州笛套锣鼓等地方音乐和昆曲等戏曲音乐中富有特色的重要乐器之一。梆笛因伴奏梆子戏曲而得名。梆笛音色高亢、明亮，主要流行于北方，多用于北方的吹歌会、评剧和梆子戏曲（秦腔、河北梆子、蒲剧等）的伴奏，现今也经常用来独奏。代表作品有《喜相逢》《五梆子》《早晨》《姑苏行》《中花六板》等。

《鹧鸪飞》是江南笛曲的主要代表曲目之一，原是湖南民间乐曲，乐谱最早见于1926年严固凡编写的《中国雅乐集》，现在常被演奏的是陆春龄和赵松庭改编的版本。此曲以唐代诗人李白的诗句“越王勾践破吴归，义士还家尽锦衣。宫女如花满春殿，至今只有鹧鸪飞”为依据改编，运用了大量的“颤”“叠”“赠”“打”“循环换气”等技法，把鹧鸪鸟那时远时近、忽高忽低，在天空尽情翱翔的形象刻画得极为生动，反映出了人们对幸福生活的向往和追求。

图3-3　笛子

《鹧鸪飞》

（五）古筝曲

古筝（图3-4）是我国传统的民族乐器，距今已有2 000多年的历史。古筝音色柔美、委婉动听，音域宽广、演奏技巧丰富，具有相当的表现力，因此深受广大人民群众的喜爱。古筝的主要代表作品有《渔舟唱晚》《高山流水》《秦桑曲》《寒鸦戏水》《战台风》《黔中赋》《雪山春晓》《幻想曲》《溟山》等。

《渔舟唱晚》

图3-4　古筝

《渔舟唱晚》乐曲的第一部分以优美典雅的旋律和舒缓的速度，描绘出一幅傍晚时分夕阳西下、阳光洒在河面上波光粼粼的景象。第二部分以三次反复逐层推进，表现了渔人悠然自得、片片白帆随波逐流、渔船满载而归的场景。

三、中国流行音乐作品欣赏

（一）《乡恋》

李谷一《乡恋》

《乡恋》是电视旅游风光片《三峡传说》的插曲，也是中国内地流行歌曲的开山之作，1979年经歌唱家李谷一第一次用柔美的气声唱法演唱，迅速风靡大江南北。这首曲调优美、歌词清新、饱含深情、深受广大观众喜爱的歌曲，当年曾在音乐界、评论界，乃至整个社会掀起了一场轩然大波，一度被指斥为“靡靡之音”而招致非议。直到 1983 年，李谷一在首届春节联欢晚会上重新演唱《乡恋》，这首著名的中国经典歌曲才又回到了舞台，重新回响在广大听众的耳边。这不仅仅意味着思想的解放，更彰显着时代的进步。《乡恋》的出现，标志着中国流行音乐之门的开启，由此开始，中国的流行音乐如雨后春笋般蓬勃发展。

（二）《童年》

《童年》是中国台湾音乐家罗大佑创作的一首传唱很广的校园歌曲，曲调轻松活泼，形象地刻画出莘莘学子在校园中的生活、学习状态，以及他们对未来充满渴望、期盼长大和朦胧的初恋感情。歌词“池塘”“知了”“山的那一边”“长大的童年”非常有童趣且朗朗上口。

（三）《海阔天空》

《海阔天空》是中国香港摇滚乐队 Beyond 的一首音乐作品，它收录在 Beyond 乐队于 1993 年发行的粤语专辑《乐与怒》内。歌曲通过记述 Beyond 乐队成长经历的风风雨雨，刻画出他们的心路历程，有起起伏伏，有意气风发，有疲倦无奈，也有奋战不懈。

Beyond 乐队《海阔天空》

（四）《传奇》

《传奇》这首歌曲旋律清新、缥缈、空灵，展现了一个唯美的爱情故事。2010 年，由刘兵作词、李健作曲的《传奇》作为王菲复出首选曲目登陆央视春晚，并迅速在全国走红，成为 2010 年度脍炙人口的金曲，同时蝉联各大排行榜冠军达 3 个月之久。

王菲《传奇》

（五）《我和你》

《我和你》这首歌曲是陈其钢为 2008 年北京奥运会开幕式创作的一首主题曲，由中国歌手刘欢和英国歌手莎拉·布莱曼演唱。这首歌曲选择了中国民族五声调式进行创作，大气、空灵的旋律感，一音一字简单而不张扬的风格，将中国对和平与和谐的诉求通过温暖的音乐传向世界。

刘欢、莎拉·布莱曼《我和你》

四、西洋声乐作品欣赏

（一）《我的太阳》

《我的太阳》是一首意大利民歌。卡普鲁在创作歌词时，借用了莎士比亚的戏剧作品《罗密欧与朱丽叶》中“是什么光从那边窗户透出来？那是东方，朱丽叶就是太阳”两句台词的立意，把爱人的笑容比喻为“我的太阳”，又用赞美太阳来表达真挚的爱情。全曲具有浓郁的意大利那不勒斯风格，旋律优美华丽，情绪热情奔放。第一乐段在歌曲的中音区，用优美流畅的音调赞美暴风雨后的晴空和灿烂的阳光；第二乐段在歌曲的高音区，曲调热情奔放，倾诉了对心爱之人的爱慕之情。

（二）《欢乐颂》

《欢乐颂》（合唱）是德国著名作曲家贝多芬创作的一部合唱作品。贝多芬（1770—1827）是维也纳古典乐派向浪漫乐派过渡的杰出代表。他幼年便显露出超常的音乐天赋，4 岁学钢琴，8 岁登台演奏，13 岁出版个人作品。贝多芬一生坎坷，贫困交加，孤单一生。虽然他从 28 岁起就受到失聪的折磨，但他以惊人的毅力创作了大量不朽的音乐作品。他的创作，承古典乐派之精华、开浪漫乐派之先河，使他成为横跨两个时代的音乐巨人。他的作品不仅涉及当时所有体裁，而且表现了崇高的思想境界、鲜明的个性和时代特征、完美的艺术形式、深刻的戏剧性和哲理性，以及对人类的无限热爱之情，后人称他为“乐圣”。其主要代表作品有《英雄》《命运》《田园》《D 小调第九交响曲》等交响曲 9 部，《月光》《热情》《悲怆》等钢琴奏鸣曲 32 首，弦乐四重奏 16 部、歌剧 1 部，以及其他作品。

贝多芬《欢乐颂》（合唱）

《欢乐颂》（合唱）是贝多芬《D 小调第九交响曲》第四乐章的第二部分。这部交响曲于 1824 年 5 月在维也纳首次演出。全部创作思想是“从黑暗到光明、从痛苦到欢乐、从斗争到胜利”的总结。贝多芬根据交响曲内容的需要，融合了自己的意念，体现了他崇高而伟大的思想，并创造性地将合唱引入了交响曲。在交响曲中，有独唱、重唱、领唱、合唱、交响合唱等部分，其中以德国诗人席勒的《欢乐颂》为歌词而谱写的大合唱，以恢宏的气势唱响“拥抱起来，亿万人民”的主题，展示了贝多芬真挚的思想与感情。这部交响曲在世界范围内能产生这么大的影响且如此感人，与第四乐章中的《欢乐颂》合唱大有关系。

（三）《摇篮曲》

《摇篮曲》的作者舒伯特（1797—1828），奥地利浪漫派作曲家，生于维也纳；幼年随父兄学习小提琴、钢琴，11 岁系统学习作曲理念；1814 年任小学教师并开始创作歌曲，2 年多时间共创作 140 多首歌曲，其中有《野玫瑰》《魔王》等名作。舒伯特一生写了 10 多部歌剧、9 部交响曲、100 多首合唱曲和 500 多首歌曲。他继承了古典乐派音乐的传统，同时广泛吸收民间音乐的因素，创作了大量浪漫派的音乐作品，被誉为“歌曲之王”。他常用各种音乐手法来刻画个人的心理活动，将瞬间的遐想写于乐谱，把内心的感受变成音乐形象，创作出独特的旋律。其主要代表作品有《未完成交响曲》《鳟鱼五重奏》《美丽的磨坊姑娘》等。

舒伯特《摇篮曲》

《摇篮曲》是一首著名的女声独唱艺术歌曲，创作于 1819 年。歌曲由三段歌词构成，全曲结构方整，为有再现性的单二部曲式，速度缓慢，旋律流畅，伴奏有如摇篮在轻摇，旋律没有强烈的对比，表现了一个轻轻摇动着摇篮的母亲对将入睡的小宝贝亲切的爱抚和良好的祝愿。

五、西洋器乐作品欣赏

器乐是用乐器发声来演奏的音乐。器乐根据演奏方式的不同，可分为独奏、重奏、合奏、齐奏等形式；根据体裁形式来划分，可分为序曲、组曲、奏鸣曲、协奏曲、交响曲、管弦乐曲等。

（一）交响曲作品欣赏

交响曲一词源于希腊文，原意为“一齐响”，后来经过发展，指的是由交响乐队演奏的由若干个独立但又相互联系的乐章组成的大型器乐曲。以“交响乐之父”海顿、“音乐神童”莫扎特和“乐圣”贝多芬为代表的维也纳古典乐派在交响曲发展史上竖立了一座不朽的丰碑。交响曲一般为四个乐章。第一乐章为快板，奏鸣曲式；第二乐章为慢板，具有抒情性和歌唱性；第三乐章为中速的小步舞曲或诙谐曲；第四乐章为急板，回旋曲式或奏鸣曲式。

《第九十四交响曲·惊愕》的作者海顿（1732—1809）是奥地利作曲家，维也纳古典乐派代表人物，童年受到奥地利民间音乐的熏陶，8 岁开始接受传统音乐教育。海顿的创作面很广，其中以交响曲与弦乐四重奏最为杰出。他为交响曲创造了一个固定而完美的典型形式，并形成了一套完美的交响曲乐队编制。他一生共写了 100 多部交响曲，为交响曲的发展奠定了坚实基础，被人们称为“交响乐之父”。他还创作了 80 余部弦乐四重奏乐曲，被称为“弦乐四重奏之父”。

海顿《第九十四交响曲·惊愕》

《第九十四交响曲·惊愕》创作于 1791 年。关于这部作品，曾流传一段有趣的故事。当时伦敦的贵妇是音乐会的常客，她们借欣赏交响曲附庸风雅，却经常在乐队演奏时打瞌睡。海顿对此非常不悦，便打算让贵妇们出丑。于是他在这部交响曲的第二乐章中插入乐队全奏，爆发了强烈的和弦和定音鼓的猛击声，酷似惊雷忽起，将打盹的贵妇们吓得丑态百出。因此，这部作品后来被大家称为“惊愕”交响曲。全曲共分四个乐章，第二乐章为行板，是人们最为熟悉的乐章，其优美的旋律具有一种内在的美和魅力。

（二）独奏曲作品欣赏

独奏曲是用各种乐器单独来演奏音乐作品。如弦乐器中有小提琴独奏曲、大提琴独奏曲等，铜管乐器中有小号独奏曲、圆号独奏曲等，木管乐器中有单簧管独奏曲等，键盘乐器中有钢琴（图 3-5）独奏曲、手风琴独奏曲等。

图 3-5 钢琴

《土耳其进行曲》（钢琴曲）的作者莫扎特（1756—1791）是奥地利作曲家，维也纳古典乐派的杰出代表。他 3 岁显露音乐天赋，4 岁开始学钢琴，5 岁开始作曲，6 岁到欧洲各地的大城市演出，被誉为“音乐神童”。其主要作品有歌剧 19 部、交响曲 47 部、钢琴协奏曲 27 部、小提琴演奏曲 5 部。著名代表作品有歌剧《费加罗的婚礼》《魔笛》《G 大调弦乐小夜曲》等。他奠定了近代协奏曲形式，丰富了交响曲和室内乐的表现力，对后世音乐创作产生了极大影响。

莫扎特《土耳其进行曲》

钢琴曲《土耳其进行曲》是《A 大调钢琴奏鸣曲》的第三乐章。标题为“土耳其风格”，后被称为《土耳其进行曲》。这个乐章风格突出，常作钢琴小品单独演奏，旋律轻快活泼、富有朝气，土耳其军鼓的节奏更增强了其进行曲的特点，具有威武雄壮的英雄气势。

（三）管弦乐作品欣赏

管弦乐曲是除交响曲、协奏曲外的由管弦乐队演奏的其他类型的作品。管弦乐队主要由弦乐组、铜管组、木管组、打击乐组等乐器组成（图 3-6），他们在乐队指挥下共同完成对音乐作品的演绎（图 3-7）。长笛高音区音色明亮，最高音区更为明亮而尖锐，也更富于光彩；中音区音色柔和而优美；低音区音色略带沙哑，但很有特色，有些像中国箫的音色。短笛的高音区音色明亮而有穿透力，低音区没有长笛效果好。双簧管高音区音色明亮，中音区音色甜美、柔和，低音区发音饱满但“鼻音重”，适于表现优美抒情的音乐，具有田园风味。单簧管也叫黑管，高音区音色饱满、明亮；中音区发音柔弱；低音区是表情区，发音低沉、饱满、紧张。大管也叫巴松，高音区与最高音区发音极富个性，表现力丰富；中音区发音柔和略带管风琴特色；低音区发音饱满、浑厚。小号高音区发音嘹亮、穿透力强，中音区音色优美、有透明性，低音区音色较暗淡。圆号高音区音色洪亮，表现力丰富；中音区发音柔润、丰满；低音区音色较粗糙。短号与小号基本相同，但音色比小号柔和，表现力不如小号。长号高音区音色辉煌有力，有凯旋般的气势；中音区音色饱满、圆润，音色宏大；低音区强奏时有庄严感，弱奏时音色淡。大号高音区发音效果差，较少用；中音区发音饱满有力；低音区音色浓厚、低沉。定音鼓是有固定音高的打击乐器。大鼓是没有固定音高的打击乐器，发音宏大且饱满。小鼓也是没有固定音高的打击乐器。小鼓在管弦乐队中既可以用来描写部队的行进与战斗场面等，又可以用来造成恐怖、紧张、阴森的效果。三角铁也是没有固定音高的打击乐器，音色独特又清脆、明亮，穿透力很强，无论强奏还是弱奏都可以听得到。

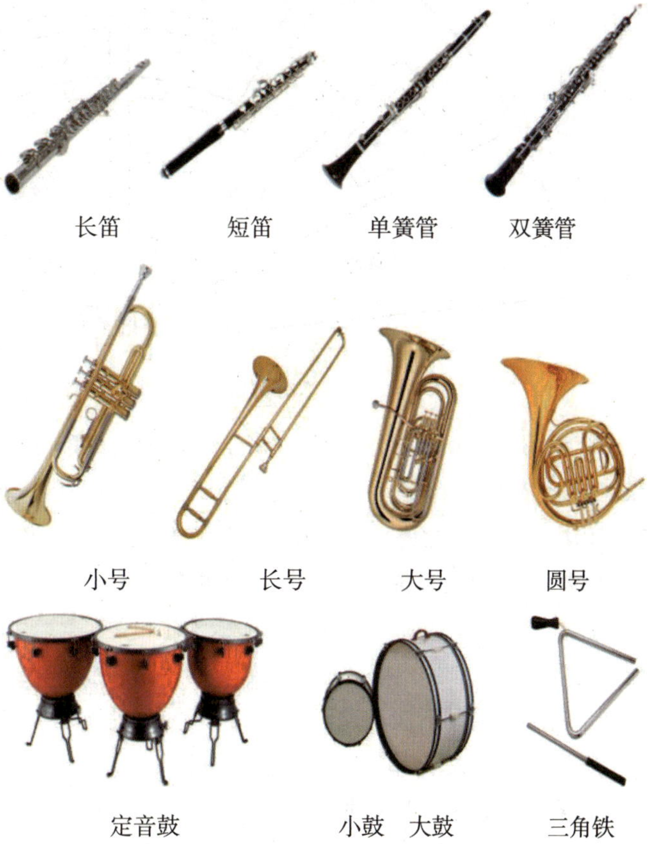

图 3-6　管弦乐队的部分乐器

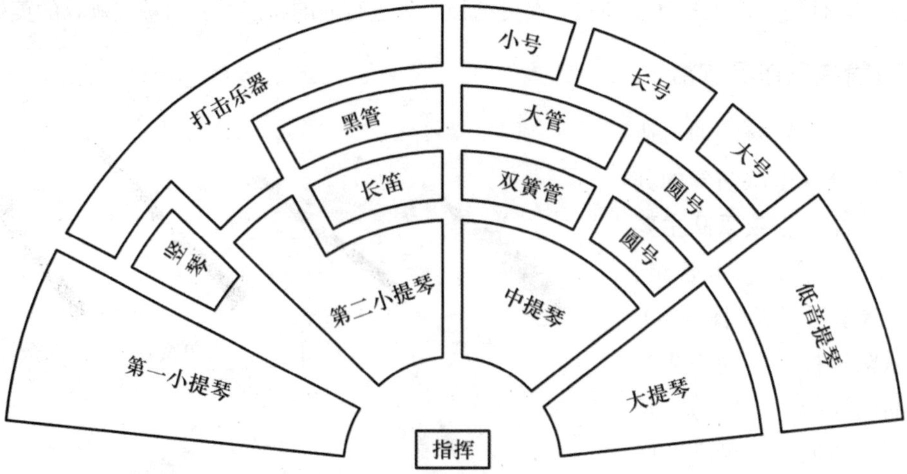

图 3-7 管弦乐队合奏座

管弦乐曲《动物狂欢节》的作者卡米尔·圣-桑（1835—1921），法国作曲家，曾在巴黎音乐学院学管风琴和作曲，后担任教堂的管风琴手，1877 年起专门从事音乐创作。他是法国民族音乐协会创始人之一，主要作品有管弦乐组曲《动物狂欢节》、歌剧《参孙与达丽拉》、交响诗《骷髅之舞》及《大提琴协奏曲》、小提琴作品《引子与回旋随想曲》等。

《动物狂欢节》创作于 1886 年，卡米尔·圣-桑运用了以两架钢琴与一个小型管弦乐队相结合的乐器编制，别出心裁地以拟人化的手法和性格化的旋律，描写各种动物的狂欢活动，形象诙谐有趣、生动活泼。这部作品的副题是“动物园大幻想曲”，它对各种动物所作的描摹实在逗人喜爱，把人带入一个神奇的动物世界。

该乐曲由 13 首标题小曲和终曲组成：引子和狮子进行曲、母鸡和公鸡、骡子、乌龟、大象、袋鼠、水族馆、长耳朵的角色、森林中的杜鹃、大鸟笼、钢琴家、动物化石、天鹅，终曲。

（四）室内乐作品欣赏

室内乐原意是指在房间内演奏的“家庭式”的音乐，后延伸为在比较小的场所演奏的音乐。

在所有的室内乐重奏中，弦乐四重奏是最重要和最有代表性的重奏形式。弦乐四重奏由第一小提琴、第二小提琴、中提琴、大提琴组成。4 件乐器各演奏一个不同的声部，共同塑造一个艺术形象。它的特点是具有多样化的演奏技巧和丰富的表现力，最擅长于旋律的歌唱性，同时又有宽广的音色、音区和音域对比，对个人演奏技巧要求极高。小提琴的第一弦发音华丽而富有光彩，第二弦与第三弦发音柔和、典雅，第四弦发音深沉而富有厚度。中提琴音色较暗淡，带有“鼻音”，适于演奏柔和、忧郁、略带伤感的旋律。大提琴的第一弦音色明朗，并且具有宽广的特色；第二弦音色柔和；第三弦音色深沉饱满；第四弦音色深沉、粗野，类似男低音的音色。低音提琴发音浑厚、低沉有力。

弦乐四重奏《如歌的行板》的作者柴可夫斯基（1840—1893），俄国作曲家，10 岁开始学习钢琴和作曲，1862 年入彼得堡音乐学院学习作曲，毕业后到莫斯科音乐学院任教。他的作品注重内心刻画，尤其把知识分子在沙皇统治下不满现实、渴望自由，但找不到出路的苦闷心情描写得淋漓尽致。艺术上，他在旋律、配器等方面造诣极高，在各种体裁领域都有所建树，其音乐充满内心的感受和戏剧力量。主要作品有《第六（悲怆）交响曲》等交响曲 6 部、《叶甫根尼·奥涅金》等歌剧 10 余部、《天鹅湖》等舞剧 3 部，以及各种器乐重奏曲、钢琴奏鸣曲等。

《如歌的行板》创作于 1871 年，是作曲家创作的《D大调第一弦乐四重奏》的第二乐章。它以俄罗斯民歌《孤寂的凡尼亚》为主题，经变奏手法的处理，在乐曲中一再出现，情绪极其沉郁、伤感。轻吟低回、如泣如诉的琴声，将在专制政治之下人民的悲惨生活与难言的苦楚表达得淋漓尽致。作家托尔斯泰听完演奏后说："从这首乐曲里，我已经接触到忍受苦难的人民的心灵深处。"

六、西洋流行音乐作品欣赏

流行音乐起源于布鲁斯（Blues）音乐，没有布鲁斯的影响，流行音乐的声音不会是现在这个样子。流行音乐在百余年的发展中，逐渐发展成为有别于古典音乐与现代音乐的音乐体系。它以爵士和声、拉丁音乐节奏、非洲音乐节奏、现代编曲技法为理论依据，主要特征有调式不限于大小调体系、和声功能性为主、多元化、即兴及不稳定的节奏律动等，同时也具有大众性、时尚性、新奇性、娱乐性、商业性、快速更替性、参与性、即兴性等特征。

（1）*Hand In Hand*（《手拉手》）是由享有美国"通俗音乐之父"之称的乔治·莫罗德为第 24 届夏季奥运会创作的主题歌，体现了理解、友谊、团结的奥运精神，一经问世就广为传唱，为世人所喜爱。

1940 年 4 月 26 日出生的乔治·莫罗德是意大利音乐家，曾 3 次获得奥斯卡音乐奖和格莱美音乐奖。他创作的*Hand In Hand*这首主题歌歌词内容浅显、易懂，主题鲜明、深刻，情感洋溢、激荡，很有感染力。歌词分为两大节，每节的前两句都强调了"友谊""团结"的主旋律。这首歌通过反复吟唱"我们手拉手，友谊传四方"，把"友谊、团结、理解"的主题鲜明地凸显出来，颂扬了友谊、团结和公平竞争的奥运精神，突出了体育给人们带来的美好的心灵感受。

Hand In Hand

（2）*My Heart Will Go On*（《我心永恒》）是电影《泰坦尼克号》的主题曲，由好莱坞主流电影著名作曲家詹姆斯·霍纳一手制作，具有浓烈民族韵味的爱尔兰锡哨在他的精巧编排下，更显悠扬婉转而又凄美动人。歌曲的旋律从最初的平缓到激昂，再到缠绵悱恻的高潮，一直到最后荡气回肠的悲剧尾声，短短 4 分钟实际上是整部影片的浓缩版本。该曲在全球取得了名副其实的"战绩"，登上多国单曲榜第一位，并成为全球最畅销单曲之一，全球销量过千万。*My Heart Will Go On*还获得第 70 届奥斯卡最佳电影歌曲大奖和第 41 届格莱美奖。

My heart will go on

美的体验

1. 课外阅读

阅读日本冈崎雄儿的《不愿做奴隶的人：聂耳传》、法国罗曼·罗兰的《贝多芬传》等中外著名音乐家传记，并将所思所感写成一篇 1 000 字以内的读书笔记，提交在云教学平台上。

2. 实践体验

观看电影《音乐家》，了解人民音乐家冼星海的生平，体会其刚毅坚韧、自强不息的精神品格，感受音乐在唤醒民族觉醒意识中起到的号角作用。

3. 思维拓展

中国古诗词艺术歌曲彰显了传统文化独特的艺术魅力，其诗词优美、内涵丰富，有着鲜明的民族音乐风格，是中国民族音乐艺术的重要组成部分，具有很强的艺术价值。当代大学生应积极参与古诗词歌曲的学习与赏析，丰富自身文化底蕴，提升自身文化内涵、音乐修养和艺术审美能力，增强对中华民族优秀传统文化的认同感，树立坚定的文化自信。

第四章

色彩斑斓的绘画美

本章导读

绘画在技术层面上，是一个以表面作为支撑面，在其上加上颜色的做法，这些表面可以是纸张或布，加颜色的工具可以是画笔，也可以是刷子、海绵、布条等，还可以运用软件进行绘画。绘画艺术是忠实于客观物象的自然形态，对客观物象采用经过高度概括与提炼的具象图形进行设计的一种表现形式。它具有鲜明的形象特征，是对现实对象的浓缩与精炼、概括与简化，突出和夸张其本质因素。

思政目标

1. 美术承载着伟大的民族精神，挖掘中国传统经典绘画作品创作背后的历史背景、创作理念、画面构图和表现技法。

2. 中国传统绘画讲究画面意境，它不同于具象艺术或抽象艺术，而是自成一派的意象艺术。通过学习，感受其虚实相生、意与境偕、深邃幽远的文化魅力。

美学思考

1. 你最喜欢的中国画大师是谁？他(她)的作品为什么美，美在哪里？

2. 在绘画创作过程中，你怎么理解形式美与内容美相结合、现实美与理性美相结合、形似美与神似美相结合、特征美与群体美相结合、物质美与情感美相结合的关系？

美的印象

《千里江山图》(图 4-1)，北宋王希孟作，绢本，设色，纵 51.5 厘米，横 1191.5 厘米。

王希孟《千里江山图》卷

《千里江山图》是北宋画家王希孟传世的唯一作品。此图描绘了祖国的锦绣河山。画面上峰峦起伏绵延、江河烟波浩渺，气象万千、壮丽恢宏。山间高崖飞瀑、曲径通幽，房舍屋宇点缀其间，绿柳红花、长松修竹，景色秀丽。山水间野渡渔村、水榭楼台、茅屋草舍、水磨长桥各依地势、环境而设，与山川湖泊相辉映。此卷以概括精练的手法、绚丽的色彩和工细的笔致表现出祖国山河的雄伟壮观，被视为宋代青绿山水中的巨制杰构。

图 4-1　王希孟《千里江山图》(局部)

美的漫步

第一节　绘画艺术发展概述

一、中国画艺术

国画六法

（一）秦汉时期的绘画

事实上，今天能够见到的先秦绘画很少，其主要原因是当时的大部分绘画都绘制在易于腐烂的木质或布帛上。幸运的是，在长沙的楚墓中先后出土了2幅战国时期的带有旌幡性质的帛画，它们都是公元前3世纪的作品。2幅画描绘的都是墓主的肖像，一幅为妇人，其上方绘有飞腾的龙凤（图4-2）；另一幅则是一名有身份的男子，驾驭着一条巨龙或龙舟。当时的绘画已达到如此高的艺术境地，令世人惊叹。

图4-2　长沙楚墓帛画龙凤人物图

（二）魏晋南北朝时期的绘画

魏晋南北朝是中国画的滥觞期，这一时期真正意义上的中国画出现了。此时人物肖像是主要的创作主题。顾恺之提出"传神写照"的理论，要求绘画作品应注重表现人物的风貌、气质，开中国画重"气韵"之先河。东晋顾恺之的《洛神赋图》（图4-3）是这一时期的重要作品。

图4-3　顾恺之《洛神赋图》（摹本局部）

（三）隋唐时期的绘画

隋唐时期是中国画发展的一个高峰。初唐时期人物画发展最显眼，山水画则沿袭隋代的细密作风，花鸟画开始崭露头角，宗教绘画的世俗化倾向逐渐明显。盛唐时期是中国绘画发展史上一个空前繁盛的时代，不仅出现了一些艺术巨匠，而且绘画风格焕然一新。以周昉的《簪花仕女图》（图 4-4）为代表，绘画风格由初唐的注重政治事件描绘转为注重日常生活描写，无论题材、造型、心理刻画，还是细节描写，都超过前代。随着山水画获得独立地位，涌现出如李思训、李昭道、吴道子等一批风格迥异的画家。牛马画领域也诞生了曹霸、韩干、陈闳、韩滉（图 4-5）、韦偃等一批名家。著名画家王维更是名重一时。中、晚唐时期的绘画在传承盛唐风格的同时，不断开拓新的领域。

图 4-4　周昉《簪花仕女图》（局部）

图 4-5　韩滉《五牛图》（局部）

（四）五代时期的绘画

五代时期中国画的风格为之一变。在北方，荆浩和关仝开创了雄伟壮美的全景式山水。在南方，以董源、巨然为代表的江南画派则善于表现平淡天真的江南风景。董、巨画风在元后逐渐流行，对中国画风格的发展产生了巨大影响。花鸟画坛出现了黄筌的精工富丽和徐熙的天然逸趣两种画风的分野，一直影响了数个朝代的花鸟画风格。

（五）宋代时期的绘画

在整个中国画的风格演变中，宋代是一个极为重要的时代。文人画带来的审美观念变化是导致中国画风格演变的重要原因。宋代山水创作一度繁荣。北宋崇“北宗”，上承唐之青绿山水和荆、关的全景山水。南宋山水画的代表人物主要是号称“南宋四家”的李唐、刘松年、马远、夏圭。他们各自在继承前代的基础上有所创造，山水画风为之一变，出现“一角半边”式的构图及所谓“院体”画风，对后世的山水画创作有极为重要的意义。

宋代时期绘画的典型代表是北宋画家张择端的《清明上河图》（图4-6）。这幅画描绘了北宋时期都城汴京（今河南开封）的状况，主要是汴京及汴河两岸的自然风光和繁荣景象。在表现手法上，以不断移动视点的办法，即“散点透视法”来摄取所需的景象。大到广阔的原野、浩瀚的河流、高耸的城郭，小到舟车上的铆钉、摊贩卖的小商品、市招上的文字，均和谐地组织成统一整体。更可贵的是，如此丰富多彩的内容，仍做到主体突出，首尾呼应，全卷浑然一体。画中每个人物、景象、细节都安排得合情合理，疏密、繁简、动静、聚散等画面关系都处理得恰到好处，达到繁而不杂、多而不乱的效果，充分表现了画家对社会生活的深刻洞察力以及高度的画面组织和控制能力。

图4-6 张择端《清明上河图》（局部）

（六）元代时期的绘画

元代带来的审美意识的变异，给中国画的发展带来了深刻的影响。元代中国画风格总的发展趋势是重视在古代传统的继承上创新立意，突出表现就是文人画开始占据画坛的主导地位。

因此，适合于表现文人画家意识的山水画和枯木、竹石、梅兰及墨笔花鸟画大量涌现，人物故事画相对减少。随着文人画的繁荣，绘画作品中诗、书、画进一步密切结合，且成为普遍的风尚。这增强了中国画的文学趣味，更好地体现了中国画的民族特色。元代时间虽然不长，但是在绘画上却是名家辈出，成就可观，有赵孟頫、黄公望、王蒙、倪瓒、吴镇等。

（七）明代时期的绘画

中国画在明代产生了许多流派，各派又在创作和理论上自成体系。以吴门画派为代表的文人写意水墨画（图 4-7），在元代传统基础上形成了新风尚。山水题材重意趣和文雅淡逸。写意花鸟继元代后大胆创新，变化突出，对后世影响深远。晚明又有董其昌提出文人画的“南北宗论”之说，将文人画推为至尊，对清代的山水画风格具有深远影响。

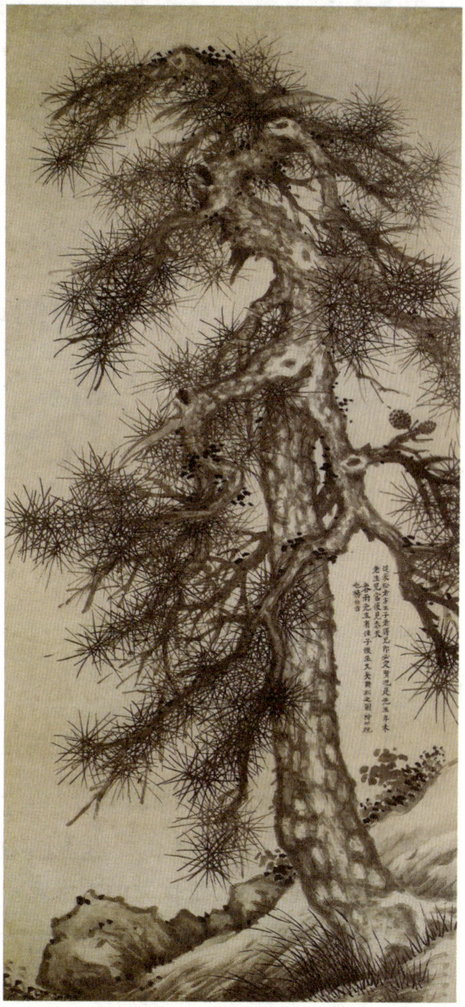

图 4-7 沈周《松石图》

（八）清末民初时期的绘画

清代文人画日益占据画坛主流，山水画及水墨写意画盛行。清初“四王”（王时敏、王鉴、王原祁、王翚）受皇室扶植，成为画坛正统派，他们以摹古为主旨，崇尚董其昌和元四家（有二说，一说是指赵孟頫、吴镇、黄公望、王蒙，二说是指黄公望、王蒙、倪瓒、吴镇），讲求笔墨之韵，影响整个清代山水画坛。同时，“四僧”（弘仁、髡残、朱耷、石涛）和龚贤领导的“金陵派”等反传统画家在江南兴起，他们主张抒发个性。因此，作品风格新颖独特，感情真挚，其中“四僧”贡献最为突出，对后世影响也最大。康乾盛世时期，宫廷绘画在皇室扶持下活跃一时，“扬州画派”兴起于扬州地区，接过石涛、朱耷的“反传统”旗帜，以革新的面貌现于画坛。他们钟爱梅、兰、竹、菊等题材和泼墨大写意手法（图 4-8），他们的艺术对近现代花鸟画产生了深远影响。

鸦片战争后的中国一直处于动荡之中，随着西方文化的传入，要不要接受西方艺术，怎样接受西方艺术，怎样保持本土艺术的面貌，成了当时中国画家思考最多的问题。清末民初时期的绘画几乎可以用“萧条”二字概括，只有以吴昌硕（图 4-9）为代表的海派画家及岭南派的“二高一陈”（高剑父、高奇峰、陈树人）的出现，才使得中国画坛有了一些生气。同时，接受了新思想和革命洗礼的艺术家开始仿照西方的模式开办新学校，倡导“美术革命”，对古代绘画重新加以评定。

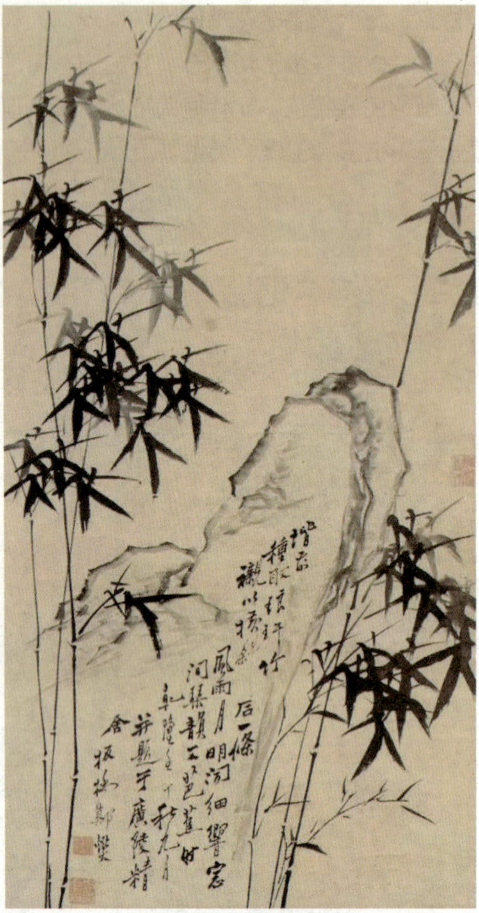

图 4-8 郑板桥作品

图 4-9 吴昌硕作品

（九）中华人民共和国成立后的绘画

1949 年，中华人民共和国的成立标志中国进入一个新的历史时期，许多已有成就的老画家艺术臻于成熟，一批新人也开始登上画坛。到了 20 世纪 80 年代，中国美术界各种思潮迭起，流派纷呈，涌现出一大批优秀的美术家。他们以独特的面貌延续了中国数千年美术史的辉煌，创作了众多经典的艺术杰作。

油画《开国大典》是董希文的成名作，创作于 1953 年，描绘了 1949 年 10 月 1 日中华人民共和国开国大典上，毛泽东主席在天安门城楼上宣读中央人民政府公告，宣告中华人民共和国成立的历史事件，是中华人民共和国成立的艺术见证。画面气势宏大，喜气洋洋，毛泽东主席和其他中央领导人神采奕奕，气度不凡。作品采用严谨的写实笔法，真实再现了这一伟大历史时刻，又借鉴了民间美术和传统工笔重彩的表现手法，拉大了蓝天与红灯笼、红地毯之间的色彩对比，增添了节日的喜庆气氛。在作品中，透视和光影的处理都融入了中国审美元素。

《而今迈步从头越》是沈尧伊于 1976 年创作的油画。这幅画的题目及表现的内容源自毛泽东在 1935 年写作的诗词《忆秦娥·娄山关》。1934 年 10 月，中央红军开始了战略性大转移——长征，在长征初期，由于受到王明等“左”倾错误的影响，红军一直处于被动状态，损失惨重。1935 年 1 月，红军攻占遵义后在当地召开了中国革命史上具有转折意义的遵义会议，及时地纠正了“左”倾错误在党内的统治，确立了毛泽东在全党全军的领导地位。同年2月，中央红军取得了娄山关战役的彻底胜利，这是长征途中的第一个大胜仗，也是遵义会议后的第一个大胜利。《忆秦娥·娄山关》正是表达了毛泽东指挥中央红军攻克娄山关后的激越情怀。沈尧伊的作品以诗词中的“雄关漫道真如铁，而今迈步从头越”句为创作出发点，描写了毛泽东等人在取得胜利后的激烈壮怀。作品将主要人物置于画面左中位置，右半边则大面积地表现了娄山关的景色。画面的中心人物毛泽东左手叉腰，右手执烟，凝视远方，若有所思，凸显了从容不迫的领袖气度和坚定的革命信念。

二、油画艺术

油画作为西方绘画的主要画种，在西方绘画艺术中占有非常重要的地位，产生了众多灿若星辰的艺术大师，绘制出无数精美的艺术作品。

（一）文艺复兴时期的绘画

中世纪后产生了欧洲文艺复兴运动（14—16世纪）。文艺复兴时期艺术的显著特点是关注现实与人文，在追溯古希腊、古罗马的精神旗帜下，创造了最符合现实人性的崭新艺术。

意大利是文艺复兴的中心地，14—15世纪，乔托、马萨乔等人把人文思想与对自然的真实描绘相结合，显示了与中世纪不同的现实主义风格。乔托被视为西方绘画的开创性大师，他是第一个把写实风格和明暗远近法结合起来的艺术家。

15世纪末至16世纪中叶，出现了文艺复兴三杰——达·芬奇、米开朗琪罗、拉斐尔。达·芬奇（1452—1519）是一位思想深邃、学识渊博、多才多艺的艺术大师，也是科学巨匠、工程师和发明家，在很多领域都做出了巨大的贡献。他一生的绘画作品并不多，但都是不朽之作，肖像画《蒙娜丽莎》是他的杰作之一，也是他留给世界艺术宝库的珍品。

米开朗琪罗（1475—1564）不仅是伟大的画家、雕塑家，还是一位了不起的建筑家、军事工程师和诗人。其著名作品有《大卫》等。米开朗琪罗代表了欧洲文艺复兴时期雕塑艺术的最高峰，他创作的人物雕像雄伟健壮、气魄宏大，充满了无穷的力量。他的大量作品显示了在写实基础上非同寻常的理想加工，成为整个时代的典型象征。他所塑造的英雄既是理想的象征又是现实的反映，这些都使他的艺术创作成为西方美术史上一座难以逾越的高峰。

拉斐尔（1483—1520）是意大利文艺复兴时期最伟大的画家之一。他一生创作了许多作品，其风格代表了当时人们最崇尚的审美趣味。其中，《西斯廷圣母》等作品成为后世古典主义者不可企及的典范。

这一时期出现的提香·韦切利奥、乔尔乔内等威尼斯画派画家，注重光与影的表现，追求享乐主义的情调，对后世产生了深远影响。

（二）17—18世纪的绘画

17世纪的西方绘画开创了一个生机勃勃的新局面。最具代表性的是巴洛克、古典主义、写实主义等流派。巴洛克风格起源于意大利，后风靡全欧洲，其特点是追求激情和运动感的表现，强调华丽绚烂的装饰性。佛兰德斯（西欧历史地名）的鲁本斯是巴洛克绘画的代表人物，同时代的现实主义大师如荷兰的伦勃朗、西班牙的委拉斯贵支等，也在一定程度上具有巴洛克的特点。古典主义强调理性、形式和类型的表现，忽视艺术家的灵性、感性和情趣的表达。写实主义拒绝遵循古典艺术的规范及“理想美”，也不愿意对自然进行美化，即忠实地描绘自然。

18 世纪，西方画坛洛可可风格兴盛一时，其特点是追求华丽、纤巧和精致。代表画家有法国的乔托、布歇和弗拉戈纳尔。随着 1789 年法国资产阶级大革命的到来，进步的美术家们又一次重振了古希腊、古罗马的英雄主义精神，开展了一场新古典主义艺术运动。其代表画家是法国的大卫和安格尔。浪漫主义随着新古典主义的衰落而兴起。法国籍里柯的《梅杜萨之筏》（图 4-10）被视为浪漫主义绘画的开山之作。浪漫主义画派的代表还有德拉克洛瓦，其绘画色彩强烈、用笔奔放、充满强烈的激情，代表作有《希阿岛的屠杀》和《自由引导人民》等。

图 4-10 籍里柯《梅杜萨之筏》

（三）19 世纪的绘画

19 世纪，法国绘画在欧洲起着主导性作用。法国绘画的发展大致分为新古典主义、浪漫主义、现实主义、印象主义、新印象主义和后印象主义等阶段。

19 世纪中期是现实主义蓬勃兴旺的时期。法国画家库尔贝是现实主义的倡导者。19 世纪后期产生的印象派以创新的姿态出现，反对当时已经陈腐的古典学院派的艺术观念和法则，其受到现代光学和色彩学的启示，注重在绘画中表现光的效果。代表画家有马奈、莫奈、德加、毕沙罗、雷诺阿、西斯莱等。继印象派之后出现了以修拉、西涅克为代表的新印象派和以塞尚、凡・高、高更为代表的后印象派。其中，凡・高的绘画着力于表现自己强烈的情感，色彩明亮、线条奔放；高更的绘画多具有象征性的寓意和装饰性的线条与色彩；塞尚的绘画追求几何性的形体结构，因而他被尊称为“现代艺术之父”。

（四）20 世纪的绘画

20 世纪以来，现代美术呈现出流派迭起、千姿百态的局面。1905 年诞生的以马蒂斯为代表的野兽派绘画，强调形的单纯化和平面化，追求画面的装饰性。1908 年崛起的以毕加索和布拉克为代表的立体派绘画继承了塞尚的造型法则，将自然物象分解成几何块面，从而从根本上挣脱了传统绘画的视觉规律和空间概念。随着德国 1905 年桥社和 1909 年蓝骑士社的先后成立，表现主义作为一种重要流派登上画坛，他们注重表现画家的主观精神和内在情感。1909 年，意大利出现了未来主义美术运动，画家热衷于利用立体主义分解物体的方法表现活动的物体和运动的感觉。抽象主义的美术作品于 1910 年前后产生，其代表人物有俄罗斯画家康定斯基（图 4-11）和荷兰画家蒙德里安，而两人又分别代表着抒情抽象和几何抽象两个方向。

图 4-11　康定斯基《构图八号》

第一次世界大战期间产生了达达主义思潮，这一流派的艺术家不仅反对战争、反对权威、反对传统，而且否定艺术自身、否定一切。达达主义的创始人之一杜尚将达·芬奇的《蒙娜丽莎》画上胡须，并将小便池作为艺术品。随着达达主义运动的消退，超现实主义艺术思潮出现。此派画家以柏格森的直觉主义、弗洛伊德的精神分析学和梦幻心理学为理论基础，力图展现无意识和潜意识世界。其绘画往往把具体的细节描写与虚构的意境结合在一起，表现梦境和幻觉的景象。代表画家有恩斯特、马格利特、达利、米罗等。

第二次世界大战后，在美国产生的以波洛克、德·库宁为代表的抽象表现主义绘画，综合了抽象主义、表现主义的特点，强调画家行动的自由性和自动性。20 世纪 50 年代初萌发于英国、20 世纪 50 年代中期鼎盛于美国的波普艺术，继承了达达主义精神，作品中大量利用废弃物、商品招贴、电影广告和各种报刊图片做拼贴组合，故又有新达达主义的称号。代表人物有美国画家约翰斯、劳生柏、沃霍尔等。

第二节　绘画艺术的审美特征

绘画艺术之美，美在作品深刻的思想内涵和形式的完美结合。自绘画艺术诞生伊始，古往今来，艺术家们创造了无数辉煌的艺术作品，其风格流派更迭变幻、纷纭繁复，呈现出百花齐放的状态。

一、西方绘画与中国绘画的特点和不同之处

一般来说，西方绘画以具象摹写、再现客观现象为基础，重在反映客体真实，故重视远近、大小和明暗的正确性，讲究透视、明暗和投影的关系，以造成空间实体如能触摸的效果。随着时代的发展，油画既重视真实地再现对象，又强调主观精神、表现自我，从具象到抽象，各种流派纷呈。中国绘画则以“神形兼备”为皈依，以追求“气韵生动”为最高境界，重在抒发主体精神。通过画家的主观精神因素，包括修养、品德、秉性等，与客观世界相融合，从而创造出具有深刻内涵的美的形象和境界。在透视规律上，中国绘画有别于西方绘画的“焦点透视”，而以“散点透视”为造型法则。中国绘画在长期的发展演变过程中，又积累了极其丰富的技法经验，讲究笔墨效果，包括以毛笔纵横挥洒、皴擦，运用线描和墨、色的变化，来表现形体和质感，强调传达神韵和气势。文人画派又将诗、书、画、印相结合，形成富有东方特色的艺术情趣。

二、绘画艺术审美特征的体现

无论中国绘画还是西方绘画，其审美特征主要体现在三个方面。

（一）线条之美

线条是绘画艺术构成视觉形象的最基本语汇，线条不仅勾勒形象成为可视的绘画语汇，而且具有情感意味，可以表达画家精微、细腻的感受与意趣。线条分为直线与曲线两种形式。直线又分为水平线、垂直线、斜线三类。水平线常用来表现舒展、开阔、深远的场面，表达宁静、平稳的感受。垂直线具有伟岸、挺拔、庄严、宏大之感。斜线则具有激荡、运动、危急、冲突之感。曲线分为圆线、螺旋线、抛物线、波纹线等。与直线相比，曲线具有柔和、流动、变化、优美等特征，可以表现轻快、愉悦、婉媚、飘逸等意趣。直线与曲线，各有其妙。

（二）色彩之美

色彩是辨别物体的重要依据，并具有强烈的表现性。色彩作为造型语汇，对于绘画而言至关重要。色彩由物体借助光的照射而形成。色彩包括固有色、光源色、环境色三种。色彩又由色相、色度、纯度三要素构成。色彩具有温度感，称为“色性”，一般来说，分为暖色和冷色两种。色彩还具有情感意义与象征意义，叫作“情感色”和“象征色”。例如，红色表达欢乐、喜庆的情感，象征光明。色彩运用的好坏直接关系到作品的优劣。

（三）构图之美

构图是指根据一定的美学原则和题材、主题的要求，在平面上布置、安排所要表现的物象的各个部分和各种因素，包括线条、形体、明暗、色彩等，使之成为一个完整的艺术形象。构图是绘画艺术最重要的元素，绘画主要凭借构图成为一种独立的艺术形式。构图的主要语汇是几何图形，包括三角形、正方形、长方形、圆形、波浪形、S形等。

三、绘画作品欣赏的方法

欣赏绘画作品，应该掌握以下四种方法：

（一）理解美术作品的立意和主题

美术家对客观事物的认识、情感都要在作品中宣泄出来，中国画就有“意在笔先，画尽意在”的哲理和方法，所以欣赏画作要注意作品的立意。作品的立意有高低之分，意境深远的当然会让人产生共鸣。

（二）感觉美术作品的情趣和意境

美的首要特征是具有吸引人、感染人、鼓舞人的魅力，从这一特征出发，美的形象总是耐看的，总是令人过目不忘、令人心花怒放的。美是和谐的，美从对立统一中求得和谐。因此，观赏美术作品时，应该尽情地去享受它创造的优美情趣和意境。

（三）了解作者本人及作品创作的时代背景

美术作品可说是作者形象化的自传，是作者人生态度、审美价值的具体表现，即所谓的“画如其人”。如果没有对作者生平的了解，那么将很难对作品做出正确的理解。同时，一幅绘画作品总是一个时代生活的映射，也体现着一个时代的本质特征，没有对作品创作背景的了解，就无法深刻体会作品的精妙之处和创新之处。

（四）多看是提高自身欣赏能力的一个关键过程

在艺术中，美是第一位的，离开了美，世界的一切都将变得憔悴和枯萎。因此，无论怎样理解作品，首先还是要能看出它的美。在提高自身艺术修养的同时，多看作品是一个提高自身欣赏能力的便捷途径。有比较才能有鉴别，看得多了自然会有一些自己的体会。

第三节　绘画作品欣赏

一、中国画作品欣赏

（一）[五代]黄筌《写生珍禽图》

中国名画《写生珍禽图》（图 4-12）是五代西蜀画家黄筌传世的重要作品。画家用细密的线条和浓丽的色彩描绘了大自然中的众多生灵，在尺幅不大的绢素上画了昆虫、鸟雀及龟类共 24 只，均以细劲的线条画出轮廓，然后赋以色彩。这些动物造型准确、严谨，特征鲜明。鸟雀或静立，或展翅，或滑翔，动作各异、生动活泼；昆虫有大有小，小的虽仅似豆粒，却刻画得十分精细，须爪毕现，双翅呈透明状，鲜活如生；两只乌龟是以侧上方俯视的角度进行描绘，前后的透视关系准确精到，显示了作者娴熟的造型能力和精湛的笔墨技巧，令人赞叹不已。

图 4-12　黄筌《写生珍禽图》(局部)

(二)[隋代]展子虔《游春图》

《游春图》(图 4-13)是隋代画家展子虔的作品，是中国迄今为止存世最古的一幅山水画。此画描绘了江南二月桃花争艳时人们春游的情景。画中有山水、有人物。青山叠翠、湖水融融，士人或策马山径或驻足湖边，美丽的仕女泛舟水上。熏风和煦，水面上微波粼粼，岸上桃杏绽开，绿草如茵。画上有宋徽宗题写的“展子虔游春图”6 个字。画家用青绿重着山水、用泥金描绘山脚、用赭石填染树干，遥摄全景，人物布局得当，开唐代金碧山水之先河，在早期的山水画中非常具有代表性。这种色彩的使用，被称为“青绿法”，是开创了中国山水画独具风格的一种画法。

图 4-13　展子虔《游春图》

(三)[唐代]阎立本《步辇图》

《步辇图》(图 4-14)是唐代画家阎立本的作品，画面右侧是宫女簇拥下坐在步辇中的唐太宗，左侧三人分别为典礼官、禄东赞和通译者。唐太宗的形象是全图焦点。作品设色典雅绚丽、线条流畅圆劲、构图错落富有变化，为唐代绘画的代表作品，具有珍贵的历史和艺术价值。

图 4-14　阎立本《步辇图》(局部)

(四)[清代]郑燮《竹石图》

《竹石图》(图 4-15)是清代画家郑燮的作品,画中修竹数竿,高低错落、挺拔清秀,颇具清爽高润之精神。用笔遒劲圆润、疏爽飞动。竹后石柱挺立,纯用淡墨,与后竹叶浓淡相映、虚实相照,妙趣横生、气势俊逸,傲气风骨令人感慨。

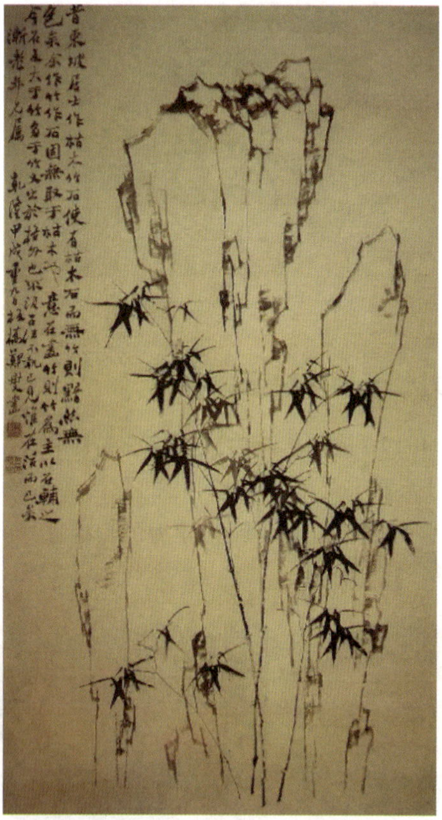

图 4-15　郑燮《竹石图》

郑燮画竹,多为写意之作。他的画中生活气息十分浓厚,一枝一叶,无论枯竹新篁、丛竹单枝,还是风中之竹、雨中之竹,都极富变化之妙。如竹之高低错落、浓淡枯荣,点染挥毫,无不精妙。画风清劲秀美、超尘脱俗,给人以与众不同之感。

（五）[现代]齐白石《虾》

齐白石曾说："为万虫写照，为百鸟张神，要自己画出自己的面目。"他经常注意观察花、鸟、虫、鱼的特点，揣摩它们的精神。其画虾堪称画坛一绝，落墨成金、笔笔传神。他笔下的虾灵动活泼、栩栩如生。他的作品《虾》（图4-16）细笔写须、爪、大螯，刚柔并济、凝练传神，显示了画家高妙的绘画功力。

图4-16　齐白石《虾》

（六）[现代]徐悲鸿《九州无事乐耕耘》

《九州无事乐耕耘》（图4-17）是徐悲鸿为庆贺郭沫若获得"'加强国际和平'斯大林金质奖章"而作。徐悲鸿以"九州无事乐耕耘"为此巨作的题目，并送给郭沫若，自有一番巧妙的用意：郭、徐二人亦是"儒臣"，却都有着一颗为国为民奔走呼号的文人侠客之心，以此砥砺，共同为建设新中国尽自己的微薄之力。

图4-17　徐悲鸿《九州无事乐耕耘》

《九州无事乐耕耘》是一幅农耕题材的作品，这种人与动物相结合的宏幅巨制在徐悲鸿的创作中是极为少见的。就题材而言，徐悲鸿出身贫寒，对农民的生活是有切身感受的，其法国老师达仰也是一位善于描绘农民的画家，徐悲鸿画过多幅以农民为对象的写生作品，如作于1950年的一幅曾由黄养辉收藏的《农民》油画，不过以国画为媒介创作的农民图并不多。

（七）[现代] 李可染《万山红遍》

李可染创作于1964年的《万山红遍》（图4-18），可谓其积墨山水艺术创作的巅峰。该作品题材取自毛泽东“看万山红遍，层林尽染”诗意而成，是成就李可染在中国近现代画坛地位的重要里程碑式画作。据悉，1962—1964年，李可染偶得故宫内府朱砂半斤，便大胆尝试用朱砂作积墨山水，创作了《万山红遍》。

图4-18 李可染《万山红遍》

二、西方油画作品欣赏

（一）[意大利] 达·芬奇《蒙娜丽莎》

《蒙娜丽莎》（图4-19）堪称世界上最负盛名的传世杰作之一，也是巴黎卢浮宫的镇馆之宝。此画描绘了一名表情神秘的女子，静静地坐在风景前，双手自然地搭放在一起，丰满的体态、端庄的表情中体现出神秘的性感。最让人琢磨不透的是她的微笑，显露出人物神秘莫测的心灵活动，富有魅力，打动人心。因此，蒙娜丽莎的微笑也被后人称为“神秘的微笑”。

图 4-19 达·芬奇《蒙娜丽莎》

（二）[荷兰]维米尔《戴珍珠耳环的少女》

维米尔是 17 世纪荷兰著名画家。《戴珍珠耳环的少女》（图 4-20）是他 1665 年所作。这幅画作以少女戴着的珍珠耳环作为视角的焦点，以黑暗为背景，衬托少女侧身回眸的情貌。此画面世 300 多年来，世人都为之惊叹不已：那柔和的衣服线条、耳环的明暗变化，尤其是少女侧身回首、欲言又止、似笑还嗔的回眸，唯蒙娜丽莎的微笑可与之媲美。维米尔的作品大多是风俗题材的绘画，基本上取材于市民平常的生活，画面温馨、舒适、宁静，给人以庄重的感受，充分表现出了荷兰市民对洁净的环境和优雅舒适的气氛的喜好。

图 4-20 维米尔《戴珍珠耳环的少女》

（三）[法国]莫奈《日出·印象》

莫奈被人称为“印象派之父”。他是自然的观察者，也是人生的观察者。在印象派出现之前，人们普遍认为只有画得工整的画才是好画。而印象派作品的出现，颠覆了人们这一传统观念。

《日出·印象》(图 4-21)描绘了阿弗尔港口一个多雾的早上，旭日东升，晨曦笼罩下的海水呈现出橙黄色和淡紫色，天空被各种色块晕染得微微发红，强烈的大气反光中形成了多彩的世界，给人一种瞬间迷茫的感受。

图 4-21 莫奈《日出·印象》

(四)[荷兰]凡·高《向日葵》

《向日葵》(图 4-22)是荷兰画家、印象主义画派重要代表凡·高的名作之一。很多人将凡·高称为“向日葵画家”，因为对于凡·高而言，向日葵是表现他思想的最佳题材。这幅画描绘了花瓶里的向日葵，它们热烈地盛放着，辐射的金色花瓣、低垂的花蕊、醒目的绿茎和花萼，强烈地象征着天真而充沛的生命。

图 4-22 凡·高《向日葵》

美的体验

1. 课外阅读

请阅读齐白石、郑燮、凡·高等艺术家的传记，了解他们的艺术思想和他们所处的时代背景。以“我最喜欢的画家”为题写一篇1 000字以内的读书笔记，发布在云教学平台上。

2. 实践体验

观摩中国十大传世名画之一北宋王希孟创作的《千里江山图》，谈谈自己的心得体会。

3. 思维拓展

赏析优秀经典美术作品，尤其是中国红色经典美术作品，如董希文的《开国大典》、李可染的《万山红遍》等。了解红色经典美术作品背后的历史，领会现今的幸福生活是如何而来的。

第五章

灵动传神的舞蹈美

本章导读

作为众多艺术形式中的一种，舞蹈自有其独特之处。朱立元的《美学大辞典》中说："舞蹈是以经过提炼、组织和美化的人体动作姿态为表现手段，表达人物的审美感情和反映生活审美属性的艺术形式。"可以说，舞蹈是一种视觉艺术，同时它也是由空间、时间共同呈现的一种艺术。它所要求的艺术媒介便是人本身。它通过人的身体来呈现，因而对人的形体会有一定的要求，通过人体动作形态的变化（包括外在的节奏、韵律、线条等）来展现人相应的情感变化，使得抽象的情感可以化为可见的外在形式，而二者又是交融在一起的。

思政目标

1. 培养良好的舞蹈鉴赏能力，提高审美能力和艺术素养，丰富内心情感，在美妙的舞蹈艺术中去感悟积极的价值。

2. 通过欣赏中国优秀的舞蹈作品，感受其中深厚的文化内涵、丰富的民族特色、真挚的爱国情怀、伟大的中华民族精神，增强对中华民族的文化自信。

美学思考

1. 你喜欢舞蹈吗？说说你对舞蹈这门艺术的看法。

2. 思考你所喜爱的舞蹈作品的表现手法及其文化内涵。

美的印象

《只此青绿》（图5-1）是由我国青年编导周莉亚、韩真共同执导的舞蹈诗剧，是“庆祝中国共产党成立100周年舞台艺术精品工程”重点扶持作品。《只此青绿》以古典文学的叙事方式、传统艺术的当代表达、意念的流动构建起全剧的精神世界，通过人物的虚实交错、情感的古今交融，将悠远绵长的传统文化意象，赋予了无限的生命力和想象力。把握了中华优秀传统文化的宝贵价值，在文博、舞蹈、音乐、文学和非遗传承中探寻和提炼符合当代视角的审美精髓，将艺术生产、转化、运营、传播融为一体，让参与其中的每一个人都成了中华优秀传统文化的“展卷人”“递藏者”。

图5-1 舞蹈《只此青绿》

美的漫步

第一节 舞蹈艺术发展概述

一、舞蹈的起源

关于舞蹈的起源，学术界存在不同的观点，集中体现在以下几个方面。

（一）神授说

神授说是人类历史上最早涉及舞蹈起源的学术观点，认为舞蹈的出现与神有关。人类诞生初期，科学知识水平还很低，没有正确区分人与神的主观意识，从而产生了认知偏差，将部分人才出众或贡献突出的人视为神。在古希腊和中国的神话传说中，存在大量关于神的记录，其中就有人类舞蹈是得到神的启发才产生的说法。

（二）宗教巫术说

宗教巫术说认为，“巫”和“舞”是一致的，比如，人类早期的巫术祭祀舞、图腾崇拜舞均属于典型的舞蹈。持宗教巫术说的学者认为，人类初期尚不能区分主观和客观，从而将世间所有事物灵魂化，促进了巫术祭祀、原始宗教的诞生。这类活动往往采用舞蹈形式，因而不少学者认为舞蹈起源于宗教巫术。

（三）繁衍说

繁衍说认为，原始社会中的人们基于对生存的重视，把繁衍后代当作头等大事。通常，人们在择偶、求爱时多采用舞蹈这一表现形式。由此观之，人们对繁衍的重视促进了舞蹈的出现。

（四）模仿说

模仿说认为，舞蹈的出现与人类观察、模仿动物的行为活动紧密相连。此外，人们对自然景观的观察与模仿，如火山喷发、河水流淌、树木摆动等，在一定程度上也促进了舞蹈这一艺术形式的诞生。

（五）游戏说

游戏说认为，之所以产生舞蹈，是因为原始人精力旺盛却得不到合理的排解，因而只能采用游戏的方式来宣泄。这里所说的游戏，指的是人类的审美需求，即以假想为快乐，比如人类之所以模仿动物行为，为的是通过此种游戏方式来表达自身情感。游戏能够充分体现人性自由，从而将人与动物区分开来。

（六）劳动说

劳动说认为，人类的生产劳动促进了舞蹈的诞生，原因在于劳动具有健美形体的功能，为舞蹈艺术的出现奠定了基础。尤其是劳动动作中的力量与美感，造就了舞蹈动作技巧的多变。人们进行一切类型的劳动，都不可避免涉及四肢动作。因此，在某种重复不断的动作中隐藏着一定规律的节奏，加之伴有一定的敲打、呼喊等声音，从而形成了最初的舞蹈。

二、舞蹈的发展

虽然舞蹈在世界各国的发展情况不同，但有一点是相同的：它们是随着人类的共同需求和时代的社会风尚而不断发展变化的，并以满足人们的审美理想、娱乐愿望或思想教化为目的。

我国舞蹈发展历史十分悠久。最早的原始舞蹈大多与生产劳动相关，是我国先民的一种生活方式和状态。目前发现的古代岩画中，就保存着许多狩猎舞的形象，表明当时的舞蹈与先民们的狩猎生活密切相关（图 5-2）。

图 5-2 云南沧源岩画原始舞蹈

随着社会发展和民间诗歌的兴起，舞蹈形成了诗、乐、舞三位一体的文化传统与特征，“乐”必有“舞”，“舞”必奏“乐”。如周代的巫术舞蹈、傩舞蹈和汉代的百戏类舞蹈等。

我国汉代时期，随着国家综合实力的强大，舞蹈频繁出现于社会生活的各种场合，作为宴会助兴所用。这一时期，不仅出现了专门的乐舞机构，还诞生了我国历史上第一本舞蹈美学著作《舞赋》。

中国古代舞蹈在唐代达到了顶峰，它以其宏大的演出规模、千姿百态的表演形式及雅俗共赏的姿态赢得了世人喜爱。

从唐末至五代，最值得注意的是传为顾闳中所作的《韩熙载夜宴图》，其形象地展示了“六幺舞”的场景（图 5-3）。

图 5-3 《韩熙载夜宴图》“六幺舞”场景

宋代舞蹈独辟蹊径，创造了具有程式性特征和划时代意义的舞蹈形式——队舞。宋元之后，部分舞蹈与戏剧艺术相融合，由此诞生了戏曲这一全新的艺术形式。

明清时期，舞蹈作为戏曲艺术的表现手段之一，形成了高度程式性和综合性的美学特点。

芭蕾舞《红色娘子军》

从明清至当代，中国舞蹈发展生机勃勃，先后出现了裕容龄、黎锦晖、吴晓邦、戴爱莲、贾作光等著名舞蹈家和一系列的舞蹈精品。20 世纪 50 年代和 80 年代，我国又分别系统地引进了西方芭蕾舞和现代舞。1950 年 9 月，我国创作了新中国成立后第一部自己的芭蕾舞剧《和平鸽》。20 世纪 50 年代初期，北京舞蹈学校开办了芭蕾舞专业教育。1964 年、1965 年、1976 年又相继创作演出了反映中国革命斗争的芭蕾舞《红色娘子军》（图 5-4）、《白毛女》（图 5-5）、《草原女民兵》（图 5-6）。

图 5-4 芭蕾舞《红色娘子军》

改革开放后，中国芭蕾迅速发展，创作和演出活动非常活跃，题材范围扩大，并在芭蕾民族化方面做了大胆尝试，出现了《祝福》《雷雨》《林黛玉》《梁祝》《魂》《黄河》等深受中国观众欢迎的作品。

图 5-5 芭蕾舞《白毛女》

图 5-6 芭蕾舞《草原女民兵》

第二节 舞蹈艺术的审美特征

一、舞蹈艺术的基本特征

（一）舞蹈艺术的动作性

舞蹈是人体动作的艺术。律动为舞蹈之魂，也是舞蹈语言的核心元素，它最能直接而显著地表现舞者的气质、情愫和韵致。舞者的身躯、四肢、眼神、动作和姿态等是舞蹈艺术的基本表现手段。舞蹈艺术通过人的形体和姿态来表现，以创造特定的审美意象和审美意蕴，并伴随音乐与节奏传达人的思想、情感，塑造艺术形象。

(二)舞蹈艺术的抒情性

舞蹈最善于表现人类的情感，舞蹈的美感不仅仅来源于动作外形所具有的造型美，更重要的因素在于抒发内心的情感。没有抒情性就没有诗情画意的舞剧作品，婀娜多姿的《孔雀舞》、秀美纯净的《水》、典雅高洁的《敦煌彩塑》、炽热深挚的《再见吧，妈妈》，犹如一首首抒情诗，尽情抒发着人们的审美情感。

(三)舞蹈艺术的节奏性

节奏是舞蹈的基本要素，没有一种舞蹈能离开节奏。最简单的舞蹈伴奏是打击乐，即使没有打击乐的伴奏，人们的呼喊也是一种节奏。“节奏”这个词是希腊人在几千年前发明的，当时的含义是指“程度”“程序”“匀称”活动。其实，节奏本身就是自然界的各种现象和生物机体的各项功能的交替均匀性变化与表现。节奏使千变万化的人类舞蹈更加丰富多彩，与动作节奏的无尽变化有关。相同的动作，由于节奏的变化、速度的增减等，可以表现出不同的情绪和情感，同时也体现出不同的风格特色。

(四)舞蹈艺术的虚拟性

舞蹈是夸张的艺术，虚拟性是舞蹈的主要表现手法，是以生活为基础，依据舞蹈的特有动作来形象地、概括地反映生活的本质，如骑马、划船、坐轿、扬鞭等动作都是虚拟的。

(五)舞蹈艺术的造型性

舞蹈的造型性就是让舞蹈动作在连续流动的过程中给人以明晰的美的感受，并且在片刻的停顿和静止时呈现出舞蹈内在的含义和韵味。通过头、眼、颈、手、腕、肘、臂、肩、腰、胯、膝、足等部位的协调活动，构成具有节奏感的舞蹈动作、姿态和造型，表达人的内心活动，反映社会生活。

二、舞蹈艺术的欣赏方法

(一)把握作品的思想内涵

舞蹈作品都是现实生活的形象展示，它渗透着舞蹈者的生活体验、美学追求和价值取向。只有把握了作品的思想内涵，才能获得更多的美的享受和启迪，才能引起心灵深处的共鸣。

(二)了解舞蹈的表现形式

舞蹈的表现形式主要是舞蹈动作、舞蹈造型、舞蹈手势、舞蹈表情和舞蹈构图。

(1)舞蹈动作，包括上身的舞姿和下身的舞步，它是舞蹈艺术创作的基本单元。舞蹈动作的形态美、韵律感和技巧性本身就具有很强的形式美和欣赏价值。从某种意义上说，欣赏舞蹈就是欣赏舞蹈演员的动作。

（2）舞蹈造型，在动与静的舞蹈动作组合中，呈现出舞蹈艺术的形态美和神韵美。舞剧《丝路花雨》中，英娘反弹琵琶的舞蹈动作组合，展现出敦煌舞姿的S形特点和英娘天真、淳朴的性格特点。

（3）舞蹈手势，包括手指、掌、腕和手臂各部位的配合与运动。这些源自生活但经过了美化的舞蹈手势，如同语言一样有着内在的意蕴，对传达内心活动具有很大的作用。

（4）舞蹈表情，通过面部的表露、手臂的传情、躯体的摆扭、足部的移动来表达内在的情感。我国的舞蹈就特别强调眼神的运用，要求通过眼睛表露出此时此刻特定的心理状态。

（5）舞蹈构图，包括舞蹈画面和舞蹈队形，它是舞蹈表现内容和表达特定情绪的手段。如舞剧《丝路花雨》第四场神笔张“梦幻”一段中，众伎乐天神的队形变化，构成了优美的仙境和典雅的气氛，表现了神笔张的内心思绪和对美好生活的憧憬。

第三节　舞蹈作品欣赏

一、《丝路花雨》

《丝路花雨》（图5-7）取材于敦煌莫高窟的壁画艺术，1979年由甘肃敦煌艺术剧院创作成大型歌舞剧，被誉为“中国民族舞剧的典范”。这个大型舞剧演出时长将近2个小时，共分为6个场景。它以中国的大唐盛世为背景，以老画工神笔张和歌伎英娘父女俩的悲欢离合为线索，展现了一幅恢宏的历史画卷，高度颂扬了中原人民和西域人民源远流长的友谊，再现了大唐盛世的清明昌隆以及对外经济文化交往频繁的盛况。

舞蹈《丝路花雨》

图5-7　舞蹈《丝路花雨》

二、《宝莲灯》

《宝莲灯》（图5-8）是中华人民共和国成立以后，第一部将我国民族民间传统舞蹈的表现手段和芭蕾舞剧的结构方式融会贯通而创作的，具有浓郁的中国民族风格特色的优秀大型民族舞剧作品。舞剧中主要人物的舞蹈语言基本采用中国古典舞蹈，并大量吸收和运用了群众喜闻乐见的民族民间舞蹈素材，不仅民族风格浓郁，而且扩展了舞剧的表现手段，丰富了舞蹈语汇，展示了独特的文化魅力。

图5-8　舞蹈《宝莲灯》

三、《天鹅湖》

柴可夫斯基的芭蕾舞剧作品有《天鹅湖》《睡美人》《胡桃夹子》等。《天鹅湖》(图 5-9)成就了柴可夫斯基的世界性声誉，成了芭蕾艺术皇冠上一颗璀璨的明珠。创作于 1876 年的芭蕾舞剧《天鹅湖》是柴可夫斯基的第一部舞曲，总共有 4 幕，故事取材于民间传说。故事中的公主奥杰塔在天鹅湖畔被恶魔变成了白天鹅。王子齐格费里德游天鹅湖，深深爱恋奥杰塔，他发誓要将她从苦难中解救出来。在王子挑选新娘之夜，恶魔让他的女儿黑天鹅奥吉莉娅伪装成奥杰塔以欺骗王子。王子被迷惑后举手对奥吉莉娅许下了爱的誓言。这个故事的结局在后来的演出中有不同的版本，在圣彼得堡演出的版本里，以王子与公主结合的美满结局为结尾；其他演出中则以王子与公主双双殉情的悲剧为结尾。

图 5-9 舞蹈《天鹅湖》

四、《睡美人》

《睡美人》(图 5-10)改编自法国作家夏尔·佩罗一部曼妙的爱情童话小说《沉睡森林的美人》，由俄罗斯芭蕾舞编导大师马留斯·彼季帕与作曲家柴可夫斯基密切合作，把这个童话故事搬上了芭蕾舞台，继而成就了一部古典芭蕾舞剧的巅峰之作，享有“芭蕾艺术的百科全书”之誉。芭蕾舞剧《睡美人》以人们最钟爱的善与恶的矛盾、善终将战胜恶为主题，讲述了一个忠贞爱情战胜魔法、公主重新获得自由、王子与公主共同迎来美好生活的故事。该舞剧问世百余年来，无论在审美观还是在艺术性上都达到了古典芭蕾的极致，是芭蕾艺术皇冠上一颗璀璨的明珠。

图 5-10 舞蹈《睡美人》

美的体验

1. 课外阅读

欣赏《红色娘子军》《白毛女》等经典舞剧，写一篇 1 000 字左右的心得体会，提交到云教学平台上。

2. 实践体验

通过欣赏舞蹈剧目，学习其中一段自己喜欢的舞蹈片段进行表演，或编排一段以积极向上为主题的舞蹈片段，感受舞蹈艺术的魅力。

3. 思维拓展

舞蹈艺术是从哪里来的？它和社会生活有什么关系？千百年来它为何经久不衰？它为什么能成为社会生活中的一种文化现象，成为社会文化生活中一个不可或缺的重要组成部分？

第六章
跌宕起伏
的戏曲美

本章导读

中国戏曲艺术是歌、舞、剧的统一。那行云流水的唱腔、婀娜多姿的身段、曲折动人的故事，打动了无数红尘痴情的男女；那艳丽华美的服装、奇特夸张的脸谱、写意象形的道具，装点了许多色彩斑斓的舞台；那盼顾多情的眼神、挥洒自如的水袖、千变万化的台步，表现了一个东方古国的神韵。中国戏曲与希腊悲喜剧、印度梵剧被世界公认为三大古老戏剧形态文化。它用丰富多彩的演绎方式，征服了人们的心灵。它以高超的成就与独特的魅力成为千百年来中国人民的“精神家园”。

思政目标

1. 了解中国戏曲的美学特征、戏曲舞台美术与音乐唱腔的艺术形态，品味戏曲经典曲目，感受中国传统戏曲文化之美。

2. 感受中国戏曲文化蕴含的爱国情怀、优秀品格、善良人性、传统美德。传承和弘扬中国戏曲艺术，提高艺术审美和人文素养、增强民族文化自信心。

美学思考

1. 列举类似“无马而日行千里”的“写意”手法在传统戏曲艺术中的运用。

2. 戏曲的地方性体现在哪些方面？

美的印象

《红楼梦》第二十三回“西厢记妙词通戏语，牡丹亭艳曲警芳心”，写宝玉偷偷看《西厢记》，林黛玉正好遇见，她接书来瞧，从头看去，越看越爱看，不到一顿饭工夫，将十六出俱已看完，自觉辞藻警人，余香满口（图 6-1）。虽看完了书，却只管出神，心内还默默记诵。回去时，刚走到梨香院墙角上，只听墙内笛韵悠扬，歌声婉转。林黛玉便知是那 12 个女孩子演习戏文呢。只是林黛玉素来不大喜看戏文，便不留心，只管往前走。偶然两句吹到耳内，明明白白，一字不落，唱道是：“原来姹紫嫣红开遍，似这般都付与断井颓垣。”林黛玉听了，倒也十分感慨缠绵，便止住步侧耳细听，又听唱道是：“良辰美景奈何天，赏心乐事谁家院。”听了这两句，不觉点头自叹，侧耳时，只听唱道：“则为你如花美眷，似水流年……”林黛玉听了这两句，不觉心动神摇。又听到“你在幽闺自怜”等句，愈发如醉如痴，站立不住，便一蹲身坐在一块山子石上，细嚼“如花美眷，似水流年”8 个字的滋味。最后她“不觉心痛神痴，眼中落泪”。能够令冰雪聪慧、心高气傲的林妹妹如此动情的戏文就是王实甫的《西厢记》和汤显祖的《牡丹亭》。

图 6-1 电视剧《红楼梦》剧照

美的漫步

第一节 戏曲艺术发展概述

中国戏曲之史是民俗之史，也是民众之史，反映人民的生活，表达人们的喜、怒、哀、乐。中国戏曲在民间广为流传，下层民众的道德观念、历史知识、民族情感等主要是通过看戏获得。戏曲起到了讽喻现实、“劝善惩恶”之功，担负了“厚人伦，美风化”之职。博大精深的中国传统戏曲也像其他艺术形式一样，经历了萌芽时期、草创阶段，最后走向繁荣和成熟。

一、戏曲的缘起

中国传统戏曲的源头众说纷纭：有学者认为起源于原始歌舞，有学者认为起源于“巫”与“优”，有学者认为起源于乡傩等。戏曲是一门综合性的艺术，无论是原始歌舞，还是祭祀礼仪、巫觋扮演都是形成戏曲美的元素，都为戏曲的形成起到了促进作用。当历史的车轮驶入巍巍盛唐时，高度发达的经济和空前开明的政治，唤起了蛰伏在人们内心的激情与冲动，才华横溢的唐代文人们不仅把诗歌的写作水平发挥到了极致，而且创造了优美的音乐、舞蹈和绘画，从而为戏曲的形成创造了有利的条件。

唐朝的歌舞小戏就是戏剧的初步形态。《踏摇娘》是当时著名的歌舞小戏，它的内容大致是这样的：北齐时有一个姓苏的丑汉子，他很爱面子，虽没有做官，却自称“郎中”。他嗜酒成瘾，每次喝醉了就打妻子。他的妻子长得很美，挨打之后只能向邻里哭诉，乡亲们十分同情她。演出时，扮演妻子的演员徐步入场，唱述心中的哀怨，每到一段，旁边的人齐声应和：“踏摇和来！踏摇娘苦和来！”演员边唱边踏步，踏步时还摇顿其身，所以称“踏摇娘”。后来那个醉醺醺的丈夫上场了，夫妻斗殴。丈夫丑态百出，引起观众笑乐。“踏摇娘”有人物、有故事、有歌舞、有对白，又是代言性的表演，是中国戏曲形成的标志。

唐代另一种戏曲形式是参军戏，演员主要有两个：一个装痴卖傻自称“参军”，是被戏弄嘲讽的对象；另一个机灵活泼，叫作“苍鹘”。两人一问一答。参军戏开创了一方调笑另一方的套路，是相声的滥觞，也是中国戏曲的雏形。此戏源于后赵时有一个叫周延的“参军”，担任馆陶地方的县令，他因贪污官绢数百匹而获罪，被打入俳优（古代以乐舞谐戏为业的艺人）之列，统治者为了警戒其他官员，在宴会上经常要俳优将此事表演一遍。一个演员穿绢衣出场，另一个演员问他：“你是什么官？为何做了俳优？”他回答：“我本是馆陶令，”并拉动身上的绢衣，“因为这个做了俳优。”引起参加宴会的官员们一阵哄笑。参军戏继承了以滑稽调笑的手段进行讽谏的传统，直接干预时政、针砭时弊，其代言性的特点非常突出。

二、杂剧的繁荣和南戏的兴盛

北宋建立后，随着商品经济的发展、城市人口的增加和市民文化生活的需要，戏曲演出空前活跃，城市里出现了规模巨大的“瓦舍”和“勾栏”。一些怀抱着“朝为田舍郎，暮登天子堂”理想的寒门学子，在求官无门的窘态下，为了生计只能“屈尊”为瓦舍创作脚本，这就是职业脚本作家，人称“书会先生”或“京师老郎”。以上这些因素，使得宋朝戏曲走向繁荣。至此，中国戏曲终于撩开了神秘的面纱，展示出美丽的芳容。

宋代戏曲的代表样式有杂剧和南戏。

宋杂剧的体制十分稳定，一般分为艳段、正杂剧和散段三部分，角色行当一般有末泥、引戏、副净、副末、装孤等。宋杂剧由唐参军戏发展而来，以讥讽嘲笑为要旨，是瓦舍里主要的表演类型。宋代孟元老的《东京梦华录》里就记述了瓦舍、勾栏因演杂剧而“观者倍增”的情况。据周密《齐东野语》记载：北宋宣和年间，上将军童贯用兵燕蓟，败而窜。在一次内廷宴会上，教坊的演员们表演，上场的三四个婢女发式各不相同。一个梳着当额髻的婢女说：“我是蔡太师家的，因我家太师经常觐见皇帝，所以我梳的发髻叫‘朝天髻’。”一个发髻偏坠的婢女说：“我是郑太宰家的，我家太宰守孝奉祠，不能打扮，只能梳这种‘懒梳髻’。”一个像小孩一样满头为髻的婢女说：“我是童大王家的，我家大王正在用兵，我梳的是‘三十六髻’。”通过这则杂剧可以看到，宋杂剧在唐参军戏的基础上又勇敢地向前迈进了一步。它不避锋芒，把矛头直指社会重大问题，巧妙地利用谐音等修辞手法进行劝谏和讽喻。用“三十六髻”暗讽童贯“三十六计，走为上计”。这种技巧犹如拨云见日，最后揭开谜底，让观众恍然大悟，可以收到强烈的艺术效果。

宋朝南渡后，一部分杂剧家留在北方，他们创造了可与宋杂剧争辉的金院本。金院本和宋杂剧的渊源很深，其体制有很多相似之处，是宋杂剧的发展。

南戏是出自南方的歌舞小戏，用南曲演唱，又称“温州杂剧”或“永嘉杂剧”。南戏的题材偏向于爱情故事及家庭纠纷，演唱历史故事和英雄故事的戏文很少。剧情较杂剧曲折、复杂。由于受程朱理学禁欲主义的排斥，南戏戏文流传下来的很少，以《张协状元》的成就最高。

南戏和金院本已经不再是有歌舞的戏曲表演，而是以讲故事为主、有稳定角色分工的综合舞台艺术，是中国戏曲的成熟形态了。

三、元杂剧的兴盛

当蒙古统治者的铁蹄踏进宋朝的富贵温柔之乡时，知识分子的地位不可避免地滑向底层，竟屈居娼妓之后，与乞丐仅一步之遥，即所谓“九儒十丐”。失去了梦想的文人们，要么与文绝缘，甘做一个“不识字的烟波钓叟”；要么寄身勾栏，用曾不屑尝试的“下里巴人”式的戏文来宣泄心声。大多数落魄文人选择了后者。他们的加入为久旱的戏曲艺苑带来了知识的甘霖，迅速提升了戏曲的文化品位，扭转了中国舞台艺术以插科打诨、嬉戏娱乐为主的倾向，带领中国戏曲大踏步地走向精神层面，使元曲成为可以与唐诗、宋词、汉赋媲美的一代文体。他们创作的元杂剧独霸中国剧坛100多年，是中国戏剧的黄金时代。

元杂剧的体制非常严格，基本形式是四折一楔子。折是指音乐上一个完整的套曲，一折是指与一套曲子相适应的一个较大的剧情段落。一本四折是指一个剧本采用不同宫调的四套曲子和穿插其间的科白，构成剧情发展的四个段落。楔子是对剧情的补充，用来交代人物、情节等，一般放在第一折之前，相当于序幕；也可放在折与折之间，相当于过场。

元杂剧的角色分为旦、末、净、杂四行，其中只有正旦和正末才可以成为主角。表演时，只能正末或正旦一人主唱，正旦主唱的叫旦本，正末主唱的叫末本。

元代杂剧数量有六七百种之多。前期杂剧中心在大都（今北京），是元杂剧的鼎盛时期。关汉卿的《窦娥冤》《救风尘》、白朴的《梧桐雨》、王实甫的《西厢记》、马致远的《汉宫秋》、纪君祥的《赵氏孤儿》等是元杂剧的杰出代表。元朝后期是元杂剧的衰微期，活动中心南移到了杭州。杂剧离开了适合自己生长的土壤，渐渐变得衰落，加上元朝统治者恢复了科举制度，致力于杂剧创作的人大大减少，虽有姓名可考的作家有20多位，但此时期真正有影响的作家只有郑光祖、乔吉、宫天挺等人。郑光祖和关汉卿、白朴、马致远被称为元曲四大家，他的《倩女离魂》是元后期杂剧中最优秀的作品之一。其剧情大致是这样的：王文举与张倩女出生前就被指腹为婚，后来王文举父母双亡，家道中落，王文举到张家提亲时，遭张母拒绝。王文举上京应试后，张倩女相思成疾，魂魄离开身体随文举到了京城，并在京城与文举生活了3年，王文举状元及第后携张倩女回到家中，张倩女的魂魄与躯体合二为一。作者以浪漫主义的手法，表现了幽闭深闺的女性对自由美好爱情的向往，成功地刻画了张倩女热情、大胆、执着的性格特征，对汤显祖创作《牡丹亭》有很大的影响。

四、传奇的发展

元朝后期，科举制度得以恢复，无数读书人又展开了对仕途的苦苦追寻，瓦舍勾栏里的喧天锣鼓渐渐平息，元杂剧的艺术水平大大降低。而曾经仅流行于南方民间的南戏却吸收了杂剧的长处，向传奇过渡，《荆钗记》《刘知远白兔记》《拜月亭》《杀狗记》是南戏向传奇过渡时的重要作品，是传奇初步形成的标志，又被称为“四大传奇”。高明的《琵琶记》被称为“南戏中兴之祖”，也是过渡时期的重要作品。高明把丈夫高中状元后抛弃糟糠之妻的悲剧改编成夫妻团圆的喜剧，是为了在舞台上树立一个“子孝妻贤”的榜样，正如他自己所说的那样：“不关风化体，纵好也枉然。”至此，戏曲与“以文治国”“文以载道”的文学传统衔接起来，也担负起了教化民众的重任。

明朝戏剧品种繁多，可以分为两大系统：一系是由元杂剧发展而来的明杂剧，另一系是由南戏发展而来的明传奇。明朝中期以后传奇的繁荣，是我国戏曲史上继元杂剧后的第二次高潮。明朝建立之初，由于民族压迫的解除和统治阶级的提倡，杂剧出现过短暂的中兴，主要作家有朱权和朱有敦两位藩王，他们的作品多脱离现实，鼓吹避世，艺术成就不高。明朝中期，杂剧处于转型时期，作家作品都不多，但是康海的《中山狼》、徐渭的《四声猿》成就较高。明朝后期是杂剧创作的繁荣时期，作家辈出，作品数量大增，体制较元杂剧有很大的变化。

明代传奇的创作也不是一帆风顺的，尽管“四大传奇”的出现标志着传奇的形成，但由于明初统治者思想禁锢，舞台演出变得谨小慎微，艺术家的创作空间狭小，传奇创作进入了暗淡期，只出现教忠教孝的《五伦记》《香囊记》等。传奇创作的繁荣时期出现在明朝中期，《宝剑记》《鸣凤记》《浣纱记》被称为“三大传奇”。《鸣凤记》取材于真实的现实生活，揭露了严嵩父子的残暴罪行，给观众以强烈的震撼，在明朝舞台上常演不衰。它还首开中国戏曲描写重大政治事件的先河，给后人以很大的启发。梁辰鱼的《浣纱记》是第一部用昆腔写作的剧本，对昆曲的发展和传播起了很大的作用。明初，由于南戏的流行，不同地方因方言曲调的差异出现了不同的声腔，余姚腔、海盐腔、弋阳腔、昆山腔是当时流行的四大声腔。嘉靖年间，音乐家魏良辅对昆腔进行了改进，使它成为剧坛霸主。明朝后期，传奇的创作更加繁荣，大批剧作家不断涌现，流派纷呈、竞争不断，其中最主要的有以汤显祖为首、注重文采的临川派和以沈憬为首、注重格律的吴江派。《临川四梦》是汤显祖的代表作，包括《牡丹亭》《紫钗记》《南柯记》《邯郸记》4 部，以《牡丹亭》成就最大，当时就已家喻户晓。

五、地方戏曲的兴起

清初剧坛承袭了明朝剧坛的繁荣，杂剧的创作成就较高，出现了吴伟业和尤侗等作家。他们的作品大多借历史故事表现出深沉的故国之思。这些作品曲辞优美、用事工巧，不适宜演出，只适合文人欣赏，是典型的“案头之曲”。清代传奇的创作在明朝的基础上得到了进一步的发展，涌现出较多的名人名剧。李玉是苏州作家群的代表，他早年创作的《一捧雪》《人兽关》《永团圆》《占花魁》极受人们称赞，而后期创作的《清忠谱》写的是天启年间的一次民变，把群众斗争成功地搬上了舞台。李渔是清朝著名的戏曲理论家和剧作家，他十分重视戏曲的娱乐功能，是第一个意识到应根据观众的水平和需要来写戏的剧作家，他的戏曲理论都见于《闲情偶寄》中。李渔的戏曲创作以喜剧为主，他的《十种曲》对我国喜剧的发展有重要影响。清代传奇的高峰是洪昇的《长生殿》和孔尚任的《桃花扇》，这两部传奇不但语言精美、音律和谐、穿插得当，而且把历史性和现实性结合在一起，取得了空前的成就。

清乾隆年间，文字狱大兴，杂剧与传奇受到打压，加上其创作脱离舞台、远离现实，逐渐走向衰落。而民间一些粗俗但贴近生活的地方戏曲却受到了普通百姓的热烈欢迎，如江浙越剧、湖北楚剧、安徽黄梅戏、江西采茶戏、湖南花鼓戏等。各种声腔技艺大大提高，如京腔、秦腔、弋阳腔、梆子腔、罗罗腔、二黄调等。李斗在《扬州画舫录》中把昆腔称为雅部，其他称为花部。随着地方戏曲的影响越来越大，在当时的戏曲中心北京，开始了著名的花雅之争，最终花部取得了胜利。乾隆中期，四大徽班（三喜班、四喜班、春台班、和春班）相继进京，轰动京城，盛极一时，成为北京剧坛的霸主。后来徽剧又吸收汉剧、昆剧、梆子戏的优点，根据北京观众的习俗和爱好，形成了一个新的全国性的剧种，即京剧。京剧的发展带动了地方戏的繁荣，也实现了中国戏曲的重大转折：由以剧本创作为中心的戏曲活动，逐渐过渡到以表演为中心。戏曲艺术的重点不再是剧本创作，而是表演艺术。

第二节　戏曲艺术的审美特征

一、戏曲艺术的特征

（一）综合性

戏曲是一种综合舞台艺术样式，它的特点是将众多艺术形式聚合在一起，在共同具有的性质中体现各自的个性。王国维在《戏曲考原》中指出：“戏曲，必合言语、动作、歌唱以演绎故事。”可见戏曲不是单纯的话剧、歌剧、舞剧，而是综合了这些剧种，融合了文学、舞蹈、音乐、武术、服装、道具、布景等多种元素，以歌舞来演绎故事，具有高度的综合性。

（二）虚拟性

戏曲艺术的虚拟性主要表现在以下几方面：

首先表现为时空的虚拟性。戏曲舞台上的时间是灵活自由的，是对生活时间的虚拟。有时为了强调故意将时间拉长，有时又有意缩短，只用简单的语言进行交代。舞台是一个流动的空间，地点更迭十分频繁，演员三五步就表示走遍天下，说句“人行千里路，马过万重山”就已远隔千山万水。

其次是动作的虚拟性。戏曲舞台上动作的对象常常被省略。人物骑马，无须牵上马匹，只要手挥马鞭即可；人物行船，也可以持桨当舟。如《拾玉镯》中孙玉姣穿针、引线、刺绣、数鸡、喂鸡等一连串的表演，都是通过演员微妙的、虚拟式的动作告诉观众的。

最后是对周边环境的虚拟。戏曲舞台的表现原则是用最为简单的布景和装置表现尽可能多的内容，所以周围的环境常被虚化。一些戏曲演员在没有任何布景、道具的情况下，凭借行为和演唱来表明人物所处的环境，才有了无花木之春色、无波涛之江河。

（三）程式性

所谓程式性，是指根据生活的真实形态提炼出一套规范的、固定的、精美的动作形态，再用这些有限的程式去表现多彩的生活。程式性不仅指动作，还包括表演、情节和人物塑造等方面的程式化。如传统戏曲的角色行当、人物脸谱等。

戏曲的程式性是中国古典戏曲观的反映。中国古典戏曲观、苏联斯坦尼斯拉夫斯基戏剧观、德国布莱希特戏剧观是三种不同的戏剧理论体系。斯坦尼斯拉夫斯基体系认为话剧是再现生活，演员与角色之间、舞台与生活之间存在第四堵墙，为了再现生活，就必须遵循生活的本来面目，所以演员与角色、舞台与生活必须融为一体。布莱希特体系则认为应推翻所谓的第四堵墙，演员和角色之间、观众和演员之间、观众和角色之间必须保持一定的距离，防止演员和观众都过于感情用事，从而失去理智。中国古典戏曲观则认为，戏曲是表现生活，根本不存在第四堵墙，舞台与生活之间、演员与剧中人物之间可以保持一定的距离。

二、戏曲的“四功”和“五法”

戏剧的一般特征是用演员扮演人物，以人物的唱词、对话和动作来表现故事情节。所以，一台好戏必须有动人的唱腔、不凡的身段、精彩的剧情，必须是音乐性的对话、舞蹈化的动作和文学化的剧情的统一，即必须是歌、舞、剧的统一。具体来讲，唱、念、做、打是传统戏曲的艺术手段，被称为“四功”；手、眼、身、法、步是传统戏曲的技术方法，又被称为“五法”。“四功”和“五法”不但是戏曲主要的表演形式，也是演员应具备的基本功。

（一）四功

唱功是戏曲表演中第一位重要的表现手法，演唱最基本的要求是字清腔纯，节奏准确，以字生腔，以情带腔。最高标准的唱法是达到说的意境，不是为唱而唱，甚至不要给人以唱的感觉，而是以唱来强化唱词的语气，抒发人物的情感。把节奏、旋律、感情、语气很自然地融为一体，来表达生活中说话一样的情景，切忌要腔、找味、卖嗓的效果。

念功是与唱功同样重要的表演手段，甚至有“千斤话白四两唱”的说法。一要注意字音的准确，如京剧的尖团字、上口字、平仄音的念法。二要掌握吐字发音的正确方法，即用反切的拼音方式来念出字头、字腹、字尾，使每个字完整地送到观众的耳朵里。三要念出白口的抑扬顿挫，要有音乐感和节奏感，和唱腔一样，要有轻重高低、疾徐长短。四要念出人物个性，情感意境。

做功是身段动作的表演，一举一动，如开门关门、上下楼梯，都要有规范、有章法，都要有舞蹈的韵律、有深厚的基本功，要讲究以腰为中枢，从动作规律出发来达到自然和谐。在这个基础上还要注意把技巧动作与人物身份、动作目的、情感意境结合起来，给人以真实的感觉。当然，这种真实是艺术的真实、舞蹈化的真实、含蓄的真实，而不是生活的真实。

打功也就是武功，包括翻跟头、打荡子、各种舞蹈和高难技巧，如起霸、走边、对枪、下场等。因此，必须有相当的腰、腿、把子的基本功，才能胜任武打表演的需要。武功也要在规范、自如地掌握武功技巧的同时，以武功来表现人物和剧情，做到技不离戏，就是枪来剑往也要打出情感、打出语言，而不是单纯的卖弄武功。

（二）五法

五法是手、眼、身、法、步。其中，手指手势，眼指眼神，身指身段，步指台步，法指以上几种技术的规格和方法。著名戏曲表演艺术家俞振飞曾说：“手为势，眼为灵，身为主，法为源，步为根。”这个“法为源”就是指戏曲表演所不能背离的规矩和法度，否则就不是戏曲了。它是演员在舞台上展现戏曲表演意境和神韵的技法。

三、戏曲的行当

每一个角色都有其专属的独特个性，但同一类型人物通常拥有共同的类别特征，如性别、年龄、身份、气质等方面，用这些特征将角色分类，这些角色类别就被称为“行当”。

近代戏曲中素有生、旦、净、丑和生、旦、净、末、丑两种分行方法，后因不少剧种中的末行已归入生行，故习惯上把生、旦、净、丑作为行当的基本类型。

每个行当各有若干分支。由于各个剧种的发展历史不同，反映生活领域的广狭和角度不同，以及演员的不同创造等种种原因，在分支的层次和名目上又有繁简、粗细之别。如秦腔分为四生、六旦、两净、一丑共十三行，汉剧和粤剧分一末、二净、三生、四旦、五丑、六外、七小（生）、八贴（旦）、九夫、十杂十大行；莆仙戏分正生、贴生、正旦、贴旦、靓妆（净）、丑、末七色，称为“七子班”；昆曲、京剧和川剧等还有更加细致的分法，但归纳起来，大体都不出生、旦、净、丑的范围。

生、旦、净、丑各有各自的形象内涵和一套不同的程式和规制，并且每个大类下面又包含若干小类，具体如下：

（1）生，泛指除净、丑之外的男性角色。可分为老生、小生、外、末、武生、娃娃生、红生等类型。

（2）旦，女性角色的统称。可分为正旦（青衣）、花旦、花衫、武旦、刀马旦、老旦、彩旦等类型。

（3）净，俗称花脸。以面部化妆运用各种色彩和图案勾勒脸谱为突出标志，扮演性格、气质、相貌上有特异之点的男性角色。净行人物按身份、性格及艺术特点的不同，大体上可分为正净（大花脸）、副净（二花脸）、武净（武二花）、毛净（油花脸）等类型。

（4）丑，男性喜剧角色。其面部妆容是用白粉在鼻梁眼窝间勾画小块脸谱。丑行扮演的人物种类繁多，有的心地善良，幽默滑稽；有的奸诈刁恶，悭吝卑鄙。大致可以分为文丑和武丑两种类型。

第三节　戏曲作品欣赏

一、昆曲

昆曲，原名“昆山腔”，发源于元末明初的苏州府昆山县，是中国戏曲的剧种之一，被誉为“百戏之祖”。昆曲主要以中州官话为唱说语言，以鼓、板控制演唱节奏，以曲笛、三弦等为主要伴奏乐器，糅合了唱念做打、舞蹈及武术等，以曲词典雅、行腔婉转、表演细腻著称，于 2001 年被联合国教育、科学及文化组织列为“人类口述和非物质遗产代表作”。

汤显祖的《牡丹亭》（图 6-2）是我国古代戏曲史上最优秀的作品之一。《牡丹亭》是写贵族小姐杜丽娘梦中与一青年在牡丹亭畔相会，醒后相思成疾，悒郁而死。书生柳梦梅赴临安应试，途经南安郡，拾得丽娘画像，悦其貌美，赞慕不已。此时，杜丽娘的幽魂显现，认出了柳梦梅乃旧日梦中所会的那位书生，便向他表白了爱慕之情，并让其掘坟而使自己获得重生。杜丽娘复活以后，两人求杜丽娘父母许婚。其父大怒，诬柳梦梅私掘女坟，上书奏明皇帝。而柳梦梅此时已高中状元，两人得皇帝恩准，夫妻团圆。

图 6-2　昆曲《牡丹亭》

昆曲
《牡丹亭・游园》

《牡丹亭・游园》这段唱词写杜丽娘到花园赏春，看到繁花似锦的迷人春色无人赏识，只能付与破败的断井颓垣。杜丽娘以此比喻自己的青春正在悄然逝去，自然的天性受到禁锢。而这大好春色将她内心深藏的活力唤醒，身心的美和大自然的美产生了强烈的共鸣。

二、京剧

京剧是中华民族的艺术瑰宝，其以无限的艺术魅力被称为“国粹”。京剧用歌舞演绎故事，是包括文学、音乐、舞蹈、武术、美术、杂技等各艺术行类的综合体现。传统剧目约有 1 300 出。

京剧《红鬃烈马·武家坡》

《武家坡》（图 6-3）是京剧《红鬃烈马》中的一出折子戏，讲的是王允丞相的女儿王宝钏下嫁乞丐薛平贵。王允愤怒，与王宝钏断绝关系。王宝钏身住寒窑。后来薛平贵因降服红鬃烈马有功而封官，出征西凉，薛平贵无奈与王宝钏告别，挥泪而去，出征西凉之战中，被奸人灌醉，缚马驮至敌营。西凉王爱才，将代战公主嫁给他。王宝钏 18 年清守寒窑，备尝艰苦，托鸿雁传书至西凉。薛平贵见王宝钏血书，急回国探望。

图 6-3 京剧《武家坡》

《武家坡》这段唱词写薛平贵路过武家坡，遇见王宝钏。夫妻分离 18 年，容颜难辨，不敢贸然相认。薛平贵借问路试探王宝钏，王宝钏坚守贞节，逃回寒窑。薛平贵赶至窑前，细说缘由，赔诉前情，夫妻才得以相认。

《智取威虎山》（图 6-4）是上海京剧院根据曲波小说《林海雪原》中“智取威虎山”的一段故事并参考同名话剧改编的革命现代京剧。1946 年冬，中国人民解放军在东北战场取得了辉煌胜利，国民党收编的座山雕匪帮逃到威虎山负隅顽抗。我军以团参谋长少剑波为首的追剿队深入林海雪原。侦察排长杨子荣在猎户老常和女儿常宝的帮助下，找到了土匪线索并逮住了土匪联络副官栾平，缴获了土匪座山雕垂慕已久的“秘密联络图”。杨子荣改扮为土匪，以献图为名打入威虎山。杨子荣机智地应付了座山雕的盘问与试探，及时送出了情报。解放军进驻夹皮沟，又生产，又练兵，整装待发。栾平在押送途中逃跑到威虎山，给杨子荣造成极大威胁。杨子荣临危不惧，主动出击，处死了栾平，并按原计划布置好了百鸡宴，与追剿队里应外合，全歼了顽匪。

图 6-4 京剧《智取威虎山》

三、越剧

越剧长于抒情，以唱为主，声腔清悠婉丽、优美动听，表演真切动人，极具江南灵秀之气；其多以“才子佳人”题材的戏为主，艺术流派纷呈。主要流行于浙江、上海、江苏、福建等江南地区。

《梁山伯与祝英台》（图 6-5）是越剧中的经典剧目。该剧写祝英台女扮男装去杭城求学，与梁山伯同窗三载，结为兄弟。祝父催女归家，祝英台行前向师母吐露真情，托媒许婚梁山伯。但祝父将祝英台许婚马文才。梁、祝二人姻缘无望，梁山伯悲愤而死，祝英台誓以身殉。马家迎娶之日，祝英台花轿绕道至梁山伯坟前祭奠，霎时风雷大作，坟墓爆裂，祝英台纵身跃入。后梁山伯与祝英台化作蝴蝶，双双飞舞。

《梁山伯与祝英台·十八相送》是写祝英台离开杭城返家时，梁山伯依依不舍相送，祝英台假托为妹做媒，嘱梁山伯早去迎娶。

越剧《梁山伯与祝英台·十八相送》

图 6-5　越剧《梁山伯与祝英台》

四、黄梅戏

黄梅戏，原名黄梅调、采茶戏等，起源于湖北黄梅，现流布于安徽省安庆市、湖北省黄梅县等地，是汉族戏曲之一。2006 年 5 月 20 日，黄梅戏经国务院批准列入第一批国家级非物质文化遗产名录。

黄梅戏代表作《女驸马》（图 6-6）是一部极富传奇色彩的古装戏，说的是民女冯素贞自幼许配李兆廷，后李家败落，冯素贞父母嫌贫爱富，逼李兆廷退婚。冯素贞在花园赠银于李兆廷，被冯父撞见，诬李为盗，将其送官入狱，逼女儿另嫁宰相之子。

《女驸马·谁料皇榜中状元》这段唱词是写冯素贞男装出逃后，在京冒李兆廷之名应试中魁，被皇家强招为驸马。花烛之夜，冯素贞冒死陈词，感动公主。

黄梅戏《女驸马·谁料皇榜中状元》

图 6-6　黄梅戏《女驸马》

五、豫剧

豫剧，也称河南梆子、河南高调，是河南省的主要剧种之一。早期因演员用本嗓演唱，起腔与收腔时用假声翻高尾音带“讴”，故又称“河南讴”。其在豫西山区演出时多依山平土为台，故当地称之为“靠山吼”，后因河南省简称“豫”，故中华人民共和国成立后定名为豫剧。豫剧一向以唱功见长，唱腔流畅、节奏鲜明、极具口语化，一般吐字清晰、行腔酣畅、易为听众听清，表演风格朴实、乡土气息浓厚，深受观众欢迎。

《花木兰》（图 6-7）是豫剧大师常香玉的代表剧目。该剧是 1951 年常香玉为抗美援朝捐献“香玉剧社号”战斗机进行义演时的主要剧目，讲的是南北朝时番邦犯境、边关告急，花木兰女扮男装代父从军的故事。

《花木兰 · 谁说女子不如男》是其中的经典唱段，反驳了刘大哥的话语，塑造了女子勤劳、能干以及为国拼杀的巾帼英雄的形象。

图 6-7　豫剧《花木兰》

豫剧《花木兰 · 谁说女子不如男》

六、评剧

评剧，习称蹦蹦戏或落子戏，又有平腔梆子戏、唐山落子、奉天落子、平戏等称谓，是流传于中国北方的一个戏曲剧种，也是广大人民所喜闻乐见的剧种之一。评剧是清末在河北滦县一带的小曲“对口莲花落”的基础上形成，先是在河北农村流行，后进入唐山，称为“唐山落子”。现在评剧仍在华北、东北一带流行。

《花为媒》（图 6-8）是评剧经典剧目，讲述了王俊卿爱上表姐李月娥，但遭到李父反对，同时媒人阮妈前来为王俊卿说亲，对象是张家女儿张五可。王俊卿因心中有人拒绝相亲，王母就与媒婆设计让其表兄贾俊英代之，俊英与五可也互生爱慕。之后，阴差阳错之下闹出很多误会，但最后真相大白，两对有情人也各遂心愿。

图 6-8　评剧《花为媒》

美的体验

1. 课外阅读

欣赏越剧、黄梅戏、京剧 3 个剧种对梁山伯与祝英台的故事的不同演绎，并将所思所感提交到云教学平台上。

2. 实践体验

组织一次“百家戏苑”活动。有表演欲望或有基础的同学可以表演一段家乡戏，不善于表演的同学可以介绍家乡戏。

3. 思维拓展

随着互联网时代的到来，人们获取信息和娱乐的方式呈现出快速化和多样化的趋势，戏曲逐渐被年轻人所遗忘，有些剧种甚至到了后继无人的境地，对此你有何看法？要振兴中华戏曲，你认为有什么好方法？

第七章 形神统一的书法美

本章导读

中国书法是世界上最独特的东方艺术，也是东方美学的杰出代表之一。它凭借着点画的组合、线条的变化和笔墨的运用而成为一种独立的艺术门类，并且在传统艺苑中具有很重要的地位。

中国书法作为一门古老的艺术，凭借线条和形体结构来表现人的气质、品格、情操。它是中华民族审美经验的集中表现，不仅具有悠久的历史，形成了各种书体、流派，并涌现出许多独具风格的书法家，而且在发展中吸收了其他艺术（如绘画、建筑、音乐、舞蹈等）的经验，丰富了自身的表现力，因而具有无穷的韵味和独特的情趣及重要的审美价值。

思政目标

1 了解中国书法悠久的历史，感受中华优秀传统文化书法的魅力，增强文化自信、民族认同感和自豪感。

2. 通过讲述书法渊源和练习书法，形成专注心境、拒绝浮躁的生活态度。

美学思考

1. 中国书法有哪几种书体？你最喜欢的书体是什么？

2. 说说你所了解的中国古代书法家。

美的印象

《兰亭序》(图7-1)是东晋著名书法家王羲之50岁左右时创作的书法作品。晋朝人称之为《临河序》，后人又称其为《修褉序》《褉帖》《兰亭诗序》《兰亭集序》等。《兰亭序》全文计28行、324个字，其章法、结构、笔法都很完美，是王羲之的得意之作。该作品文笔清新淡雅，书风遒劲飘逸，被历代书界奉为极品，被后世称为“天下第一行书”。同时，这幅作品也滋养和影响了一代又一代书法家，王羲之也因此被尊称为“书圣”。

《兰亭序》记述了东晋永和九年(353年)三月三日，天朗气清，惠风和畅，王羲之与谢安、孙绰等41人在山阴兰亭流觞饮酒、赋诗唱和的情景。王羲之面对良辰美景、高朋挚友，用蚕茧纸、鼠须笔，乘兴写下了这篇“遒媚劲健，绝代亘古”的序文，回家后，又重写了数十遍，皆不如原稿，所以他自己也特别爱重，交付子孙传藏。传至王羲之七世孙智永，无嗣，遂交弟子辩才保存，唐太宗李世民酷爱王羲之的书法，千方百计得到了《兰亭序》，常常“置之座侧，朝夕观览”。贞观十年(636年)，李世民让冯承素、虞世南、褚遂良等书法家摹拓10本，以赐近臣，死后把真迹带入昭陵作为陪葬品。因此，人们至今无法看到《兰亭序》的真迹，只能看到唐摹本。唐摹本中最逼真的是冯承素摹本，因帖前后印有唐中宗李显年号“神龙”各半之印，故又称“神龙本”。郭天赐谓神龙本“笔法秀逸，墨彩艳发，奇丽超绝，动心骇目”。

《兰亭序》结体欹侧多姿，错落有致，千变万化，曲尽其态。帖中20个“之”字皆别具姿态，无一雷同。用笔以中锋立骨，侧笔取妍，有时藏蕴含蓄，有时锋芒毕露。尤其是章法，从头至尾，笔意顾盼，朝向偃仰，疏朗通透，形断意连，气韵生动，风神潇洒，所以明末书画家董其昌在《画禅室随笔》中说：“右军《兰亭序》章法古今第一，其字皆映带而生，或大或小，随手所出，皆入法则，所以为神品也。”最难能可贵的是，在《兰亭序》那“不激不厉”的风格中，蕴藏着作者圆熟的笔墨技巧、深厚的传统功力、广博的文化素养和高尚的艺术情操。《兰亭序》在中国书法史上的地位是不可替代、不可撼动的。

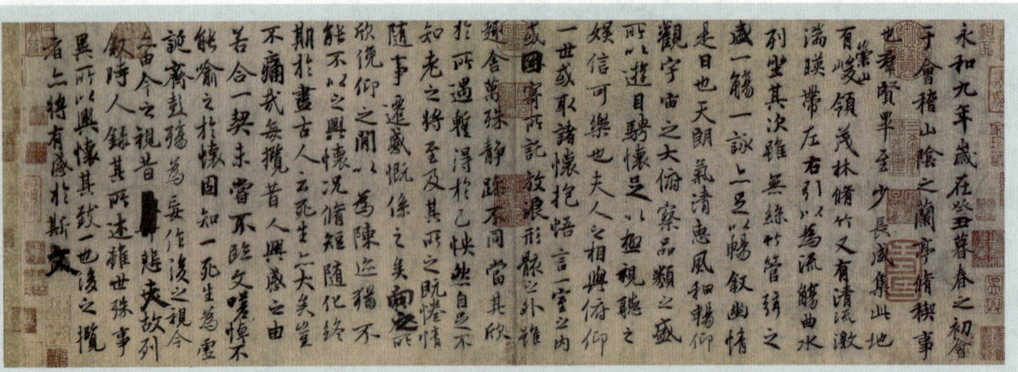

图 7-1 《兰亭序》

美的漫步

第一节 书法艺术发展概述

中国书法作为一门古老的艺术，古称“书契”。《尚书·序》说：“书者，文字；契者，刻木而书其侧，故曰书契也。”

我国的书法艺术源远流长，历史悠久。早在 3 700 年前，就出现了甲骨文，这是刻在龟甲和兽骨上的最早的象形文字。之后，刻在古代钟鼎等器物上的金文诞生了。随后石鼓文出现，石鼓文是先秦时期的刻石文字，因其刻石外形似鼓而得名。从秦代以后，书法脱离工艺美装饰，成为一门独立的艺术，并逐步发展出了篆、隶、真（正楷）、行、草五种基本字体（图 7-2）。

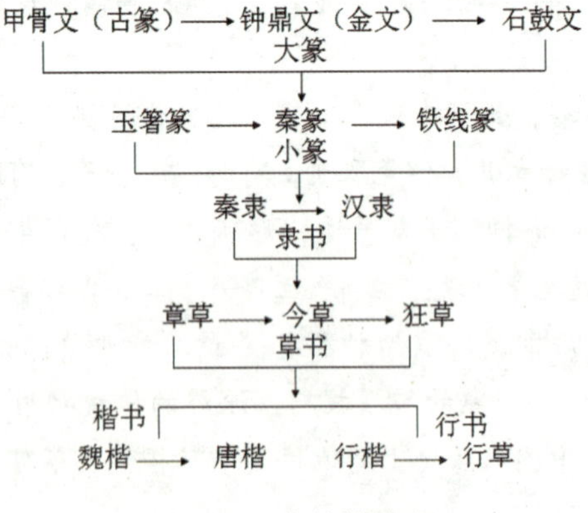

图 7-2 书体的演变
（楷书从隶书演变而来，但晚于草书）

篆书是在甲骨文的基础上发展而来的，分为大篆和小篆两种。大篆始于周代，小篆创于秦代。字形修长、起笔浑圆、转角处带有弧形是篆书的特点。隶书流行于两汉，这种字体的横笔首尾方中带圆，撇和捺下端比楷书宽阔厚重，字形方扁。三国时期，产生了笔画平直、字形方正的楷书。行书在东晋时渐趋成熟，它是楷书的流动与快写，点画之间强调牵丝联系，看起来生动活泼。草书作为一种特定的字体，形成于汉代，是在隶书的基础上为了书写简便而演变出来的，沿袭多种古文字变化而成。草书，尤其是狂草，写出来之后大家基本上难以辨识，所以它只能作为人们欣赏的艺术作品。

我国的书法艺术发轫于先秦，东晋时期空前繁荣，盛唐达到鼎盛阶段，元、明、清三代众多的书法家在个人风格上比前代更为多样。中华人民共和国成立后，我国书法艺术进入了一个崭新的发展阶段，人们以高尚情操、生活情调和人类情感去充实与丰富书法艺术的内涵，从而使其在体现美感形象的同时，又具有深沉的宇宙感、历史感和人生感。

一、书法艺术的产生

甲骨文（图 7-3）是我国目前发现的最古老的文字，产生于商代中后期，其笔画多为单线条，线条严整、粗细均匀、瘦劲有力、挺拔爽利，笔画多方折。章法多为纵行，文字大小相依、错落变幻，行款疏密有致，通篇行气贯串，呈现出古朴而又烂漫的情趣。甲骨文已具备了书法艺术的三要素：用笔、章法、结字。特别是甲骨文的用笔，已体现出书法的线条美及结字的造型美。可以说甲骨文的出现，标志着我国书法艺术的诞生。

商周时期出现的金文，又称“钟鼎文”，是指铸刻在青铜器上的铭文，其笔法变化丰富，起笔、收笔都比甲骨文要圆润，线条遒劲、结构优美、布局整齐妥帖。金文的代表作有《毛公鼎》（图 7-4）、《散氏盘》、《墙盘》，其书法的艺术性已逐渐地完备起来。

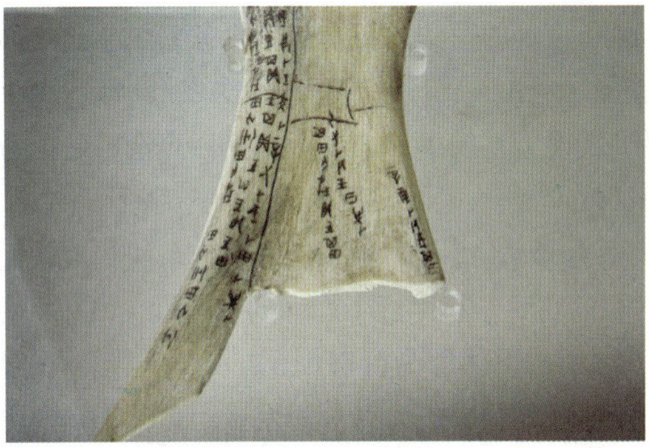

图 7-3　殷商甲骨文

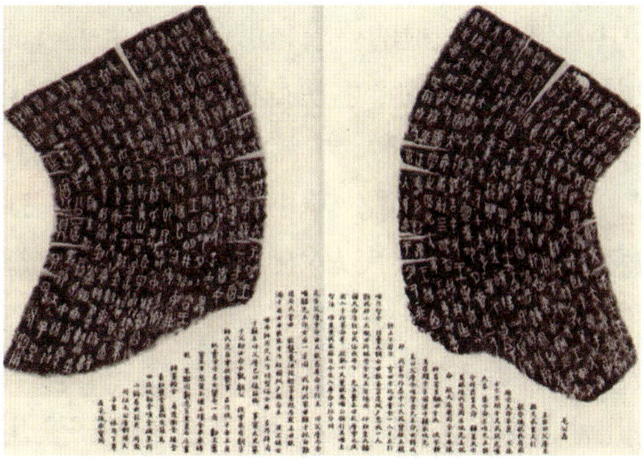

图 7-4　西周毛公鼎铭文拓片

春秋战国时期，各诸侯称王争霸、社会动荡不安，在各自不同的文化理念下，各诸侯国朝着自己的审美趋向发展，形成了丰富多彩的书法艺术形式。随着社会的发展，毛笔已开始在书法上广泛应用。毛笔的书写技巧是中国书法的重要元素，书法的笔法、结字、章法、墨法及书法家的性情、审美趣味都依赖于用笔技巧去表现。

另外，从这一时期的石鼓文可以发现，此时的大篆结字要比金文更有规律性，其笔画遒劲凝练，结构更加浑厚茂密，并开始向小篆转化，为后来秦统一文字奠定了坚实的基础。

二、书法艺术的发展

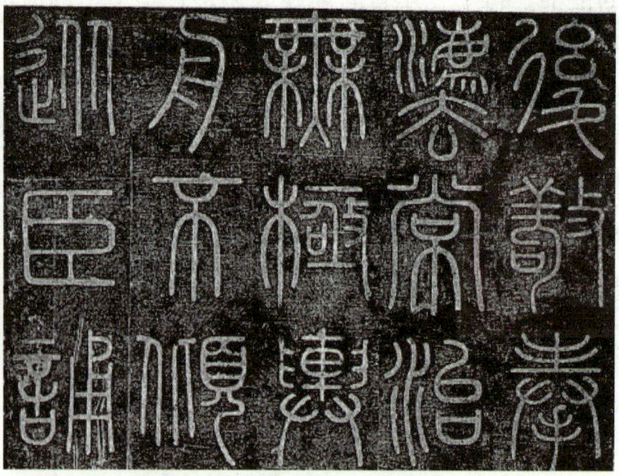

图 7-5　秦李斯小篆《会稽刻石》钱泳本拓片（局部）

秦始皇统一六国后，下令“车同轨，书同文”，小篆（图 7-5）由此成为统一使用的文字。文字的统一为书法艺术的发展奠定了基础。小篆笔画圆匀，多为弧线，笔道圆融、笔力雄健，结字对称均衡、结法谨密。但由于小篆不便速写，于是结构较为简单、书写更为方便的隶书便应运而生。

唐代张怀瓘《书断》中说：“隶书者，秦下邦人程邈所作也。”隶书虽然产生于秦代，但发展不够成熟，此时的隶书还带有很多篆意。到了汉代，隶书逐渐取得统治地位，成为官方统一字体。汉代隶书去繁就简，笔画变曲为折，点画分明、提顿结合、左波右磔、蚕头燕尾，结构简便，造型趋于扁方。同时，为了字的结构简便和书写便利，隶书结体一改篆书的形象化而为点画符号化，例如，“刀”做字的右旁时则写成“刂”，使隶书适应了时代发展的要求，从用笔、结字、章法到形成的风格，既显得工整庄重，又变化多姿。汉代隶书上承篆书和古隶，下启草书、行书、楷书，所以隶书在书法艺术上有着重要意义。隶书不仅改变了整个汉字的文字体系和书写方式，而且把书法艺术带入一个崭新的天地。任何书体在使用中都有书写便捷的要求，由此就发生了省简笔画和潦草的写法，特别是在事务繁忙急迫之时更是如此。草书的产生便是在由篆到隶的演化过程中，由于书写的便捷和笔法发展所致。《书断》中说：“汉元帝时，史游作急就章……此乃存字之梗概，损隶书之规矩，纵任奔逸，赴速急就，因草创之意，谓之草书。”这一时期草书略存八分笔意，笔画常带波磔，字与字不相牵连，被称为“章草”，代表人物有史游、杜度、崔瑗、蔡邕等。《宣和书谱》中说：“自隶法扫地，而真几于拘，草几于放，介乎两者之间行书存焉。”即隶变后，写得近于严谨的书体即为真书（楷书），写得近于狂放的书体即为草书，介乎真、草之间的书体即为行书（图 7-6）。至此，汉字的几种书体均已形成，书写也不仅仅在于实用，审美的需求也成为书法的发展动力，于是书法艺术便进入了成熟时期。

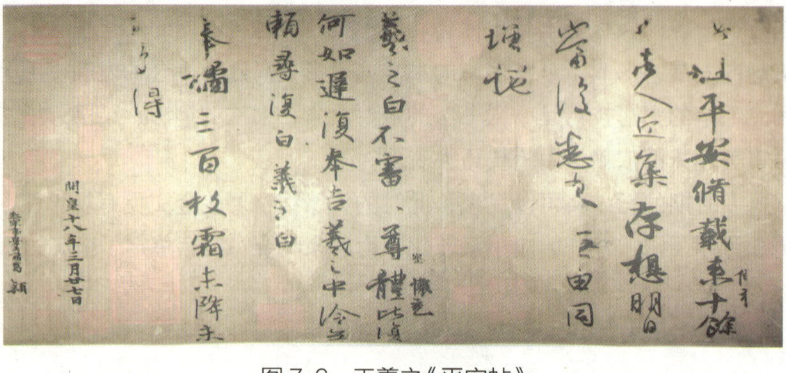

图 7-6　王羲之《平安帖》

三、书法艺术的成熟

魏晋南北朝是我国书法艺术进入自觉发展的时代，是书法艺术发展的一个重要时期。这一时期各种书体交相发展，隶书已发展到了程式化的阶段，楷书也日趋成熟，草书也经章草逐渐发展到今草阶段，行书在隶楷递变过程中发展成熟。这一时期书法艺术呈现以下特点。

（一）草书、楷书、行书已完全成熟

中国书法技法基本体系已经形成，后世的书法技法虽有所突破和变化，但没有本质的突破。楷书又称真书、正书。三国时期，汉字的书写逐渐将波、磔变为撇、捺，而且笔画中增添了点、长撇、短撇、直钩等笔画，使结构更趋于严整规范。《辞海》说它“形体方正，笔画平直，可作楷模”，所以称为“楷书”，并一直沿用至今。三国钟繇（图 7-7）被尊称为“楷法之祖”。被人们尊称为“书圣”的东晋著名书法家王羲之，兼善隶、草、楷、行各体。王献之的《洛神赋十三行》则是楷书的精品。

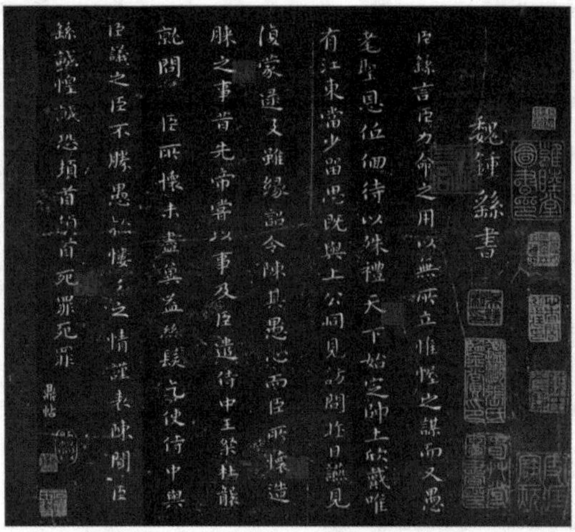

图 7-7　钟繇《力命表》（小楷）

（二）书法艺术完全走向自觉的发展阶段

书法已成为社会各阶层普遍欣赏的对象。史载，师宜曾在酒店壁上作书，观者纷至，致使酒店兴隆。

（三）文人士族对书法美的追求

文人把书法作为一种高雅的社会活动，并不断尝试新的书法技法，探索新的书法审美风貌。此时产生了清新婉丽和雄奇朴拙的碑、帖两种书法艺术境界。西晋末年北方战乱，大批文人流入江东。美丽富饶的江南使书法家们在艺术上更加追求婉媚的风格。

在中国书法发展史上，唐代书法是晋代以后的又一座高峰，此时，楷书、行书、草书、篆书各体书法中都出现了具有深远影响的书法家，其中楷书、草书的影响最为深远。唐代书法艺术充分体现了唐朝社会洒脱奔放、恢宏博大的气象，其中楷书的成就最高，今天仍有“学楷书从唐楷入手”的说法。其代表作有颜真卿《勤礼碑》（图 7-8）、欧阳询《九成宫醴泉铭》和柳公

权《玄秘塔碑》（图 7-9）。它们或壮美森严、刚正厚重，或法度森严、刚健险劲，或骨力劲健、均匀而瘦硬，体现了书者“心正则笔正”的书法意念。唐代我国书法艺术进入全盛时期。

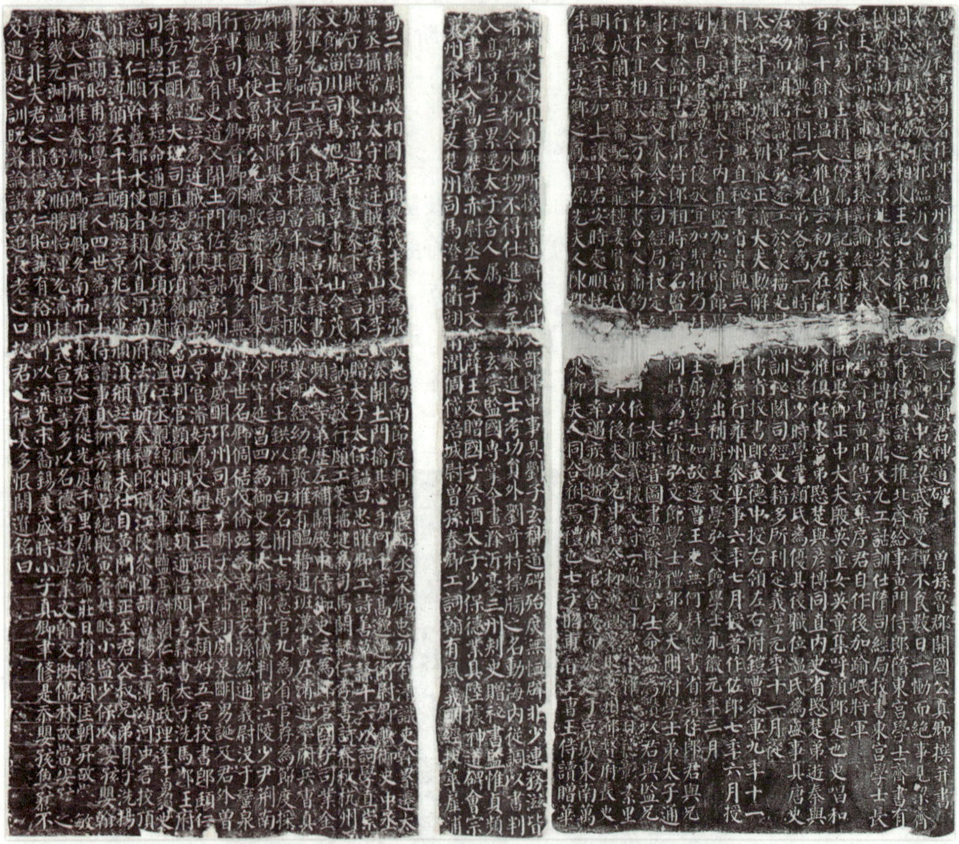

图 7-8 颜真卿《勤礼碑》（拓片）

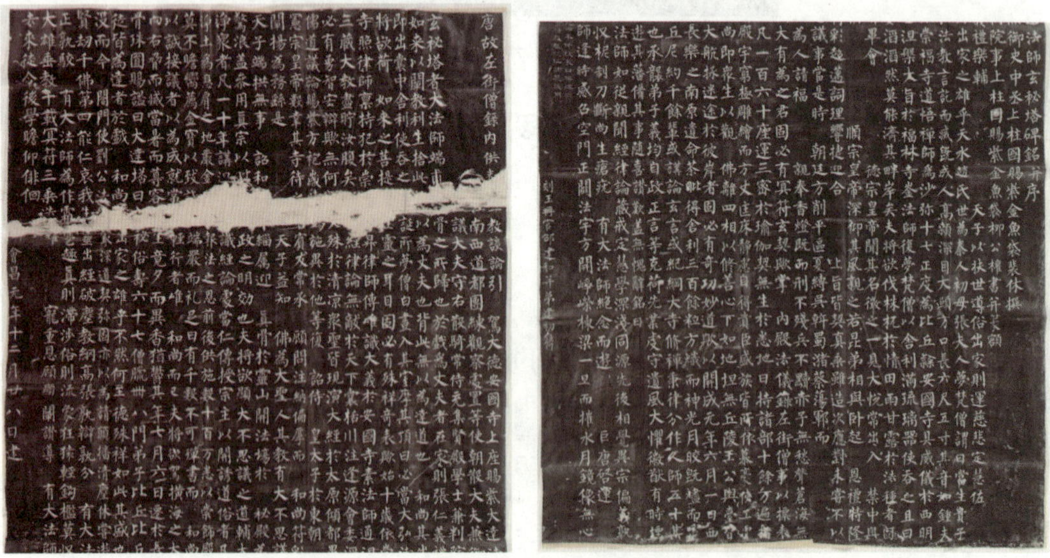

图 7-9 柳公权《玄秘塔碑》（拓片）

四、书法艺术进入个性化时代

自宋以后，书体的发展已无根本性突破，书法家仅在原有书体的基础上融入自己的审美趣味，以表现个人的审美意趣为主。在宋代，由于社会环境的改变，书法成为文人们的普遍喜好，流畅洒脱、随意挥洒的行书非常盛行。著名的宋四家：苏轼的书法（图 7-10）丰腴跌宕、天真浩瀚；黄庭坚的书法（图 7-11）体势开张，在跌宕中不时露出韵致；米芾因其生性倜傥不羁，其书法也神采淋漓、跳跃、奔放、迅捷、激昂（图 7-12）；蔡襄的书法（图 7-13）浑厚端庄。元代书法家、画家多集于一身，书法家不事丹青尤可，画家则决不可不习书法。中国画有题跋即始于元代，这对后世的书法、绘画艺术有着极为深远的影响。明朝时期国家设有中书科，凡能书者，就授之以官职在内阁中办理文书。清代是中国书法史的一个重要转折时期，书坛逐渐形成“帖学”和“碑学”对立的局面。

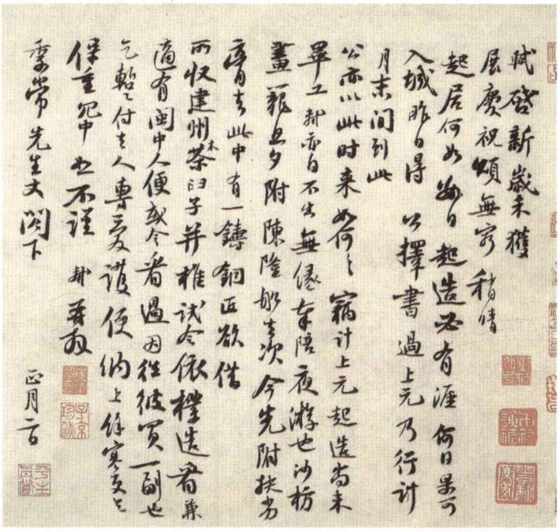

图 7-10　苏轼《新岁展庆帖》（局部）

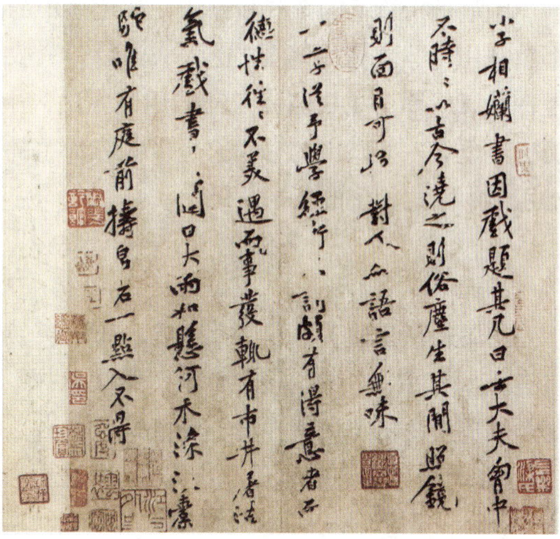

图 7-11　黄庭坚《小子相帖》（局部）

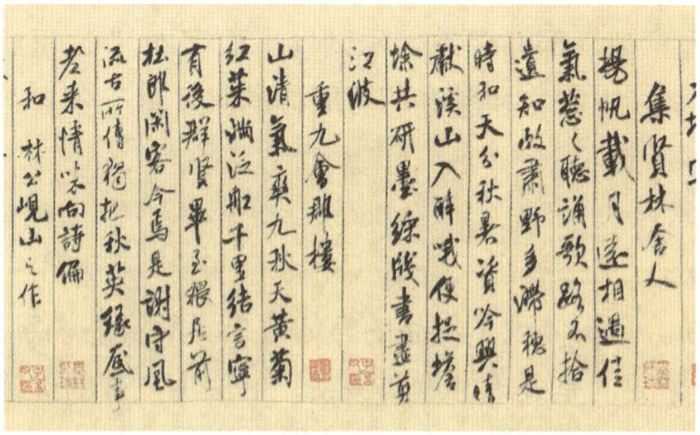

图 7-12　米芾《蜀素帖》（局部）

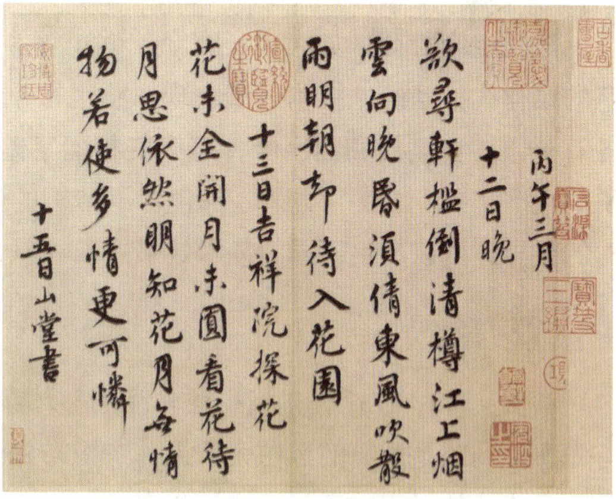

图 7-13　蔡襄《纡问山堂帖》

清代书法家们将中国书法艺术的两大传统流派做了较完整的诠释，对中国近现代书法艺术的发展起到了非常重要的作用。如康有为的《广义舟双楫》是碑学的重要理论著作，对碑学发展起了很大的推动作用。

第二节 书法艺术的审美特征

一、书法艺术的语言

文房四宝和永字八法

书法是以汉字为基础，通过点画运动来表现一定情感和意蕴的艺术。它的艺术语言包括用笔、用墨、结构和章法。

（一）用笔

用笔是指行笔的方式和方法，如运笔中的刚柔、急缓、轻重、藏露、提按等。历代书法家都重视用笔，主张用笔要“逆入、涩行、紧收”，也就是落笔要藏、运笔要涩、收笔要回。这是一种以中锋为主、侧锋为辅的用笔方法，中锋取劲、侧锋取妍，可使点画刚柔结合。但是，历史上也有一些杰出的书法家是以侧锋为主的。中国书论中所谓“绵里裹铁”“折钗股”，都是指用笔中刚柔相济的艺术效果。

（二）用墨

用墨是指墨的着色程度及变化，如浓淡、枯润等。墨色对于烘托书法的神采、意境和情趣具有重要作用。所谓“润含春雨、干裂秋风”“润取妍、燥取险”“带燥方润、将浓遂枯”等，都是描述用墨的审美特性的。墨色处理得当，可以产生血润骨坚的艺术效果。用笔和用墨相结合，“以笔取气、以墨取韵”，可以使书法更加气韵生动。

（三）结构

结构是指字的分间布白、经营位置。如果说用笔体现书法的时间特征，那么结构则体现了书法的空间特征，如大小、宽窄、欹正等。用笔赋予线条的美是在字的结构中体现出来的。字的结构犹如建筑，结构对于表现情感也很重要。明代著名书法家祝允明说：“情之喜怒哀乐，各有分数。喜则气和而字舒，怒则气粗而字险，哀则气郁而字敛，乐则气平而字丽。”这里所说的“舒”“险”“敛”“丽”，都包含了结构的因素。王羲之和颜真卿写同样的字，由于各自结构的差异，可以产生不同的艺术效果。

（四）章法

章法又称“布白”，是指书法作品的整体布局。布白体现了作品的整体效果。欣赏一幅字，首先感受到的是通篇的黑白大效果。考虑布白最紧要的是处理好虚实关系。书法中点画的运动是一个连续的过程，积画成字、积字成行、积行成篇，全篇是一个有生命的整体，在创作中一气呵成。书法中有所谓“一笔书”，并不是说全篇每个字都连接在一起，而是指气脉连贯，即使笔不连也要意连。在点画的运动中形成了各种空间，在布“黑”中同时在布“白”，这种“白”并不是没有意义的空洞，“白”本身也包含了某种意味。书法创作中的“计白当黑”，就是把空白作为一种表现因素，它和点画的实体具有同等美学价值。

二、书法艺术的欣赏方法

（一）从欣赏笔法入手

笔法，是指书写的笔画要合乎规矩法度。笔画是汉字的构成元素，也是书法美的物质基础。要使写字成为书法，用笔时应讲究提按、粗细、轻重、强弱、徐疾和起笔、收笔的方法技巧，行笔时应具有节奏和韵律，使所写每一个字的点、横、竖、撇、捺、挑、钩、折等笔画都笔笔入法。只有把一笔一画写好，才会有整个字的美观，才会使整个字圆润厚重、富有质感。因此，在欣赏书法用笔时，首先应注意笔画是否具有实在的形体感。成功的书法用笔，即使是细如游丝、轻若蝉翼，也能使人感到具有某种浑圆的体积或某种厚度；而失败的书法用笔，则是平贴飘浮在纸上的，没有实在的形体感。其次，应注意笔画的长短、粗细和浓淡是否多变而适宜。成功的作品，若干笔画皆有变化，或长或短、或粗或细、或曲或直、或浓或淡、或回锋收笔、或露锋收笔；失败的作品，则若干笔画一模一样。最后，应注意笔画“骨肉”是否相称，“筋脉”是否相通。晋代著名书法家卫铄的《笔阵图》中云：“善笔力者多骨，不善笔力者多肉；多骨微肉者谓之筋书，多肉微骨者谓之墨猪。”也就是说，骨肉筋脉应以骨和筋为主、以肌肤血脉为辅。只有“丰骨多筋”，才能达到美的境界。

（二）重视欣赏结体

结体，又称“结字”“结构”“间架”等，是指一个字按照文字的构成原则和美的规律，进行笔画间的合理安排。王羲之在《题卫夫人〈笔阵图〉后》中就强调，作字必须先“凝神静思，预想字形，大小偃仰，平直振动，令筋脉相连，意在笔先，然后作字”。这也就是说，书法要写出仪态活泼而富有生命力的形象，不能以点画的平庸搭配为满足，这种形象的创造，是与“意”紧密关联着的，即受作者艺术构思驾驭的。古代书法家们论述“字形在纸，笔法在手，笔意在心，笔笔生意”等，正道出了这一审美原则的内涵。他们要求“行行要有活字，字字须求生动”，对每个字的长短、大小、疏密和宽窄等，有造诣的书法家总是精思熟虑、意随心到、笔随势生，使之曲尽其妙、富有生趣，让人从静止的字形中领略出活泼飞舞的动势，给人以凝神观赏及回味无穷的艺术享受。

（三）注意章法布局

章法，是指一件作品中字与字之间、行与行之间，以及所留空白的整篇布局和总体效果。好的章法布局，各字之间顾盼有姿、错落有致，各行之间气势不断。丰子恺在谈欣赏吴昌硕作品的体会时指出：“各笔各字各行，对于全体都是有机的，即为全体的一员。字的或大或小，或偏或正，或肥或瘦，或浓或淡，或刚或柔，都是全体构成上的必要，绝不是偶然的。有一次我看吴昌硕写的一方字，觉得单看各笔画，并不好；单看各个字各行字，也并不好。然而看这方字的全体，就觉得有一种说不出的好处。单看时觉得不好的地方，全体看时都变好，非此反不美了。”这段话充分说明书法的美在于整体的和谐，而局部的审美价值也须从整体去衡量。

(四)领悟内在精神

所谓内在精神，就是书法作品中体现出来的书法家的人格美。书法和其他艺术一样，都是富有生命力的。古代书法家一向就有“书者，心之迹也”的说法。好的作品必定倾注着书法家强烈的思想感情，这些内在的感情真实地蕴含在笔画之中，人们可以从书法的外形，潜移默化地受到书法家人格的熏陶。因此，欣赏书法艺术，固然不可忽视一笔一画、一字一行和整体作品的外形的观赏，还需要了解书法家所处的时代，以及他们的生活态度、人格和书写的内容、技巧之间的关系。只有这样，才能进入全面欣赏的境地。

第三节　书法作品欣赏

一、甲骨文《祭祀狩猎涂朱牛骨刻辞》

甲骨文是殷商时期刻写在龟骨、兽骨上记载占卜、祭祀等活动的文字，于 1899 年被古董商王懿荣发现，之后在河南安阳小屯村又有大量的出土。《祭祀狩猎涂朱牛骨刻辞》(图 7-14)出土于河南安阳，长 32.2 厘米，宽 19.8 厘米。该骨版保存完整，正面刻辞 4 条，背面 2 条。正反两面共有 160 余字，字内填朱，色彩鲜艳，记录商武王时期社会生活和天气等方面的情况，具有重要的文史价值。该刻辞字体瘦劲有力、工整端严、风格豪放，字形大小相依、长短有致、错落变幻、各尽其态，生动而富有变化，不愧为甲骨文中的杰出作品。

图 7-14　殷商甲骨文《祭祀狩猎涂朱牛骨刻辞》

二、篆书《泰山刻石》

图 7-15 《泰山刻石》(拓本局部)

《泰山刻石》(图 7-15)又名《封泰山碑》，立于秦始皇二十八年(公元前 219 年)，是泰山石刻中最早的作品。前半部是秦始皇东巡泰山时所刻，后半部为秦二世刻制，均由丞相李斯所书。《泰山刻石》被列为国家一级文物，堪称稀世珍宝。

《泰山刻石》书体是秦统一文字后的标准字体——小篆。其书法浑厚谨严、平稳端正，字形端庄匀称、宛转修长，线条圆润流畅、厚重劲健、亦圆亦方，结构横平竖直、左右对称、上紧下松、端庄雄伟、疏密适宜，风格精致典雅，给人以端庄稳重的感受。章法上行列整齐划一，具有极高的艺术价值。唐代张怀瓘《书断》中说，李斯小篆“画如铁石，字若飞动”“骨气丰匀，方圆妙绝”。

三、隶书《曹全碑》

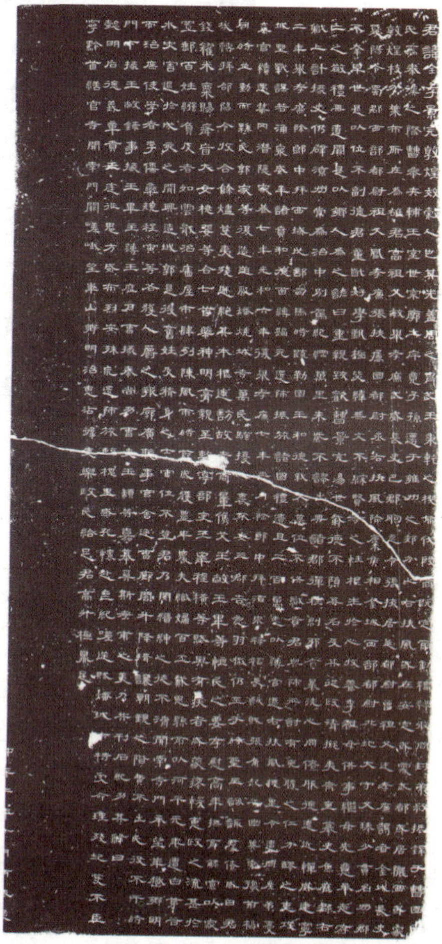

图 7-16 《曹全碑》

《曹全碑》(图 7-16)是晋王敞等人为纪念曹全的功绩所立。隶书产生于秦代，发展于汉代，尤其到了东汉，隶书碑刻最为兴盛，留下很多书法艺术精品。《曹全碑》可以说是隶书中的精品。

此碑从书法艺术上看，其用笔逆入平出，以圆笔为主，运笔如顺势推舟、不激不厉、笔势稳健、婉丽遒媚、磔波较长、姿态丰富。结体精密谨严、圆润平和，虽向背，仍自然和谐。从其风格上看，此碑应属于典雅秀美一路。

四、楷书《九成宫醴泉铭》

欧阳询(557—641)，字信本，潭州临湘县(今湖南长沙)人。与虞世南、褚遂良、薛稷并称“初唐四家”。与唐颜真卿、唐柳公权、元赵孟頫并称为中国书法“楷书四大家”。

《九成宫醴泉铭》(图 7-17)是欧阳询的经典之作，历来为学书者推崇。其笔法谨严、字字规范，点画精致多变、笔力劲健挺拔、结构严谨俊朗、间架纵敛自如、造型凝练缜密、笔势灵活稳健、气韵高贵安详，善于在变化中寻求工稳、欹侧中保持端正、缜密中求疏朗，是一幅法度谨严规范、笔力劲健深厚、结字活泼优美、气韵安详传神的书法佳作。学习书法，从此碑入手，仔细比较，认真临写，做到得心应手，就可以上溯魏晋、下逮唐宋诸家，并可以深入书法艺术的堂奥。

此碑笔法的特征有：点画以方笔为主、方圆兼施，落笔藏露结合、行笔雄健有力，轻重缓急、纵敛自如，点画相互呼应、气韵传神，结字、行笔精到沉着、错落有致，整体章法疏朗，于严肃端庄中见飞动隽永之姿。

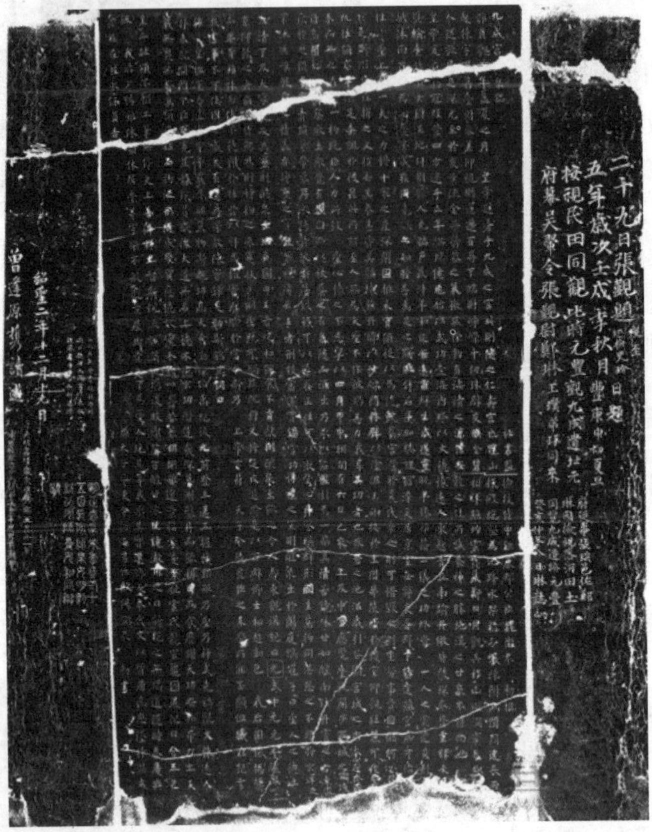

图 7-17 《九成宫醴泉铭》

五、行书《祭侄文稿》

《祭侄文稿》(图 7-18)是唐代书法家颜真卿追祭从侄颜季明的草稿，书于唐乾元元年(758 年)。此文稿追叙了常山太守颜杲卿父子一门在安禄山叛乱时，挺身而出、坚决抵抗，以致取义成仁、英烈彪炳之事。本帖通篇用笔之间情如潮涌，书法气势磅礴、纵笔豪放、一泻千里，常常写至枯笔，更显得苍劲流畅。不仅英风烈气见于笔端，而且悲愤激昂的心情流露于字里行间。此帖用笔极为精妙，纯用中锋行笔，一改中侧并用的传统用笔方法，刚中带柔、娴熟稳健，采用大量枯笔，书写时思如泉涌、肝肠寸断、悲愤至极，速度极快，这也显现出书家技艺之高超。结构上扬抑、刚柔、向背、收放也被运用得生动自然。很多字仍保有颜体字开阔博大的取势特点，文章通篇充斥着浓烈的正义之气，尽显雄浑刚健的神韵。王羲之的《兰亭序》被公认为"天下第一行书"，《祭侄文稿》则被誉为"天下第二行书"，现藏于我国台北故宫博物院。

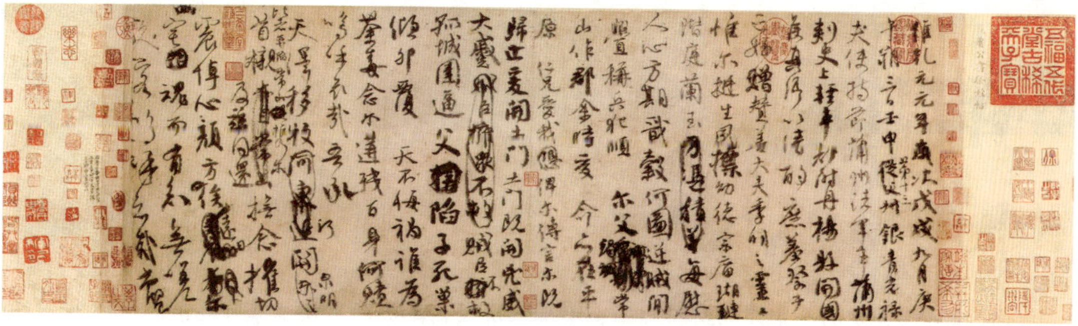

图 7-18 《祭侄文稿》

六、草书《自叙帖》《古诗四帖》

怀素（737—799），字藏真，永州零陵（今湖南零陵）人，自幼出家为僧，经禅之余，喜习书法。以“狂草”名世，史称“草圣”，与张旭合称“颠张狂素”。《自叙帖》（图 7-19）细笔劲健，笔画圆转遒逸、曲折盘旋、使转如环，收笔出锋锐利，正所谓“铁画银钩”。全卷草势连绵、奔放流畅，运笔上下翻转、一气呵成、轻重自如、忽左忽右、纵横捭阖、极富感染力。纵有点画分散者，也是笔断意连、互相呼应。

张旭多用隶法作草，故点画多方折，如《古诗四帖》（图 7-20）；怀素则多用大篆作草，故擅长圆转笔法，藏锋内转、瘦硬圆通、纵横捭阖、运笔迅疾、气势宏大、变幻多端、疏密有度、回环矫健。他的草书结字简练，开创了草书的新风貌。整幅作品章法、体势之新，可谓前无古人。

现代书法作品赏析

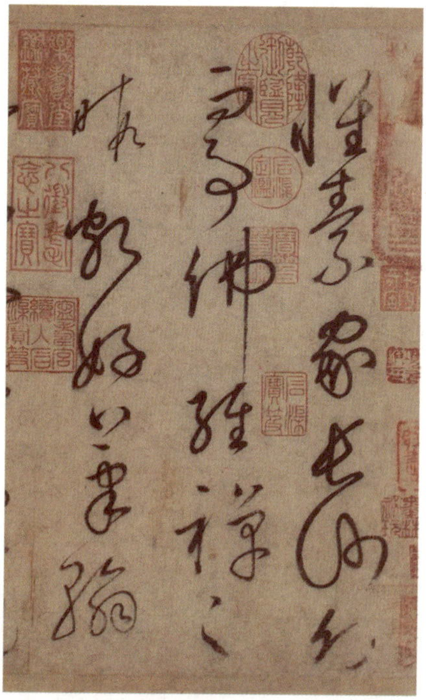

图 7-19 《自叙帖》（局部）

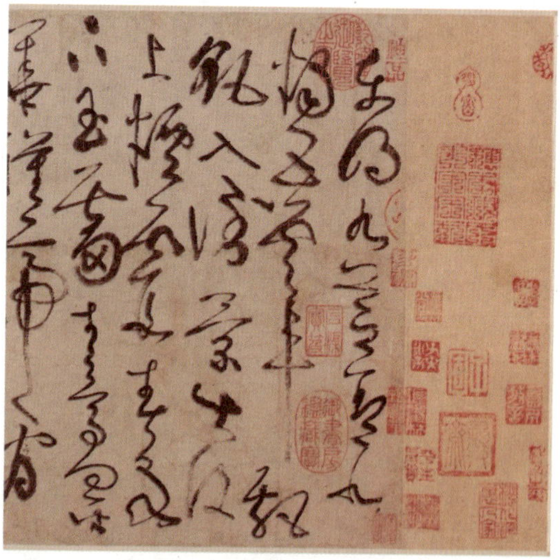

图 7-20 《古诗四帖》（局部）

美的体验

1. 课外阅读

观看一次书法展览，感受书法之美。

2. 实践体验

选择自己喜欢的一本字帖进行临摹，参加一次校内举办的书法临摹作品展。

3. 思维拓展

（1）了解书法构成的基本要素，体会汉字之美。

（2）掌握书法艺术的审美特征与欣赏方法。

第八章 洞察人生的文学美

本章导读

文学是以语言文字为工具，形象地反映客观现实、表现作家心灵世界的艺术，包括诗歌、散文、小说、戏剧等，以不同的形式表现内心情感，再现一定时期和一定地域的社会生活，是文化的重要表现形式。文学艺术中的经典内容更是优秀文化的集中体现，作品中常常有着明确的伦理道德倾向，或者蕴含着对于真善美的宣扬和讴歌，使读者从中寻找和体会生活之美，进而心灵受到净化。文学教育具备帮助人脱离庸俗、启迪智慧、净化心灵、沉淀思想的功能。古典主义的写意、现代主义的意象、浪漫主义的人本、纪实主义的务实，是文学世界里的小世界，对于当代大学生来说，有利于其建立思想观念、促进人格发展、保持情感健康和提升文化修养。

思政目标

1. 了解中国灿烂辉煌的文学历史，增强爱家爱国的情怀，坚定“四个自信”，使之融入实现中华民族伟大复兴的奋斗之中。

2. 通过系统学习先秦文学、唐诗宋词及中国古代文化中的育人元素，从继承历史责任、凝聚价值共识、完善治理体系、形成文化自信四个方面，继承和发展中国的优秀传统文化。

美学思考

1. 古代中国被称为“诗的国度”，你是如何理解的？

2. 文学艺术作为国家软实力，是增强民族自豪感的强力剂。我们应如何借用优秀的文学作品来为自己树立正确的世界观、人生观、价值观，坚定社会主义核心价值观？

美的印象

沁园春·雪

毛泽东

北国风光，千里冰封，万里雪飘。望长城内外，惟余莽莽；大河上下，顿失滔滔。山舞银蛇，原驰蜡象，欲与天公试比高。须晴日，看红装素裹，分外妖娆。

江山如此多娇，引无数英雄竞折腰。惜秦皇汉武，略输文采；唐宗宋祖，稍逊风骚。一代天骄，成吉思汗，只识弯弓射大雕。俱往矣，数风流人物，还看今朝。

再别康桥

徐志摩

诗词赏析

轻轻的我走了，正如我轻轻的来。
我轻轻的招手，作别西天的云彩。
那河畔的金柳，是夕阳中的新娘。
波光里的艳影，在我的心头荡漾。
软泥上的青荇，油油的在水底招摇。
在康河的柔波里，我甘心做一条水草！
那榆荫下的一潭，不是清泉，是天上虹。
揉碎在浮藻间，沉淀着彩虹似的梦。
寻梦？撑一支长篙，向青草更青处漫溯。
满载一船星辉，在星辉斑斓里放歌。
但我不能放歌，悄悄是别离的笙箫。
夏虫也为我沉默，沉默是今晚的康桥！
悄悄的我走了，正如我悄悄的来。
我挥一挥衣袖，不带走一片云彩。

美的漫步

第一节 文学艺术发展概述

一、中国文学发展概况

中国是四大文明古国之一，也是四大文明古国中唯一没有中断文明发展的国家。我们的祖先是世界上最早接受文明洗礼的人类之一。从最初杂乱的民族形态到今天统一的民族实体，文化作为人类特有的适应环境的方式和心理在我们这个拥有五千年文明史的国度弥漫演进、长期积淀。文学作为文化的一个子系统，既是我们历史生活的见证，又是我们民族精神的体现。

王国维说“一代有一代之文学”，朱熹说“等闲识得东风面，万紫千红总是春”。步入中国文学的历史长廊，从上古神话到先秦散文，从《诗经》《楚辞》到汉赋乐府，从魏晋风度到唐诗宋词，从元曲南戏到明清小说，几千年间，一种种文学样式接踵而起，一部部文学经典迭见高峰，一个个风格流派各领风骚，不仅给了我们美的享受，更让我们在审美愉悦中陶冶了性情、温润了心灵。

（一）先秦文学

先秦文学是中国文学的光辉起点，它跨越原始社会、奴隶社会和早期封建社会三种社会形态，经历了从胚胎萌芽到生长成熟的漫长过程，直到周代蔚为大观。《诗经》和《楚辞》耸立起现实主义和浪漫主义两座巍峨的高峰，史传和诸子奠定了中国古代散文的优良传统。中国文学史上的历次诗文革新运动，无不以先秦诗文作为师法的楷模和品评的标准，这缘于先秦文学自身的特点。

1. 文学起源

中国文学的产生可以追溯到远古时期的神话传说和歌谣，它们记录的都是先民们的生产与劳动生活。《蜡辞》云：“土，反其宅！水，归其壑！昆虫，毋作！草木，归其泽！”这大约是一首农事祭歌。另有《吴越春秋》卷九所载的《弹歌》：“断竹，续竹，飞土，逐宍。”此诗反映的是原始先民制造弹弓和狩猎的过程，语言古朴，具有韵律，是一首十分古老的歌谣。

神话是远古时代的先民们根据其所接触的自然现象、社会现象，幻想出来的具有艺术意味的解释和描述的集体口头创作。中国神话大多保存在《山海经》《楚辞》《庄子》《淮南子》等古籍中，在所有的古代文献中，以《山海经》最有神话学价值，是我国古代保存神话资料最多的著作。这些神话按题材大致可分为：创世神话、洪水神话、战争神话、英雄神话等，其中著名的有盘古开天地、女娲补天、黄帝擒蚩尤、大禹治水、后羿射日、夸父追日、精卫填海等。

这些歌谣和神话传说虽然文字记录大多是零散片段，而且因为时间久远，口口相传导致变异，很难说是其原始形态，但也能让我们捕捉到原始社会先民们生活与思考的蛛丝马迹。

2. 书面文学萌芽

文字的产生标志着中国书面文学的萌芽，中国文学从此告别传说时期。甲骨文是我国现在所知的最古老的文字。甲骨文和金文的产生为口耳相传的文学发展成为书面文学提供了条件，标志着中国书面文学的萌芽。西周末年至春秋时期，出现了一些较长的钟鼎铭文，这表明具有文学因素的文本出现了。从此，文学的各种形式在语言文字的不断成熟过程中分途发展。

诗歌是最古老的文学形式之一。中国最初的诗歌是和音乐、舞蹈结合在一起的，这在我国古籍中有明确的记载。《吕氏春秋·古乐》云："昔葛天氏之乐，三人操牛尾，投足以歌八阕：一曰载民，二曰玄鸟，三曰遂草木，四曰奋五谷，五曰敬天常，六曰达帝功，七曰依地德，八曰总禽兽之极。""葛天氏"应是传说时期的一个部落酋长。这八阕可能是现在所知的最古老的一套乐曲，有歌有舞，歌词已经无可稽考，舞容极其简单，仅三人手持牛尾，边舞边唱。其内容从八阕乐曲的题目来推测，"载民"是歌唱始祖；"玄鸟"即燕子，可能是本部落的图腾；"遂草木"是歌唱草木茂盛；"奋五谷"是歌唱五谷生长；"敬天常"即遵循自然法则；"达帝功"反映了原始人的宗教信仰；"依地德"是感谢土地的赐予和地神的恩惠；"总禽兽之极"是盼鸟兽繁殖，为人们提供用不尽的肉食、皮毛。

这套乐曲体现了上古时代诗、乐、舞一体的原始形态。《尚书·益稷》记载帝舜时的乐曲《大韶》云："夔曰：戛击鸣球，搏拊琴瑟，以咏。祖考来格，虞宾在位，群后德让。下管鼗鼓，合止柷敔，笙镛以间，鸟兽跄跄。《箫韶》九成，凤凰来仪。夔曰：于！予击石拊石，百兽率舞，庶尹允谐。"《箫韶》即《大韶》，九成即九章，是帝舜时的乐官夔所作。这套乐曲也是诗、乐、舞三位一体的。演奏时，有钟、磬、琴、瑟、管、笙、箫、鼗、鼓、柷、敔等乐器，有人唱歌辞，有人化装为各种鸟兽和凤凰起舞。据《论语·八佾》记载，孔子曾称赞说："《韶》，尽美矣，又尽善也。"《孔颖达疏》云："乐之为乐，有歌有舞，歌以咏其辞，而声以播之，舞则动其容，而以曲随之。"这段话具体论述了《大韶》诗、乐、舞三者一体的盛大场面。《礼记·乐记》云："诗，言其志也；歌，咏其声也；舞，动其容也。"诗、乐、舞三者紧密结合，是中国诗歌发生时期的一个重要特征。约在春秋以后，诗歌从乐舞中逐步分化独立出来，向文学意义和节奏韵律方向发展。

3. 先秦诗歌

先秦诗歌的两大高峰分别是《诗经》与《楚辞》。

《诗经》是我国最早的一部诗歌总集，共收录了从西周初年至春秋中叶约500年间的诗歌305篇，最初称《诗》或《诗三百》，汉代以后被尊为经典，即《诗经》。《诗经》分《国风》《雅》《颂》三部分，其中内容最丰富、艺术价值最高的是《国风》。《国风》大多是民歌，它们是无名作者创作、在社会中流传的普通抒情歌曲。它们所反映的生活内容比纯粹出于社会上层的《雅》《颂》广阔得多，生活气息也更为浓厚。如《关雎》写初涉爱河的青年，《东山》写思乡游子的忧伤，《氓》写弃妇的哀怨，《静女》写恋爱时的微妙心理。这些民歌表达了先民们的思想感情和他们对社会生活的认识，同时也显示了他们的艺术创造才能。它们记载了我国古代人民的生活与爱情、欢乐和忧伤，是先民们最早的歌唱，是《诗经》中的精华，是我国古代艺术宝库中晶莹的瑰宝。

《诗经》中的《雅》《颂》基本上是为特定的目的而作、在特定场合中使用的乐歌。《颂》诗主要是《周颂》，这是周王室的宗庙祭祀诗，除了单纯歌颂祖先功德以外，还有一部分于春夏之际向神祈求丰年或秋冬之际酬谢神的乐歌，反映了周民族以农业立国的社会特征和西周初期农业生产的情况。如《丰年》描绘了丰收的日子里，人们兴高采烈而又隆盛地祭祀先人，希望他们赐福的情形。《雅》是周王朝直接统治地区的音乐，为王室朝廷的乐歌。《雅》中的《生民》《公刘》《绵》《皇矣》《大明》是一组周民族的史诗，记叙了从周民族的始祖后稷出生到周王朝的创立者武王灭商的历史。其中的《生民》描述了后稷的母亲姜嫄祈神求子，后来踏了神的脚印而怀孕，生下了后稷，但她不敢养育，于是把他丢弃。他却历难而不死，长大以后，发展了农业，建立了周民族的基础，他也因此成了周民族的始祖和农业之神。这首带有神话和传说色彩的诗歌，反映了周民族农业立国的社会特征。《雅》中也有许多讽喻时政的诗，诗人对统治阶级内部秩序的混乱和不公正现象提出了指责，表达了对艰危时世的极端忧虑和对统治者的强烈不满。如《十月之交》描绘了大祸将至人们却无动于衷，依然醉生梦死的情景和作者忧心如焚的情感。这些干预政治、忧患时世的诗歌，开创了中国政治诗的先河。诗中表现的忧国忧民的情绪，以及强调从社会公认的道德立场上进行批评并避免张扬个人的态度，对后代的政治诗产生了深刻的影响。

《诗经》是我国文学的光辉起点，在世界文化史上占有极高的地位，是我国现实主义文学的奠基之作。其“饥者歌其食，劳者歌其事”的现实主义精神和文学传统对后世文学影响很大。“原始文字由记事、祭神而变为抒情、说理，刚好是春秋战国或略早的产物。它们以艺术的形式共同体现了那个时代的理性精神。”（李泽厚《美的历程》）它的形式包括史诗、讽刺诗、叙事诗、恋歌、战歌、颂歌、节令歌及劳动歌谣等。内容涉及社会生活的各个方面，如劳动与爱情、战争与徭役、压迫与反抗、风俗与婚姻、祭祖与宴会，甚至天象、地貌、动物、植物等。可以说，它是周代社会的一面镜子。无论是长篇的叙事诗，还是篇幅较短的抒情之作，抑或在人物形象的塑造方面，《诗经》都显示了其现实主义精神。

《楚辞》是屈原创作的一种新诗体，是中国文学史上第一部浪漫主义诗歌总集。它“书楚语、作楚声、纪楚地、名楚物”，具有浓厚的地方色彩和显著的时代特色，是春秋战国时代楚文化的结晶。《楚辞》以六言句为基本句型，又杂以五言或七言，句中或句末加上“兮”字。这种形式的文学作品，以《离骚》最为著名，因而“骚体”就成了该文学体裁的代称。

屈原是中国文学史上伟大的爱国诗人。他的出现，标志着中国诗歌进入了一个由集体歌唱到个人独创的新时代。据刘向的校定本，屈原的作品有25篇，代表作有《离骚》《天问》《九歌》等。《离骚》是屈原以自己的理想、遭遇、痛苦、热情，以至整个生命熔铸而成的我国古代最长的政治抒情诗，也是世界诗史上的不朽之作。全篇370多句，近2 500字，立意炫巧、结构宏阔、风格奇丽。诗人在《离骚》中，在极富幻想的神话世界和五彩斑斓、情致缠绵的香草美人世界中，熔宇宙自然、社会现实、人生经历、神话传说和历史故事于一炉，把对故国的炽烈感情和对现实的一腔愤懑浸透在诗歌里，塑造了一位忧国诗人的美好人格和美好心灵。鲁迅称赞《离骚》“逸响伟辞，卓绝一世”。

4. 先秦散文

先秦散文主要有历史散文和诸子散文两大类。

历史散文的发展大体上分为三个阶段。第一阶段以《尚书》和《春秋》为代表。《尚书》是我国最早的一部历史文献汇编，在中国古代散文史上具有奠基的意义。孔子编著的《春秋》是我国第一部编年体断代史，是编年体史书之祖，其体例和"笔法"对后世散文都产生了经典式的影响。第二阶段以《左传》和《国语》为代表。《左传》是我国第一部记事详备的编年体史书，也是先秦历史散文中思想性和艺术性最为突出的著作。《国语》是我国最早的一部国别体史书，是由各国的史料汇集而成。第三阶段以《战国策》为代表。《战国策》也是一部国别体史书，主要记叙的是战国时期谋臣策士们的言行。

诸子散文是在先秦理性精神觉醒的背景下和百家争鸣的学术氛围中形成并繁荣起来的。诸子散文中，《论语》以语录体的形式记述了孔子及其弟子的言行，比较集中地反映了早期儒家的思想和活动。《孟子》反映了战国中期儒家思想的面貌，也体现着语录体向专题性论文的过渡，其突出的文学成就在于高超的论辩艺术。《老子》以玄深的哲理思辨和精妙的诗一般的语言相结合，显示出独特的艺术风格。《庄子》是道家的又一部经典，其文章以独特的艺术造诣绝响于先秦诸子之中，奇妙的构思、汪洋恣肆的语言、浪漫的风格，都体现了其在诸子散文中的独特地位和辉煌的文学成就。《墨子》是墨子及其后学著作的汇编，反映的是墨家学派所代表的小生产者的思想。其特点是文质意显，富于逻辑性。《荀子》的文章多为结构严谨、论说周详的专题性论文，标志着先秦说理散文进入了完全成熟的阶段。《韩非子》是法家思想的集大成之作，文章峭拔锋锐、质朴无华。

（二）两汉文学

两汉文学的主要成就包括汉赋、散文和诗歌。

两汉散文中的历史散文主要是司马迁的《史记》和班固的《汉书》。《史记》以人物为中心来反映历史，创立了纪传体史书的新样式，开辟了传记文学的新纪元。政论散文中名篇佳作迭现，如贾谊的《过秦论》、晁错的《论贵粟疏》、桓宽的《盐铁论》、王充的《论衡》等。

两汉诗歌以乐府诗和五言诗成就最为显著。乐府诗是继《诗经》《楚辞》之后的又一种新诗体。著名的《孔雀东南飞》是乐府诗中的叙事长篇，后人把它与北朝的《木兰诗》和唐代韦庄的《秦妇吟》并称为"乐府三绝"。《古诗十九首》则代表了汉代五言诗的最高成就。

汉赋乃两汉一代之文学，是一种新兴的文体。它介于诗歌和散文之间，骈散结合，是一种容量宏大且颇具表现力的文学样式。其代表作家有贾谊、枚乘、司马相如等，司马相如的汉大赋是汉赋的顶峰。

（三）魏晋南北朝文学

魏晋南北朝文学是从汉末建安时期开始的。从公元 196 年到 589 年，魏晋南北朝文学共经历了 393 年。鲁迅在《魏晋风度及文章与药及酒之关系》一文中说这是一个文学的自觉时代。

以曹操、曹丕、曹植父子为中心的建安文学张扬着政治抱负和人生感叹，其强烈的个性和浓郁的悲剧色彩构成了"建安风骨"这一时代风格。以嵇康和阮籍为代表的"正始文学"则揭露了礼教的虚伪和政治重压下个人的苦闷与抗议。两晋时期，文坛空前繁荣。左思的《咏史》诗，抗议门阀制度，抒发寒士不平，与建安诗歌一脉相承。陶渊明则开创了田园诗风，成为魏晋南北朝时期成就最高的诗人。到南北朝时期，山水诗兴起，谢灵运是其杰出代表。

这一时期文学的发展，还体现在文学批评理论的繁荣方面。对后世影响深远的有曹丕的《典论·论文》、陆机的《文赋》、刘勰的《文心雕龙》等。此外，《水经注》《洛阳伽蓝记》《颜氏家训》等散文及志怪小说的兴盛，都为唐代文学的全面繁荣奠定了基础。

（四）唐代文学

唐代（618—907）是我国古典诗歌发展的全盛时期。《全唐诗》共收集唐代 2 200 多位诗人的48 900多首诗歌。唐代诗坛上不仅涌现了初唐四杰（王勃、杨炯、卢照邻、骆宾王）及陈子昂、王维、孟浩然、高适、岑参、白居易、韩愈、孟郊、柳宗元、刘禹锡、李贺、李商隐、杜牧等璀璨的群星，而且诞生了“诗仙”李白和“诗圣”杜甫两位光照千秋的诗坛巨星。

唐诗在诗体上日臻完善，以五言、七言为主，四言、杂言的古体诗、乐府诗，乃至律诗、绝句无不具备，许多诗人对近体诗体制的掌握达到了炉火纯青的程度。唐代诗歌流派众多，风格多样。著名诗派有山水田园派、边塞派、韩孟派、元白派等，风格上呈现出雄浑、冲淡、纤秾、高古、典雅、洗练、劲健、绮丽、自然、含蓄、豪放、疏野、清奇、飘逸、旷达等多姿多态之景象。唐诗意象的选择、摄取极为广泛，举凡社会生活、人物内心世界无不涉及，真实记录了唐代的社会史实，表达了不同阶层人物的情感和愿望。唐诗以其意象的组合、意境的开拓，创造了中国古典诗歌的最高审美境界，取得了后人难以逾越的艺术成就。

文学史家一般把唐诗分为初、盛、中、晚四个时期。初唐诗歌大抵沿袭齐梁余风，题材狭窄、格调纤弱。到初唐四杰，诗风开始变化。稍后陈子昂力倡汉魏风骨，诗风为之一变。盛唐时期名家比肩接踵，诗歌创作如日中天，形成了令后人追慕不已的“盛唐气象”。李白诗歌飘逸豪放，是青春颂歌；杜甫诗歌沉郁顿挫，是乱世悲歌；而田园山水诗派、边塞诗派和其他诗人一道将盛唐诗坛装扮得千姿百态、气象万千。中唐大历年间，诗歌创作跌入低谷，后期诗坛再度辉煌，元稹、白居易等人掀起新乐府运动，韩孟诗派刻意求新，柳宗元、刘禹锡、李贺等优秀诗人无不形成了各自的艺术风格。晚唐诗歌随着大唐帝国日薄西山，创作亦如黄昏残照。李商隐、杜牧为唐诗抹了最后一层亮色。

（五）宋代文学

代表宋代文学最高成就的宋词在中国诗歌发展史上占有十分重要的地位，它与唐诗媲美，形成双峰并峙的局面。据《全宋词》记载，其收录的词人有 1 300 多名，词作 19 900 多首。作家之众、作品之多、艺术之成熟、题材之广泛、内容之丰富，空前绝后，故有一代文学之称。

词是我国古代诗歌的一种，它始于梁代，形成于唐代而极盛于宋代。宋词的发展大致可以分为北宋与南宋两个时期。北宋初期的主要词人有晏殊、张先、柳永等人。北宋中期柳永将词引向市井，多婉约之作，而苏轼“以诗为词”，进行了题材内容上的开拓，开旷达与豪放之风，因而形成词坛的两个流派。北宋后期的主要词人有秦观、黄庭坚、周邦彦等。

南宋初期是词的变化期，代表词人有张元干、张孝祥、朱敦儒、李清照等。他们大多由北方迁居南方，词作多写亡国之痛、乡关之思与身世之感。南宋中期，词的创作进入鼎盛时期，爱国词派和豪放词派得到空前发展，产生了辛弃疾、陆游、陈亮、刘过等词人。词也在此时真正上升到与诗并驾齐驱的地位。南宋后期的主要代表词人有姜夔、吴文英、刘克庄、刘辰翁、文天祥等。

（六）元代文学

元代是元曲的鼎盛时期，它与唐诗、宋词、明清小说鼎足并举，成为我国文学史上一座举足轻重的里程碑。元曲分杂剧和散曲，散曲是元代文学的主体，但元杂剧的成就和影响却远远超过散曲。因此，也有人以“元曲”单指杂剧，元曲即“元代戏曲”。

中国戏曲，起源于原始歌舞。后来相继出现了汉代的“角抵戏”、南北朝时期的“歌舞戏”及唐代的“参军戏”。至唐代，民间歌舞戏进入宫廷，得到发展，还出现了“俗讲”和“变文”等通俗说唱形式。宋代商品经济发达，出现了很多市民娱乐场所——“瓦舍”和“勾栏”，民间歌舞、说唱、滑稽戏有了综合的趋势，出现了“宋杂剧”。

元杂剧是中国戏曲的第一个繁盛期，代表作家有关汉卿、王实甫、白朴、马致远等，其代表作包括《窦娥冤》《汉宫秋》《梧桐雨》《赵氏孤儿》《拜月亭》《西厢记》《墙头马上》《倩女离魂》等。

（七）明清文学

明代文学中，小说成就最高，戏曲次之，诗文相对衰微。如《三国演义》是历史演义小说的高峰;《水浒传》是英雄传奇小说的典范;《西游记》是神魔小说的楷模；戏曲中的《牡丹亭》以其独特的构思，表现了强烈的反封建精神，影响深远；等等。

清代是我国古代文学的终结时期，文学样式繁多，流派林立。历代盛行的各种旧的文体，如诗、文、词、曲、杂剧、传奇等，在清代均有一定的成就。但清代文学主要成就还是小说，产生了《聊斋志异》《红楼梦》《儒林外史》等小说史上的巅峰之作。

（八）现当代文学

在五四文学革命中，中国的现代文学诞生了。郭沫若的《女神》是新诗真正取代旧诗的标志。经过开辟阶段，新诗形成了以自由体诗为主，同时兼有新格律诗、象征派诗的较为完善的形态。这一时期著名的诗人有朱自清、冰心、闻一多、徐志摩、戴望舒、艾青等。在小说的创作中，诞生了众多大师级作家，如鲁迅、巴金、老舍、郁达夫、茅盾、丁玲、沈从文等。

1949 年中华人民共和国成立以后，文学进入新的发展阶段，新题材、新主题伴随着新生活应运而生。这一时期优秀的诗人有郭小川、贺敬之、臧克家、舒婷、顾城等，著名小说作家有莫言、陈忠实、王蒙、王安忆、路遥、贾平凹、刘心武等。

二、欧洲文学发展概况

（一）古代文学

欧洲古代文学包括古希腊文学和古罗马文学。古希腊文学是欧洲最古老的文学，它的发展可以分为三个阶段。第一阶段是氏族制社会向奴隶制社会过渡时期，主要成就是神话和荷马史诗。第二阶段是雅典奴隶主民主制国家时期，主要成就包括埃斯库罗斯、索福克勒斯、欧里庇德斯的悲剧，伊索寓言及柏拉图、亚里士多德的文艺理论等。第三阶段是希腊化时期，主要成就是米南德的新喜剧。

古罗马文学继承并模仿了古希腊文学，但也具有自己的民族特色。代表作家有西塞罗、维吉尔、贺拉斯等。

（二）中世纪文学

中世纪文学主要包括教会文学、英雄史诗、骑士传奇、城市文学和城市抒情诗。体裁上以诗歌为主，但丁将诗歌创作发展到一个高峰，他把各种形式熔于一炉，将抒情、叙事、哲理结合在一起，丰富了诗歌的表现手法，其代表作是《神曲》。

（三）文艺复兴时期文学

文艺复兴时期，人文主义文学是文学发展的主流，它继承和发展了古希腊和古罗马的各种文学样式，特别是诗歌、小说和戏剧有了长足的发展。意大利诗人彼特拉克创作了《歌集》，被称为意大利的“诗歌之父”。薄伽丘的《十日谈》奠定了欧洲近代短篇小说的基础。法国作家拉伯雷的小说《巨人传》运用漫画式的夸张手法，讽刺神学修道院教育的荒谬，揭露司法制度的黑暗，正面描绘了人文主义理想的图景。西班牙的戏剧和小说成就突出，塞万提斯的代表作《堂吉诃德》的出版，标志着欧洲长篇小说的创作跨入了一个新的阶段。

欧洲人文主义文学在英国达到顶峰，出现了诗歌、散文、戏剧等多种文艺样式的全面繁荣。莎士比亚的创作代表了人文主义文学的最高成就，他是人类戏剧史上的一个里程碑式的人物。代表作有《威尼斯商人》《罗密欧与朱丽叶》《哈姆雷特》《奥赛罗》《李尔王》《麦克白》等。

（四）17 世纪文学

17 世纪文学主要包括巴洛克文学、清教文学和古典主义文学。古典主义文学是主要的文学思潮。莫里哀把古典主义文学的发展推到高峰，他的喜剧运用了古典主义的美学理论，但又不受古典主义的约束，提出了各种严肃的社会问题，有“严肃戏剧”的称号，代表剧作是《伪君子》和《悭吝人》。

（五）18 世纪文学

18 世纪欧洲正值社会转型时期，启蒙思想和启蒙文学应运而生。英国文学以现实主义文学为主，法国文学以启蒙文学为主，德国文学以古典主义文学为主。哲理小说、严肃剧、哥特小说、感伤主义小说、现实主义小说是 18 世纪文学的创造。歌德是 18 世纪末 19 世纪初德国最伟大的诗人、作家和思想家，在欧洲文学史上具有重要地位，代表作有《浮士德》《少年维特之烦恼》等。

（六）19 世纪浪漫主义文学

浪漫主义文学思潮流行于 18 世纪 90 年代至 19 世纪 30 年代的欧洲，以后波及美洲。浪漫主义文学强调主观情感、推崇想象力、追求理想主义、热爱自然，并打出了“回到中世纪”的口号。法国浪漫派的发展最具有代表性，雨果作为法国浪漫主义文学运动的领袖与杰出代表，创作了《悲惨世界》《巴黎圣母院》等经典著作。英国浪漫主义文学的主要成就是诗歌，产生了华兹华斯、拜伦、雪莱等著名诗人。《唐璜》是拜伦的诗体小说，是其浪漫主义的杰作。此外，还有匈牙利作家裴多菲，俄国诗人普希金，美国作家欧文、惠特曼等，都是各国浪漫主义文学的代表人物。

（七）19 世纪现实主义文学

现实主义文学形成于 19 世纪 30 年代，后成为 19 世纪欧美文学的主流，它是欧美文学的高峰。现实主义文学力求真实地再现现实，追求细节的真实，描写典型环境和普通人的生活，体裁以小说为主。

《红与黑》的作者司汤达是法国现实主义文学的奠基人之一。此后，福楼拜创作了名著《包法利夫人》。代表法国现实主义文学最高成就的是巴尔扎克，他在世界文学史上具有崇高的地位。其代表作《人间喜剧》深刻而全面地反映了 19 世纪上半叶的法国社会。

代表英国现实主义文学最高成就的是查尔斯·狄更斯，其代表作《双城记》以生动的笔调描绘了人民起义的史诗式场面，为英国文学史所罕见。勃朗特姐妹的小说也独树一帜，夏洛蒂·勃朗特的《简·爱》控诉了社会的伪善与冷酷，爱米莉·勃朗特的《呼啸山庄》揭露了金钱社会的黑暗与罪恶。托马斯·哈代是19世纪后期现实主义文学的杰出代表，其小说代表作为《德伯家的苔丝》。

俄国的现实主义文学取得了辉煌的成就，诞生了果戈理、屠格涅夫、陀思妥耶夫斯基、托尔斯泰和契诃夫等著名作家。托尔斯泰的代表作《战争与和平》《安娜·卡列尼娜》《复活》成为世界经典巨著。与此同时，还产生了别林斯基、车尔尼雪夫斯基和杜勃罗留波夫三位文艺批评大师。

此外，还有安徒生童话和易卜生的戏剧。

（八）19 世纪自然主义文学和其他文学流派

自然主义、唯美主义、象征主义等是 19 世纪下半叶出现的文学流派，它们是 19 世纪和 20 世纪文学之间的桥梁，起着承上启下的作用。

自然主义是 19 世纪后期在法国兴起的文学思潮，以后波及欧美国家。自然主义文学的基本出发点是描写真实，追求不带任何粉饰的真实。左拉是自然主义理论的首创者，被称为自然主义大师。同时，还出现了莫泊桑的《羊脂球》和《漂亮朋友》等著作。

唯美主义是 19 世纪后期在法、德、英等国产生的一种新的文艺思潮，它提倡“为艺术而艺术”，认为艺术只是为本身之美而存在，它强调超然于生活的纯粹美，追求形式完美和艺术技巧。康德哲学是唯美主义的理论支柱。唯美主义的首倡者是法国作家戈蒂耶，代表作家是英国的王尔德。

象征主义文学的艺术特征是着重通过象征物象，挖掘人的内心世界，赋予抽象观念以有声有色的物质形式。沙尔·波德莱尔是象征派的先驱，代表作《恶之花》是一部内容别开生面的诗集。

（九）20世纪现实主义文学

俄国十月革命创建了世界上第一个社会主义国家，同时诞生了苏联文学。苏联文学具有强烈的政治倾向性、战斗性和乐观主义色彩，代表作家是苏联文学的奠基人高尔基，其代表作为自传体三部曲《童年》《在人间》《我的大学》。肖洛霍夫的代表作《静静的顿河》反映了俄国十月革命后苏联社会生活的发展过程。

此外，英国的戏剧家萧伯纳和小说家劳伦斯、法国小说家罗曼·罗兰、德国戏剧家贝尔托·布莱希特、美国小说家海明威等的文学创作都在现实主义文学创作中具有举足轻重的地位。

与此同时，以后期象征主义文学、表现主义文学、未来主义文学、超现实主义文学、意识流小说为代表的现代主义及存在主义、“垮掉的一代”、荒诞派戏剧、黑色幽默、新小说派、魔幻现实主义也曾经在欧洲文坛涌现。其中，表现主义文学的代表作家卡夫卡的创作别具一格，其代表作包括《变形记》《城堡》。法国作家萨特是存在主义的领袖，他的长篇小说《恶心》抒写了主人公对“荒诞的存在”深深的厌恶情绪，有社会批判因素，更是存在与虚无哲学的诠释。

第二节　文学艺术的审美特征

文学，是用语言文字塑造形象、反映社会生活、表现人的思想感情的艺术。文学用语言作为表现手段，使它具有更广泛、更多元、再现现实和表现生活的可能性，也能更细致、更深入地表现人的情感活动和精神世界。“前不见古人，后不见来者，念天地之悠悠，独怆然而涕下”，寥寥数语，就使读者感受到了一位诗人的情感生活和心理变化并产生深深的共鸣。一部《三国演义》，历时数十年，纵横数千里，经典的战例、生动的人物、宏伟的战争场面和细微的日常生活，都在作者深厚的语言功力中栩栩如生。文学的这种表现力，正是源于作者对语言炉火纯青的运用，从而把作者的审美认识和情感态度淋漓尽致地展露无遗。

文学作品的类型主要有诗歌、散文、小说和戏剧。

一、文学作品的审美特征

（一）形象美

形象美是文学作品最主要的审美特征。文学作品中的艺术形象，是根据现实生活中的各种现象加以艺术概括所创造出来的具体生活画面，一般是指人物和人物生活的环境。人物形象经常在叙事性作品中占主要地位，成为作品中整个艺术形象体系的核心。作家总是通过人与人、人与物的关系来描写人物形象，不仅要描写人的音容笑貌、内心活动、爱好、习惯等，借以刻画人物性格，还要表现人的思想感情和道德面貌，揭示人物的精神世界，表现各种复杂关系。形象美也是文学作品具有强烈艺术感染力的重要因素，读者通过对文字描绘的感受，在脑海中可呈现出生动具体的形象图景，并凭借自己的生活经验、审美能力和联想等心理活动，获得审美感知，得到文字字面意义之外的感悟。

（二）典型美

典型是作家在文学作品中塑造的既有鲜明个性特征，又高度概括了某一类人共性的人物形象。塑造典型是作家的重要使命，也是文学作品创作的核心。典型来自生活，文学作品中的典型人物，是共性和个性高度融合的统一体。典型揭示的社会本质越深刻，个性特征越鲜明，共性与个性越统一，典型性就越高。

（三）语言美

在文学作品中，语言是作家用以传达审美意识的唯一材料，是文学的第一要素。文学中的语言是作家精心锤炼的一种具有审美性质的特殊语言，它不仅可以激发想象进行艺术创造，而且能绘声绘色、写形传神，使人产生真切的感受、深刻的思考和广泛的联想。文学面对的是广阔的社会生活，它的任务就是运用具有审美性质的文学语言，创造艺术形象或意境，激发读者调动自身的生活经验和美学经验，在欣赏中完成审美的再创造。

（四）意境美

意境，是文学作品通过形象描绘而表现出来的一种艺术境界，读者可以通过联想和想象捕捉意境，形成一种身临其境之感，从而受到艺术感染。意境的构成包括景与情两个因素。无论是即景抒情还是寓情于景，都要求达到情景和谐与交融的境地。只有这样，才能创造出美的意境来。

二、文学作品的欣赏方法

文学作品欣赏是一种强烈的感情活动、一种深刻的理性活动、一种能动的再创造活动和一种审美活动。欣赏文学作品一般从形象感受开始，凭借理性理解作品，并借助自己的生活经验和思想感情丰富作品中的形象内涵，最终在审美创造中获得心灵上和精神上的满足。

（一）诗歌的欣赏

一切诗歌都以情感作为自己始终不渝的表达对象。诗歌表达的情感或慷慨悲歌，或欣喜若狂，或愁苦无绪，或缠绵悱恻。即使是叙事诗，也是诗人为用激情编织的故事而歌唱。因此，欣赏诗歌主要从以下几个方面入手：

一是要感受诗歌的情感美。要善于从诗人炽热的情怀中感受诗歌涌动的情思。如从李煜的《虞美人》中，人们感受到的是物是人非的愁苦；从徐志摩的《再别康桥》中，人们感受到的是依依惜别的深情。

李煜《虞美人》

二是要品味诗歌的意境美。意境是主观情思与自然景物交融生成的艺术境界。我们要善于捕捉诗歌的景中之情、言外之意。屈原的《离骚》，虽写香草美人，寄寓的却是诗人的政治抱负和现实悲愤；杜牧的《江南春》，朦胧的烟雨之景蕴含的却是诗人对政治现实的隐忧。

三是要吟咏诗歌的音乐美。诗歌讲求的是韵律与节奏。李清照的“寻寻觅觅，冷冷清清，凄凄惨惨戚戚”，看似舒缓，却是急促，韵律与节奏的和谐组合，让人们于低回婉转中触摸到一份凄苦落寞的心境；戴望舒的“撑着油纸伞，独自/彷徨在悠长，悠长/又寂寥的雨巷”，冗长而凝重的节奏中，人们看到的是一个落寞者的形象，聆听的是惆怅者的叹息。

四是要把握诗歌的技巧美。诗歌在抒情言志中，运用了大量的写作技巧，了解这些技巧，读者才能登堂入室，把握诗歌的意蕴。如《关雎》就是娴熟地运用了比兴手法，在环境的烘托中写出男子爱恋的急切心情；普希金的《致大海》就是用拟人化的手法塑造了大海的形象，抒发了诗人不满现实、渴望自由的感情。

（二）散文的欣赏

一篇好的散文，总能让读者感受到浓郁的诗情画意，品味到盎然的奇思妙想，让读者在为作者的真知灼见所折服的同时，获得一种韵味悠长的美的享受。散文讲求写真纪实，讲求质朴自然，讲求韵致理趣。要想懂得散文之美，务求从散文的审美特征出发，多读、多思、多感悟，正如刘勰所谓“操千曲而后晓声，观千剑而后识器”。欣赏散文主要从以下几个方面入手：

一是把握主线，理清思路。散文虽然形式、内容自由灵活，但其中必有一个核心，也就是人们常说的形散而神不散。作者围绕“神”来组织材料、安排段落结构。欣赏散文，只要抓住作品的“神”，就能很好地厘清文章的脉络。如茅盾的《白杨礼赞》就是通过白杨赞美北方人民的品质与精神。

二是体会情感，领悟主旨。文学作品是作家内心激荡不平之情的流露，阅读散文，应该通过作品体会作者内心的喜怒哀乐，从而领悟作品的主旨。朱自清的《荷塘月色》全文着意写充满诗情画意的荷塘月色，看似写景，但恰如王国维所说“一切景语皆情语”，表达的正是作者想在纷扰的尘世中寻求一份宁静的情感。

三是精研笔法，探究技巧。散文或叙事、或抒情、或议论，为了达到理想的效果，作者往往会借助各种艺术表现手法：或点染勾勒，或烘染衬托；有时惜墨如金，有时浓墨重彩；有时幽默风趣，有时庄重严肃。只有认真研读，才能把握作品的实质。

四是品味语言，感受风格。文学是语言的艺术，好散文的语言往往优美流畅、简洁凝练、富于表现力。例如，同样看到秦始皇南巡，同样都有着帝王之志，项羽的“彼可取而代之”就透露出他的霸王之气，而刘邦的“大丈夫当如此”则深沉许多。成熟的作家往往有自己的风格，影响作品风格的因素是多样的，但最终都会以语言的形式表现出来，仔细品味语言是整体掌握作家作品风格的重要环节。

（三）小说的欣赏

小说是以刻画人物形象为中心，通过完整的故事情节和环境描写来反映社会生活的一种文学体裁。黑格尔说：“小说能够充分表现出丰富多彩的旨趣、情况、人物性格、生活状况，乃至整个世界的广大背景。”可以说，小说是认识社会的窗口。

小说主要通过塑造人物、叙述故事、描写环境来反映生活和表达思想，人物、情节和环境是构成小说的三个基本要素。因此，欣赏小说主要从以下几个方面入手：

一是把握故事情节。把握小说的故事情节，是整体感知小说的起点，是读懂小说的第一步，是欣赏小说艺术特点的基础。对此，读者要训练自己概括故事情节的能力。

二是揣摩人物形象。小说是以塑造人物形象为中心进行创作的，因而在欣赏小说时，分析人物形象就尤为重要。具体来说，就是要能够概括人物的性格特征，对人物进行客观评价，能够总结出小说对人物进行描写的具体方法。这就要求读者通过作品中人物的外貌、语言、动作、心理描写等了解人物的思想感情和性格特征，还要把人物放到一定的社会历史背景下分析。

三是注意环境描写。环境描写是小说的重要内容，小说的环境包括社会环境和自然环境。社会环境描写对揭示小说的中心思想有着举足轻重的作用，但自然环境描写也不可忽视。

四是挖掘作品主题。主题是小说的灵魂，是作品的价值所在，它的深浅往往决定着作品价值的高低。因此，欣赏小说必须挖掘作品的主题。挖掘主题要从情节和人物形象入手，联系作品的时代背景及典型的环境描写，从小说的构思中把握作品主题。

（四）戏剧文学的欣赏

戏剧是指以语言、动作、舞蹈、音乐等形式达到叙事目的的舞台表演艺术的总称。文学上的戏剧是指为戏剧表演所创作的脚本，即剧本。戏剧文学的欣赏主要从以下几个方面入手：

一是把握戏剧冲突。戏剧冲突是戏剧的内在本质，戏剧欣赏的关键是把握戏剧冲突，既要看戏剧冲突对情节的推动作用，又要看戏剧冲突尤其是冲突中人物动作与人物对话对人物塑造的催化作用，还要看戏剧冲突设置的巧妙性。如戏剧冲突的结构方式多种多样，越剧《红楼梦》按时间安排顺序，《雷雨》《玩偶之家》则采用了“回顾”的方式。

二是品味戏剧语言。品味戏剧语言既要品味个性化的人物语言，又要品味富有动作性的人物语言，还要注意语言中丰富的潜台词。

三是欣赏人物形象。欣赏人物形象要抓住人物的主要性格特征，弄清人物性格发展变化的脉络及寄寓在人物形象上的作者的思想倾向与内心情感。

第三节　文学作品欣赏

一、诗歌作品欣赏

（一）《诗经·蒹葭》

蒹葭苍苍，白露为霜。所谓伊人，在水一方。
溯洄从之，道阻且长。溯游从之，宛在水中央。
蒹葭萋萋，白露未晞。所谓伊人，在水之湄。
溯洄从之，道阻且跻。溯游从之，宛在水中坻。
蒹葭采采，白露未已。所谓伊人，在水之涘。
溯洄从之，道阻且右。溯游从之，宛在水中沚。

《诗经·蒹葭》

《蒹葭》出自《诗经》，它以齐整的四言句式为主，重章叠句、一唱三叹，兼用赋、比、兴手法，王国维曾经赞誉它“最得风人深致”。

诗歌音韵和谐，押韵部分先是“ang”，后是“i”，曲折抑扬地反映了作者内心的情感起伏。在芦苇摇曳的河岸，烟水迷蒙中那在水一方的伊人，是如此可望而不可即。想要去追寻，却又似难以寻找，只是留下一个烟水迷离的梦罢了！那对岸的“伊人”，就像世上一切美好的东西一样，那追寻的过程何尝不是一种甜蜜的折磨。这种追寻的情境和《国风·周南·汉广》（先秦时代的民歌）有相似之处，“南有乔木，不可休思。汉有游女，不可求思。汉之广矣，不可泳思。江之永矣，不可方思”。钱钟书先生在《管锥编》中称此现象“莫不可以‘在水一方’寓慕悦之情，示向往之境”。这种象征式的情境泛化开来，像喻一种阻隔、一种企慕、一种追寻。

（二）苏轼《念奴娇·赤壁怀古》

大江东去，浪淘尽，千古风流人物。
故垒西边，人道是，三国周郎赤壁。
乱石穿空，惊涛拍岸，卷起千堆雪。
江山如画，一时多少豪杰。
遥想公瑾当年，小乔初嫁了，雄姿英发。
羽扇纶巾，谈笑间，樯橹灰飞烟灭。
故国神游，多情应笑我，早生华发。
人生如梦，一尊还酹江月。

《念奴娇·赤壁怀古》是宋代文学家苏轼的词作，是豪放词的代表作之一。此词通过对月夜江上壮美景色的描绘，借对古代战场的凭吊和对风流人物才略、气度、功业的追念，曲折地表达了作者怀才不遇、功业未就、老大未成的忧愤之情，表现了作者关注历史和人生的旷达之心。全词借古抒怀，雄浑苍凉，大气磅礴，境界宏阔，将写景、咏史、抒情融为一体，给人以撼魂荡魄的艺术力量，曾被誉为“古今绝唱”。

二、小说作品欣赏

（一）冯梦龙《三言二拍》

冯梦龙所编的“三言”名篇《蒋兴哥重会珍珠衫》讲的是湖北襄阳府枣阳市人蒋德，字兴哥，他自幼化名罗德跟随父亲学做珠宝生意，走广东一路。为父守孝一年后，他娶王氏三巧为妻，夫妻恩爱。三年后他洒泪别妻南下，中途耽搁，拖了两年未返。其间，街坊薛婆促成了王氏与徽州新安县商人陈大郎勾搭，约定陈大郎明年来时，二人便私奔。王氏把蒋家祖传珍珠汗衫赠予陈大郎做纪念。不料想，蒋兴哥、陈大郎二人苏州巧遇，因蒋用化名，陈以为他乡遇故知，知蒋是枣阳市人，便将珍珠衫一事和盘托出，并托他捎书信及礼物给薛婆。蒋兴哥心中大骇却未说出，心情是五味杂陈，原文描写：

兴哥口里答应道：“当得，当得。”心下沉吟：“有这等事！现在珍珠衫为证，不是个虚话了。”当下如针刺肚，推故不饮，急急起身别去。回到下处，想了又恼，恼了又想，恨不得学个缩地法儿，顷刻到家连夜收拾，次早便上船要行。只见岸上一个人气吁吁地赶来，却是陈大郎。亲把书信一大包，递与兴哥，叮嘱千万寄去。气得兴哥面如土色，说不得，话不得，死不得，活不得。只等陈大郎去后，把书看时，面上写道："此书烦寄大市街东巷薛妈妈家。"兴哥性起，一手扯开，却是八尺多长一条桃红绉纱汗巾。又有个纸糊长匣儿，内羊脂玉凤头簪一根。书上写道："微物二件，烦干娘转寄心爱娘子三巧儿亲收，聊表纪念。相会之期，准在来春。珍重，珍重。"兴哥大怒，把书扯得粉碎，撇在河中；提起玉簪在船板上一掼，折做两段。一念想起道："我好糊涂！何不留此做个证见也好。"便捡起簪儿和汗巾，做一包收拾，催促开船。急急地赶到乡，望见了自家门首，不觉坠下泪来。想起："当初夫妻何等恩爱，只为我贪着蝇头微利，撇他少年守寡，弄出这场丑事来，如今悔之何及！"在路上性急，巴不得赶回。及至到了，心中又苦又恨，行一步，懒一步。进得自家门里，少不得忍住了气，勉强相见。

蒋兴哥回家后就休了王氏，王氏羞愧试图自杀，被父母救起，后来嫁给要去广东任职的进士吴杰为妾，蒋兴哥还送了嫁妆。另一边陈大郎回到家后，妻子平氏觉得珍珠衫有蹊跷，就偷藏起来。陈大郎去襄阳寻王氏，路上遇大盗，写信向妻子求救，又闻说王氏改嫁，伤心卧病，后病死于途中。平氏孤身寻夫，被小人算计钱财尽失，后嫁与蒋兴哥续弦，埋葬其夫。蒋兴哥于平氏处重会珍珠衫，感叹天理昭彰。第二年，蒋兴哥又往广东做买卖，却不想跟人发生纠纷，出了人命。公堂候审时，县令正是吴杰。经王氏求情，蒋兴哥无罪获释。曾经的夫妻再次相见，抱头痛哭。吴进士得知真相后，索性把三巧还给了蒋兴哥，连那十六箱财物也一并发还。自此蒋兴哥一妻一妾，团圆到老。

《三言二拍》中的这个故事，情节可谓一波三折，确有许多误会与巧合的地方，但是所展现出来的人物心理却是比较真实的。它较好地反映了明代商品经济发展下普通百姓的思想变化，以及作者较为进步的思想观念。

（二）大仲马《基督山伯爵》

19 世纪法国皇帝拿破仑"百日王朝"时期，"法老"号大副爱德蒙·唐泰斯受船长委托，为拿破仑党人送了一封信，遭到两个卑鄙小人（一个想取代他即将上任的船长之位，另一个是他的情敌）和法官的陷害，在他即将举行婚礼的时候被逮捕打入黑牢。狱友法利亚神父向他传授各种知识，帮他分析仇人是谁，并在临终前把埋于基督山岛上的一批宝藏的秘密告诉了他。爱德蒙·唐泰斯钻入准备运送神父死尸的麻袋中被丢入大海，越狱后找到了宝藏，成为巨富，从此化名基督山伯爵（水手森巴）。

八年后，他经过精心策划，报答了恩人"法老"号的船主之后，便去找他的三个仇人。这三人，一个成了巴黎法院的检察官，一个成了银行家，以前的情敌成了莫尔塞夫伯爵，三人都飞黄腾达，地位显赫。但最终，基督山伯爵凭借智慧、谋略与正义使仇人得到了惩罚。

三、散文作品欣赏

（一）梁启超《少年中国说》

梁启超《少年中国说》

任公曰：造成今日之老大中国者，则中国老朽之冤业也。制出将来之少年中国者，则中国少年之责任也。彼老朽者何足道，彼与此世界作别之日不远矣，而我少年乃新来而与世界为缘。如僦屋者然，彼明日将迁居他方，而我今日始入此室处。

将迁居者，不爱护其窗栊，不洁治其庭庑，俗人恒情，亦何足怪！若我少年者，前程浩浩，后顾茫茫。中国而为牛为马为奴为隶，则烹脔鞭棰之惨酷，惟我少年当之。中国如称霸宇内，主盟地球，则指挥顾盼之尊荣，惟我少年享之。于彼气息奄奄与鬼为邻者何与焉？彼而漠然置之，犹可言也。我而漠然置之，不可言也。使举国之少年而果为少年也，则吾中国为未来之国，其进步未可量也。使举国之少年而亦为老大也，则吾中国为过去之国，其澌亡可翘足而待也。故今日之责任，不在他人，而全在我少年。少年智则国智，少年富则国富；少年强则国强，少年独立则国独立；少年自由则国自由，少年进步则国进步；少年胜于欧洲则国胜于欧洲，少年雄于地球，则国雄于地球。红日初升，其道大光。河出伏流，一泻汪洋。潜龙腾渊，鳞爪飞扬。乳虎啸谷，百兽震惶。鹰隼试翼，风尘翕张。奇花初胎，矞矞皇皇。干将发硎，有作其芒。天戴其苍，地履其黄。纵有千古，横有八荒。前途似海，来日方长。美哉我少年中国，与天不老！壮哉我中国少年，与国无疆！

作为一篇演讲稿，作者开宗明义即拈出日本人口中的“老大帝国”与他心目中的“少年中国”作为对举，并毫不吝啬地将他的赞美、他的期许给了心目中的“少年中国”。作者连用了18个“如”字比喻句，先进行了人之老少之对比，再讲国之老少。作者站在新旧交替的维度来看“国”之含义，他认为古中国制度之“老”中带着衰朽、落后、不健全，“西风一夜催人老，凋尽朱颜白尽头”，那是中国的过去；而今的“少年中国”带着希望、新生、萌芽，“少年心事当拏云”，那是中国的未来！好一个“少年智则国智，少年富则国富，少年强则国强”！

本文情感的倾泻若江河奔腾，节选的此段以四字句为主，掺以杂言，于规整中富于变化之姿。多押韵，语调昂扬有力。朗朗上口的语言甚有感染力，很能激起人们的爱国主义情怀。

（二）刘醒龙《如果来日方长》

“第七十六天过去，接下来的日子不再是第七十七天！”“一个人要何等坚忍，才能使自己面对玉石俱焚的现实而幸免于身心俱碎？”“武汉‘封城’之初，曾举倾国之力才搜寻到的一万件防护服，最优先供给使用的是哪些人？”

著名作家刘醒龙用亲身经历和处于一线的现场感受，写出20万字的长篇纪实散文《如果来日方长》，以抒写那段惊心动魄、可歌可泣的武汉抗疫过程。作者以理性客观的视角，详细描述亲人、朋友、同事、邻居，以及或熟悉或陌生的同城中人，与新冠肺炎疫情决一死战的具体细节，用大量事实和实际行动表现了武汉人民在抗击疫情中的“拼命”精神，使人理解为何武汉是座“英雄的城市”、武汉人民为何是“英雄的人民”！书中既有个人日常平凡小事的描绘，也围绕着疫情进行了深入思考和深度反思；既有未成年儿童在疫情之下令人动容的不一般表现，也有本地抗疫主力军鲜为人知的罕见手笔，具有相当高度的思想性和艺术性。它以文学形式客观地讲述了这场灾难对武汉人心灵、生命带来的巨大破坏和震撼，真实可信地铭刻了一个又一个普通的武汉人在非常时期的生活与感想，饱含深情地记录了武汉人民的特殊经历中一幕幕催人泪下的场景，以及国家、社会、医护人员、志愿者和患者等在抗击疫情中的表现所带来的感动，更展示了中国共产党、中国政府的抗疫决策与担当，以及中国人民在抗疫战斗中的艰难历程与宝贵经验，用文学的特殊魅力有说服力地彰显了伟大的抗疫精神就在我们身边。

四、戏剧作品欣赏

（一）老舍《茶馆》

老舍《茶馆》片段独白

《茶馆》是老舍先生的代表作之一。剧中故事全部发生在北京城一个茶馆里，茶馆里人来人往，汇聚了各色人物、三教九流，一个大茶馆就是一个小社会。老舍先生抓住了这个场景的特点，将半个世纪的时间跨度，57 个主、次人物形象高度浓缩在茶馆之中，展现了清末戊戌变法失败后、民国初年北洋军阀割据时期、国民党政权覆灭前夕 3 个时代的生活场景，概括了中国社会各阶层、数个势力的尖锐对立和冲突，揭示了半封建、半殖民地中国的历史命运。此剧亦是北京人民艺术剧院的经典剧目，是中国话剧史上的一座里程碑，享誉海外。它后多次被改编为同名电影、电视连续剧。

（二）莎士比亚《哈姆雷特》

莎士比亚《哈姆雷特》经典独白

莎士比亚是欧洲文艺复兴时期最为杰出的戏剧大师，是世界大文豪。他的《哈姆雷特》则是戏剧史上的巅峰。莎士比亚在戏剧中赋予了这个人物形象以青年王子的身份，从而使这个形象具有非凡的艺术魅力。戏剧情节所表现出来的矛盾冲突进一步丰富了这个形象。在当时特定的社会环境下，莎士比亚通过哈姆雷特这一形象，将社会的黑暗和丑恶批判得体无完肤。内在矛盾与外在矛盾的统一使这一悲剧成为传世经典。

美的体验

1. 课外阅读

阅读贾平凹的散文集《自在独行》和路遥的长篇小说《平凡的世界》，并将所思所感提交到云教学平台上。

2. 实践体验

写一首诗歌，在班级开展一次“诗歌作品赏析汇报会”。

3. 思维拓展

阅读一部论述清晰而又平易近人的文学理论著作，如童庆炳编著的《文学活动的审美维度》，说说书中阐述的理论问题哪几点给你的印象最为深刻。请列出 3 种以上观点。

中王
Kings

第九章

巧夺天工的建筑美

本章导读

建筑是凝固的艺术，它起源于人类劳动实践和日常生活遮风雨、避群害的实用目的。早在原始社会末期，人们在造房子时就开始考虑实用与美观。恩格斯在《家庭、私有制和国家的起缘》中指出，到了原始社会高级阶段的全盛时期，已经有了“作为艺术的建筑术的萌芽”。我国在母系氏族社会就有了氏族聚落的住房，如在浙江河姆渡遗址中发现的木结构的房屋和西安半坡遗址的半地穴式房屋。到了奴隶社会，埃及的金字塔、古希腊的神庙、中国的宫殿等建筑物的出现，凝聚了人类的智慧和才华，展现出了时代风貌和民族风貌，成为至今仍让人赞叹不已的艺术瑰宝。

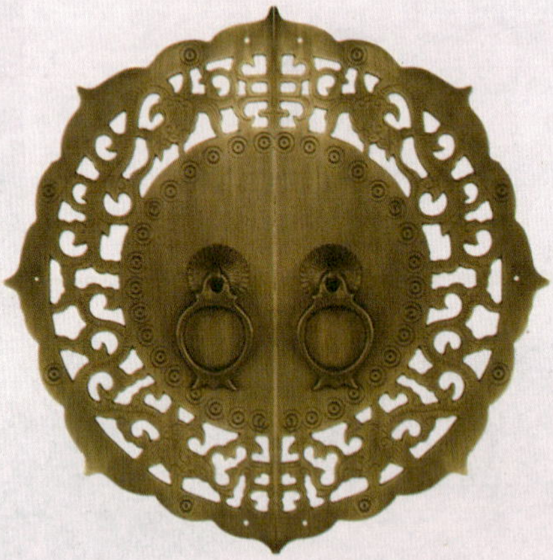

思政目标

1 以中国传统建筑，特别是家乡具有代表性的地标建筑和名胜古迹为切入点，了解中国灿烂辉煌的建筑历史，增强爱家爱国的情怀。

2. 设计类专业大学生具有鲜明的个性特点和专业特点，他们作为未来的设计工作者及新型城镇化和城市现代化进程事业的接班人，不仅需要树立正确的价值观和审美观，更需要将其践行于设计创作中，生动形象地阐释中国精神、中国价值。

美学思考

1. 试评价你见过的最美建筑。

2. 试列举我国各地因文化底蕴及背景不同、风俗习惯不一所形成的风格迥异的建筑。

美的印象

毛泽东在《清平乐·六盘山》一词中说：“不到长城非好汉，屈指行程二万。”的确，山峦间蜿蜒静卧的万里长城（图 9-1），是人类建筑史上的奇迹。它不仅是先民们的智慧结晶，更是中华民族具有象征意义的文化符号。面对长城，呈现在我们眼前的是一段硝烟弥漫的古老历史，也是烙印在我们心中的文化思索。它诉说着我们民族历史发展的艰辛和崎岖，更体现着一种超越时空的民族精神。

古老民族的心灵记忆——长城

图 9-1 万里长城

美的漫步

第一节　建筑艺术发展概述

一、中国建筑的发展

任何事物的发展都有一个过程，它的发展必然要从一个完全不成熟的初始形态，经历一段复杂而又漫长的演变过程，最终走向成熟。建筑的发展也不能摆脱这一历史规律。建筑的起源时期，也是它的完全不成熟时期，主要发生在原始社会。

（一）原始社会建筑

1. 天然洞穴

在生产力水平极其低下的原始社会，原始人类的吃、穿、住多数是依靠大自然的恩赐。他们吃树上结的野果，穿兽皮和树叶，洞穴成了他们遮风避雨的家，这体现出了建筑最基本的实用功能。但是原始人在选择天然洞穴容身的时候也有自己的选址观念，他们选择的地方大多接近水源，洞口较高且背向寒风吹来的方向，洞内比较干燥，有充足的空气利于生活。

2. 挖土为穴，构木为巢

随着人类的繁衍，人口越来越多，大自然中适宜的理想洞穴已不够居住，原始人根据居住天然洞穴积累的经验，经过大量的摸索后开始自己动手挖掘洞穴，并由此开始了巢居和穴居生活。这种原始的、极其简陋的巢和穴，是中国建筑的雏形，为中国传统建筑的发展提供了极其宝贵的经验，成为中国建筑的两大源头。

3. 建筑始祖

图 9-2　半坡博物馆复原模型

真正的建筑产生于河姆渡文化和仰韶文化阶段，其中以黄河流域的半坡遗址为典型代表（图 9-2）。从半坡遗址来看，半坡人的住房结构，有的是圆形，有的是方形，有半地穴式的，也有地面上的建筑。每座房子的门前有雨棚，在门道和居室之间都有泥土堆砌的门槛，再向屋内发展，有明间，形成“前堂后室”的格局。古代社会中的“前朝后寝”的宫室就是受半坡这种“前堂后室”格局的影响，以大房为中心，四周围绕众多小房屋。房子中心有圆形或瓢形灶坑，周围有 1~6 个不等的柱洞。居住面和墙壁都用草拌泥涂抹，并经火烤使其坚固和防潮。

（二）奴隶社会建筑

1. 夏代建筑

夏代的建筑已基本有了宫室、民居、墓葬等类别，甚至还有了较为正规意义上的城市。在河南偃师二里头发掘的夏代宫室遗址是至今发现的我国最早的规模较大的木架夯土建筑和庭院实例。

2. 商代建筑

商代建筑与夏代建筑相比取得了更进一步的发展，但就整个中国建筑史来说，这样的发展依然是滞后的。商代的一些青铜器直接反映了当时的某些建筑形象。由于当时夯筑技术的日益成熟，商代的城市四周大多有壕沟和城墙。

3. 周代建筑

周代的都城对后世的建筑影响巨大。在周代的都城里，帝王居住和处理朝政的房屋建在中间，而祭祀天地和祖先的太庙分列左右，为了便于通行，纵横的街道直通城门，这种格局被后来的各个朝代沿袭下来。其中最重要的就是确定了左祖右社的排列顺序和内寝外朝制度。当时，由于受到等级制度的影响，对于不同身份和地位的人，建筑形态及大小都有相关规定。

民宅方面，最有代表性的建筑遗址当属陕西岐山凤雏村的早周遗址。它是一座由二进院落组成的、相当规整的四合院式建筑，院落的中轴线上前后依次坐落着影壁、大门、前堂、后室。它的整体规模虽然不大，却是我国目前已知最早、最严整的四合院。更令人赞叹的是，它的平面布局及空间组合样式与后来 2 000 多年封建社会北方流行的四合院建筑具有异曲同工之妙。

（三）封建社会建筑

1. 战国时期建筑

这一时期建筑材料瓦的发展和砖的发明，使得建筑上大规模修建宫室和高台建筑，建筑上面的装饰纹样也更加丰富多彩。与此同时，铁质工具的广泛使用大大提高了木构建筑的牢固性，并加快了施工速度。在当时艰苦的条件下，秦开郑国渠三百里和兴修都江堰（图 9-3），规模都相当大，令世人惊叹。

图 9-3　都江堰

2. 秦代建筑

公元前 221 年秦始皇统一全国后，为了抵御北方匈奴的侵犯，大规模修筑长城。这一时期修建的长城史称“秦长城”。整个长城雄伟壮阔，就像一条蜿蜒的巨龙穿梭盘旋于崇山峻岭之间。长城的修建对巩固国家政权起到了一定作用。也由于国家统一，秦朝可以集全国之人力、物力与六国成就，在咸阳修筑都城、宫殿、陵墓。

秦国统一时间极短，当时经济的发展主要体现在农业和手工业上。因此，秦代建筑的成就只是集中在宫殿、园囿方面，强烈显现了帝王的无上权威，至今仍保留着大量的宫殿痕迹，如历史上著名的咸阳宫、阿房宫。位于陕西省西安市临潼区东 5 千米的秦始皇陵是我国皇陵发展史上的重要转折，对后世帝王的陵墓修筑影响很大。20 世纪 70 年代，在秦始皇陵的东面，震撼世界的大型兵马陶俑坑出土，约 7 000 个武士俑、100 多辆驷马战车、100 余匹战马，以及数千件各式兵器面世。秦始皇陵及兵马俑坑被誉为“世界第八大奇迹”，已经成为著名的旅游景点。

3. 汉代建筑

汉朝社会生产力的发展促使建筑技术显著进步，是我国古代建筑史上的一个繁荣期。在这期间，木构建筑逐渐成熟，形成了后世抬梁式、穿斗式和井干式三种木构架。随着砖瓦生产和砌筑技术的不断提高，中国古典建筑三段式（台基、屋身和屋顶）的外形特征基本定型。

4. 魏晋南北朝建筑

魏晋南北朝时期多个政治势力占地割据的政治局面促使各个国家更加注重建筑的防御功能。东晋时，北方十六国的都城城墙部分使用了包砖，使城墙更加坚固，这是一大进步，更是一大创造。魏晋南北朝时期民族融合及佛教的传入，推动了佛教建筑的兴盛。佛寺、佛塔和石窟是这个时期最典型的建筑类型。

魏晋南北朝时期开凿的大量石窟，集中了建筑、雕刻、壁画等多种艺术方式，透过它们可以看到当时佛教的盛行情况与佛教建筑的繁荣，也可以窥见当时的建筑发展和建筑装饰，特别是雕刻艺术的水平。石窟艺术为中国古典建筑和文化留下了丰厚的遗产。目前仍然遗存的有山西大同云冈石窟、河南洛阳龙门石窟、甘肃敦煌莫高窟（图 9-4）、甘肃天水麦积山石窟。

图 9-4 甘肃敦煌莫高窟

5. 隋、唐建筑

隋、唐时期随着经济的繁荣，中国古代建筑的发展也到了成熟阶段，它既继承了前代所有的建筑成就，又融合了外来影响，形成了自己独特而又完整的建筑体系，并影响到周边的朝鲜、日本。可以从下面几个方面来看当时建筑取得的成就。

（1）城市和宫殿建设。经过几个朝代的建设，长安（今西安市）的城市规划达到了史上最为严整的程度，它的格局甚至影响到日本后来的平安京（今京都市）。

唐代所建的最大宫殿是唐高宗在长安城东北角高地上兴建的大明宫，现存的遗址范围相当于明、清故宫总面积的三倍多，至于其他府城、衙署所建的建筑，也是非常宽广大方，为其他任何封建朝代所不及。

（2）园林。唐代园林的发展达到我国古典园林发展的高峰，尤其是皇家园林的规模更加宏大，另外皇家园囿还可以狩猎。

（3）陵墓。唐代帝王陵主要建于长安城附近，共18座，史称“唐十八陵”，其中以昭陵（图9-5）和乾陵最具代表性。

（4）宗教建筑。唐代的寺院有明确的中轴线，主要的大殿都按照轴线布置，最中心的院落为主院，住持所住的大殿是寺庙中第一重要的建筑。大雁塔、小雁塔、大理三塔均为唐代典型的寺庙遗址。

图9-5 昭陵

6. 宋代建筑

一如宋代的书画和诗词，宋代的建筑美学风格偏向柔美细腻，出现了形式复杂的殿、台、楼、阁，没了唐代建筑雄浑的气势，体积偏小但又工于变化。宋代形成了我国第一部有关建筑设计及技术经验总结的完整巨著——《营造法式》。它是我国古代最全面、最科学的建筑学著作，也是世界上最早、最完备的建筑学著作，里面的规定不但适于皇家宫殿类建筑，也适于其他诸如陵墓、园林、居住等类别的建筑。

7. 辽、金、西夏建筑

辽、金、西夏时期的建筑多保留唐代建筑手法。现在仍然遗存的建筑主要有山西应县木塔、天津蓟州区独乐寺山门与观音阁、北京天宁寺塔等。其中应县木塔（佛宫寺释迦塔）是我国现存最高的一座木塔。

8. 元代建筑

元代时期，战乱使得当时经济发展停滞，甚至倒退。在建筑方面，各民族文化的交融促进了新因素的加入，使中国建筑呈现出若干新趋势：大量使用减柱法，但正式建筑仍采用满堂柱网式；官式建筑中斗拱的作用进一步减弱，斗拱比例渐小，补间铺作进一步增多。此外，由于蒙古族的传统，在元朝的皇宫中出现了若干前所未有的棕毛殿和畏兀儿殿等。

9. 明、清建筑

明、清时期的建筑是我国封建社会建筑发展的最后一个高潮，它的最大成就主要表现在园林领域。明代的江南私家园林和清代北方的皇家园林都是最具艺术性的古代建筑群。中国历代都建有大量宫殿，但只有明、清的宫殿——北京故宫（图9-6）和沈阳故宫得以保存至今，成为中华文化的无价之宝。北京的四合院和江浙一带的水乡民居则是中国民居最成功的典范。目前，北京依然较完整地保留有明、清两代祭祀天地、社稷和帝王祖先的国家最高级别的坛庙，其中最杰出的代表是天坛，至今仍以其沟通天地的神秘艺术打动人心。

图 9-6　北京故宫太和殿

明、清时期建筑的特点主要是突出了梁、柱、檩的直接结合，简化了结构，减少了斗拱的中间作用，达到以更少材料取得更大建筑空间的效果。与此同时，明清建筑大量使用砖石作为建筑材料，大大促进了房屋砖石结构的发展。

（四）中国近代建筑

中国近代建筑史大致可以分为四个阶段。

1. 鸦片战争到甲午战争（1840—1895）

西方列强用炮火和鸦片打开了中国的国门，帝国主义者在中国的沿海通商口岸租界区内大批建造各种新型建筑，如领事馆、洋行、银行、住宅、饭店等，在内陆地区也零星地出现了教堂建筑。这些建筑采用的多是当时西方流行的砖木混合结构，在外观上多呈欧洲古典式。与此同时，洋务派和民族资本家为创办新型企业所营建的房屋，仍是手工业作坊式的木构架结构，只有一小部分采用砖木混合结构。洋人修建的欧式建筑和国内民族资本家营建的房屋虽然为数不多，但标志着中国建筑开始打破原有的封闭状态，吸收新鲜的元素，构建新的建筑体系。

2. 甲午战争到五四运动（1895—1919）

甲午战争到五四运动阶段是西方建筑对我国建筑影响进一步扩大、我国新的建筑体系初步形成的阶段。随着西方列强对我国经济掠夺的加大，列强纷纷在中国设银行、办工厂、开矿山，争夺铁路修建权。火车站建筑陆续出现，厂房建筑数量增多，银行建筑引人注目。水泥、玻璃、机制砖瓦等近代建筑材料纷纷被使用在建筑上。房屋结构以砖石混合结构为主，初步出现钢筋混凝土结构（图 9-7）。辛亥革命后，为数不多的在国外学习建筑设计的留学生学成归国，中国有了第一批建筑师。

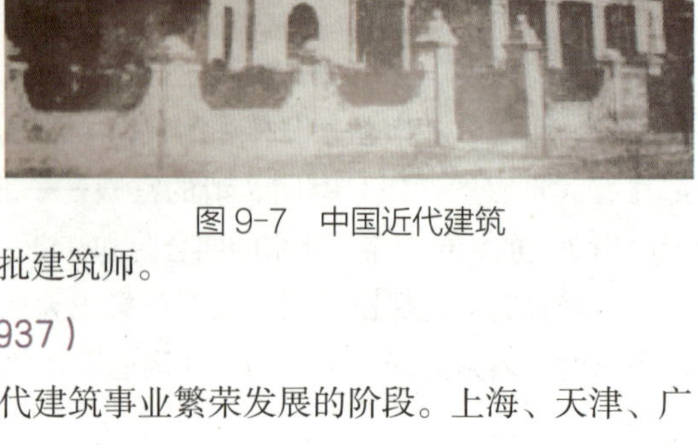

图 9-7　中国近代建筑

3. 五四运动到抗日战争全面爆发（1919—1937）

五四运动到抗日战争全面爆发阶段是中国近代建筑事业繁荣发展的阶段。上海、天津、广州、汉口和东北的一些城市新建了一批近代化水平较高的高楼大厦。特别是上海，这一时期出现了28座10层以上的高层建筑，说明建筑技术在这20年间取得了长足进步。许多高层、大型、大跨度、复杂的建筑在设计上和技术设备上已接近当时国外的先进水平。从国外留学归国的建筑师纷纷成立建筑师事务所，并且在中等和高等学校设立建筑专业，引进和传播发达国家的建筑思想和理念。建筑学家梁思成、刘敦桢积极进行建筑的研究工作，为中国建筑史这个学科奠定了基础。中国近代建筑摆脱了对西方建筑的依靠，找到一条结合中国实际的创作之路。

4. 抗日战争全面爆发到中华人民共和国建立（1937—1949）

由于战乱，中国近代建筑史进入停滞时期，整个建筑行业处于萧条状态，建筑活动很少。

从以上简短的回顾中，我们可以深切体会到宏观文化环境对于建筑的健康发展是何等重要。中国当代建筑离开传统木结构手工业方式毕竟只有几十年，从弯路中挣脱出来只不过短短十几年而已，比起漫长的4 000年传统和西方现代建筑将近100年的历史，它所取得的成就就更值得珍视了。我们有理由充满信心地期望，当代中国建筑艺术在传统建筑艺术成就的强大荫庇之下，经过与新的生活的融合，必将取得无愧于祖先也无愧于时代的辉煌成就。

二、西方建筑的发展

（一）奴隶社会建筑

1. 古埃及建筑

古埃及的建筑以纪念性建筑闻名于世，其中以太阳神庙与金字塔（图9-8）为代表。金字塔的特色主要表现为建筑的外观，太阳神庙的特色则表现在建筑内部。金字塔的表面是精确的正方锥体，形式极其单纯，结构采用完全适合石材特点的简单的几何形，方正平直、交接简洁。太阳神庙的外部极尽富丽堂皇，但是内部大殿是皇帝接受少数人朝拜的地方，为了和仪典的神秘性相适应，力求幽暗而威严。其整体规模宏大，呈几何形状，内常装饰有象形文字和浮雕。

2. 古希腊建筑

古希腊的纪念性建筑群是雅典卫城（图9-9），其采用希腊半岛上盛产的大理石为建筑材料，高度发展了石梁柱结构，布局上顺应地势，采用不对称、自由活泼的方式，同时注重进行精美装饰。

图9-8　金字塔

图9-9　雅典卫城遗址

3. 古罗马建筑

由火山灰、石灰、碎石组成的天然混凝土，大大促进了古罗马拱券结构的发展。古罗马人开发出来的拱券技术是古罗马建筑的最大特色和成就。古罗马早期建筑广泛采用古希腊建筑思想，只重视外部装修。到公元1世纪，独特的古罗马风格形成，主要通过建筑内拱券、拱顶、穹顶与装饰内墙来开发建筑及内装修，建筑外部的柱子多用作装饰而非支撑结构（图9-10）。对于小型建筑则采用带篱笆隔离墙的木结构。古罗马建筑的影响力非常大，持续了几个世纪，直到文艺复兴时期。

图9-10　古罗马斗兽场

（二）封建社会建筑

1. 哥特式建筑

哥特式建筑形式起源于11世纪的法国，13—15世纪流行于欧洲。线条轻快的尖拱券被广泛运用，高大挺拔的尖塔、轻盈剔透的飞扶壁及彩色玻璃镶嵌的修长花窗装饰富丽堂皇。同时，建筑物都有雄伟的外观和宽阔的室内空间。

2. 拜占庭式建筑

拜占庭是东罗马帝国的首都，拜占庭式建筑是诞生于罗马帝国分裂后的东罗马帝国的一种建筑文化。它的建筑特点主要是屋顶造型普遍使用"穹隆顶"，既高又大的圆穹顶往往成为整座建筑的构图中心，围绕这一中心部件，周围常常有序地设置一些与之协调的小部件。在色彩的使用上，拜占庭式建筑既注意变化，又注意统一，使建筑内部空间与外部立面灿烂夺目。

（三）资本主义社会建筑

1. 巴洛克建筑

巴洛克建筑是以天主教堂为代表的建筑形式，发端于罗马城，在文艺复兴建筑的基础上发展起来，追求强烈的体积和光影变化，用来炫耀财富、追求新奇。巴洛克式天主教堂多喜欢使用壁画和雕刻来装饰，色彩鲜艳明亮，喜欢用大面积的红色、金色、蓝色，形成强烈的对比，以圣彼得大教堂广场最具代表性。

2. 法国古典主义建筑

法国古典主义建筑形式排斥民族传统和地方特点，推崇古典的柱式，强调柱式必须恪守古典（古罗马）规范。在总体布局上，建筑平面和立面造型强调轴线对称、主从关系、严谨构图，倡导横三段和纵三段的构图手法，并突出中心，倡导规则的几何形体立面，强调严格规定各部分之间的比例关系，以此来象征永恒感与秩序感。在建筑外形上追求端庄、宏伟、简洁，室内则追求豪华，在空间效果和装饰上常表现为强烈的巴洛克风格。巴黎卢浮宫（图 9-11）是典型的古典主义建筑作品，完整地体现了古典主义的各项原则，标志着法国古典建筑的成熟。

图 9-11　卢浮宫

第二节　建筑艺术的审美特征

根据使用功能的不同，建筑可以分为民用建筑、工业建筑、农业建筑等；根据建筑材料的不同，可以分为木结构建筑、砖石建筑、钢筋水泥建筑和钢木建筑等；根据时代风格的不同，可以分为古希腊式建筑、古罗马式建筑、哥特式建筑、文艺复兴式建筑、古典主义式建筑等；根据艺术形式的不同，可以分为古典建筑和现代建筑等。无论哪一种建筑，都具有其独特的审美价值。

一、建筑艺术

（一）建筑艺术的形式之美

建筑艺术的形式美是指建筑物形体所呈现的造型美。它具体表现在建筑物的总体外轮廓和部分之间的比例、体量、色彩装饰及建筑物与周围环境的协调等诸多方面。建筑造型必须遵循形式美法则，如多样、统一、平衡、对称、对比、比例、节奏、韵律、宾主、参差、和谐等。建筑思想的主题，一般是通过象征性的造型形式来表达的。建筑艺术的形式美，能引起欣赏者的多种想象与共鸣，从直接形象中获得美感。

（二）建筑艺术的静态之美

建筑艺术以其优美的造型，展现出在一定空间内的静态艺术形象，具有宁静、稳重的静态美。例如，建筑形体的方正、线条的平直、色彩的和谐等，都能给人以静态美的艺术享受。如天安门城楼等建筑，就显得十分庄重、肃穆。

（三）建筑艺术的动态之美

建筑艺术是通过寓动于静和动静结合的造型手法展现动态美的。例如，建筑物的参差错落、纵横穿插、形体变化、空间组合、色彩对比和线条流动等，都能巧妙地表现建筑艺术的动态美。从总体上看，建筑物是静态造型艺术形象，但是从局部上看，则又包含着许多动态因素。例如，北京国际饭店的高大雄伟、气势巍然表现出了一种静态美，而它以平直线与圆弧线的有机结合，塑造出动静结合的空间艺术形象，则又表现出一种动态美，同时也体现了伟大民族的时代精神，使人在欣赏时产生静中有动、雄中含秀的美感。

（四）建筑艺术的意境之美

建筑艺术的意境和其他艺术一样，主要取决于艺术家的审美体验、情趣和理想。意境美就是情和景的高度统一。建筑的意境是通过建筑艺术语言来创造的。例如，北京故宫的建筑主题是为了突出帝王的权力和威严，象征着皇权的神圣和至高无上。又如，中国古典园林追求的是自然情趣和诗情画意，意境深远含蓄、耐人寻味，颇具艺术感染力。

二、建筑艺术的欣赏方法

欣赏建筑艺术主要从以下三方面入手：

一是了解和掌握形式美法则。建筑艺术属于造型艺术。美的规律在造型艺术上的具体体现，就是形式美法则。欣赏建筑艺术时，最重要的是要品味构成建筑形象的空间、形体、色彩、质感、光线、阴影和环境等手段，是如何艺术地按照比例、尺度、韵律、均衡和对比等形式美法则巧妙处理并表达主题的。要想掌握形式美法则，首先应学习一些基本的构图理论；其次是平时要善于观察、分析，并且通过对绘画、图案、雕塑和工艺美术作品的欣赏，加深对建筑艺术形式美的理解。

二是具备一些建筑学的知识。建筑艺术的美包括艺术美和生活美，而生活美又体现为技术美。因此，欣赏建筑艺术必须了解一些建筑学的知识。例如，中国古代建筑中的斗拱技术大量运用于古代木结构建筑中，如果不了解斗拱的知识，就很难欣赏古代木结构建筑的美的内涵，进入美的建筑艺术殿堂。

三是发掘作品的文化内涵。任何一个民族、一个时代的建筑艺术，都植根于一定的文化土壤，都是那个民族、那个时代文化整体中的一种艺术的物化表现。例如，古埃及文化只能产生出沉重、巨大的金字塔和卡纳克神庙，不可能出现明朗愉快的帕特农神庙；欧洲只有到了中世纪晚期，社会文化开始闪现变革之光，才会有哥特式教堂的出现。中国封建社会晚期，封建宗法礼制的强化与北京城及其宫殿的关系，中、西不同的自然观与中、西园林艺术气质的关系等，无不说明了建筑艺术的文化内涵。因此，欣赏建筑艺术，必须了解建筑艺术史和人类文化史，结合民族史、思想史、宗教史，以及文学、美术、音乐、地理和民俗等知识，加深对建筑艺术文化内涵的发掘与理解，力求对建筑艺术有更深的感受。

第三节 建筑作品欣赏

一、北京四合院

北京四合院（图 9-12）作为老北京人世代居住的主要建筑形式，驰名中外、世人皆知。自元代正式建都北京，四合院就与北京的宫殿、衙署、街区、坊巷和胡同同时出现了。据元末熊梦祥所著《析津志》载："大街制，自南以至于北谓之经，自东至西谓之纬。大街二十四步阔，三百八十四火巷，二十九街通。"

图 9-12 北京四合院

北京四合院院落宽绰疏朗，起居十分方便。它虽为居住建筑，却蕴含着深刻的文化内涵，是中华传统文化的载体。四合院的营建极讲究风水，从择地、定位到确定每幢建筑的具体尺度，都要按风水理论来进行。风水学说，实际是中国古代的建筑环境学，是中国传统建筑理论的重要组成部分。四合院的装修、雕饰、彩绘也处处体现着民俗民风和传统文化，表现了一定历史条件下人们对幸福、美好、富裕、吉祥的追求。登斯庭院，犹如步入一座中国传统文化的殿堂。

二、黄鹤楼

黄鹤楼（图 9-13）位于湖北省武汉市武昌区，地处蛇山之巅，濒临万里长江，为武汉市地标建筑；始建于三国吴黄武二年（223 年），历代屡加重修，现存建筑以清代"同治楼"为原型设计，重建于 1985 年；因唐代诗人崔颢登楼所题《黄鹤楼》一诗而名扬四海。黄鹤楼自古有"天下绝景"之美誉，与晴川阁、古琴台并称为"武汉三大名胜"，与湖南岳阳岳阳楼、江西南昌滕王阁并称为"江南三大名楼"，是"武汉十大景"之首、"中国古代四大名楼"之一、"中国十大历史文化名楼"之一，世称"天下江山第一楼"。

图 9-13 黄鹤楼

黄鹤楼主楼为四边套八边形体、钢筋混凝土框架仿木结构，通高 51.4 米，底层边宽 30 米，顶层边宽 18 米，飞檐 5 层，攒尖楼顶，顶覆金色琉璃瓦，由 72 根圆柱支撑，楼上有 60 个翘角向外伸展；楼外有铸铜黄鹤造型、胜像宝塔、牌坊、轩廊、亭阁等建筑环绕，整楼形如黄鹤，展翅欲飞，檐下四面悬挂匾额，正面悬书法家舒同题“黄鹤楼”三字金匾。

三、福建围龙屋

图 9-14 福建围龙屋

围龙屋（图 9-14）是一种极具岭南特色的典型客家民居建筑，也是客家建筑文化的集中体现。围龙屋的整体布局是一个大圆形，其造型颇似一个太极八卦图。屋前的半月形池塘和屋后的半月形房屋建筑，两个半圆相合，形同阴阳两仪的太极图式。两个半圆，围绕着方正的堂屋，寓意“天圆地方”，将整座屋宇喻为一个小宇宙，体现“天人合一”的哲学思想。围龙屋从建筑风格到民风民俗处处展示了客家的人文历史，是客家文化的重要象征，被众多国内外专家誉为内蕴丰富的百科全书。

四、国家大剧院

国家大剧院

中国国家大剧院（图 9-15）位于北京市中心天安门广场西，人民大会堂西侧，占地面积 11.89 万平方米，总建筑面积约 16.5 万平方米，总投资额 31 亿元人民币。国家大剧院由法国建筑师保罗·安德鲁主持设计，是亚洲最大的剧院综合体。整个建筑造型新颖、前卫，构思独特，是传统与现代、浪漫与现实的结合。中心建筑为半椭球形钢结构壳体，风格简约大气，其表面由 18 000 余块钛金属板和 1 200 余块超白透明玻璃共同组成，两种材质经巧妙拼接呈现出唯美的曲线，营造出舞台帷幕徐徐拉开的视觉效果。

图 9-15 国家大剧院

五、武汉长江大桥

武汉长江大桥（图 9-16）是中国湖北省武汉市境内连接汉阳区与武昌区的过江通道，位于长江水道之上，是中华人民共和国成立后修建的第一座公铁两用的长江大桥，也是武汉市重要的历史标志性建筑之一，素有“万里长江第一桥”美誉。

武汉长江大桥线路全长 670.4 米，主桥全长 1 155.5 米。主要由水上主桥、桥墩、上层桥面板、下层铁路双线轨道、四座桥头

图 9-16 武汉长江大桥

堡及各立交匝道组成，主桥路段呈西北至东南方向布置。武汉长江大桥主桥为钢桁架形式，引桥桥身则是采用拱的形式，钢架在形式上和材质上都形成了鲜明对比。同时，拱形结构在中国古代桥梁上使用普遍，采用拱形便于引起人们对于这样处理的认同感。桥面采用了中国传统的重檐四坡攒尖顶，在细节的处理上借鉴了中国传统建筑的形式。

六、埃菲尔铁塔

埃菲尔铁塔（图 9-17）于 1889 年建成，一百多年来一直矗立在塞纳河岸法国巴黎的战神广场，它是法国文化象征之一、巴黎城市地标之一、巴黎最高建筑物，被法国人爱称为“铁娘子”。埃菲尔铁塔得名于设计它的著名建筑师、结构工程师古斯塔夫·埃菲尔。其全部由施耐德铁器建造，全高 300 米，天线高 30 米，总高 330 米，由很多分散的钢铁构建组成，看起来就像一堆模型组建。其中，钢铁构件有 18 038 个，重约 10 000 吨，使用铆钉 250 万个。除了 4 个脚是钢筋水泥之外，全身都由钢铁构成，塔身总重量 7 000 吨。一、二楼设有餐厅，三楼建有景观台，从塔座到塔顶共有 1711 级阶梯。

图 9-17 埃菲尔铁塔

七、莫斯科红场

红场（图 9-18）是俄罗斯首都莫斯科市的著名广场，位于莫斯科市中心，西南与克里姆林宫殿相毗连。其原是苏联重要节日举行群众集会和阅兵的地方。平面为长方形，面积约 40 000 平方米。西侧是列宁墓和克里姆林宫的红墙，北面为俄罗斯国家历史博物馆，东侧为俄罗斯古姆国立百货商场，南部为瓦西里升天大教堂，临莫斯科河。列宁陵墓上为检阅台，两旁为观礼台。在俄语中，“红色的”含有“美丽”之意，“红场”的意思就是“美丽的广场”。红场的大规模扩建是在 1812 年以后。那时，拿破仑的军队纵火焚烧了莫斯科，莫斯科人民重建家园时，拓宽了红场。到了 20 世纪 20 年代，红场又与邻近的瓦西列夫斯基广场合二为一，形成了现在的规模。红场南北长 695 米，东西宽 130 米，总面积 9 万多平方米。广场用赭红色方石块铺成，看起来油光瓦亮。

图 9-18 莫斯科红场

美的体验

1. 课外阅读

收集国内外优秀建筑作品，以“我眼中的优秀建筑艺术作品”为题制作PPT并在课堂上展示。

2. 实践体验

用相机记录自己所在地区具有特点的优秀建筑作品。

3. 思维拓展

你了解的建筑艺术的欣赏方法有哪些？

第十章

鬼斧神工的雕塑美

本章导读

作为立体造型艺术，雕塑是人类艺术史上最伟大的艺术之一，也是人类最早创造的艺术品种之一。雕塑犹如凝固的音乐、立体的诗篇，数千年来积累了丰富的艺术宝藏。从古希腊的维纳斯像、古埃及的狮身人面像到米开朗琪罗、罗丹的青铜雕塑，从中国古代的秦俑和乐山大佛到现代的天安门广场人民英雄纪念碑浮雕，无一不书写了人类艺术史上辉煌的篇章。

思政目标

1. 了解雕塑艺术的发展史，提高审美意识和艺术欣赏能力。

2. 结合所在城市的红色革命题材雕塑，进一步了解雕塑的时代背景，发扬红色传统、弘扬红色精神、传承红色文化。

美学思考

1. 观看自己所在城市具有代表性的雕塑，思考雕塑在人们生活中的作用。

2. 观察校内雕塑艺术作品，领略其所表现的文化观念、价值观念、生活理念等。

美的印象

1889年，李大钊出生于河北省乐亭县。与家乡临近的昌黎县城北边，有一座五峰山，山上一株劲松扎根于石缝之中。李大钊“孤松”的笔名，便取意于这株松树。作为中国最早的马克思主义传播者，他无疑就是那棵孤松的化身。五峰山下的李大钊半身塑像（图10-1）寓意“铁肩担道义”，由中央美术学院教授、著名雕塑家钱绍武先生创作。

图10-1　五峰山下的李大钊雕像

伟大的马克思主义者、中国共产党的主要创始人之一李大钊，在此地完成了《再论问题与主义》和《我的马克思主义观》等革命论著，为中国共产党的创建奠定了思想和理论基础。

美的漫步

第一节　雕塑艺术发展概述

雕塑作为人类艺术史上最古老的艺术之一，一方面，它与人类文明相伴而生，从远古旧石器时代打制石质工具开始，便开启了伟大的雕塑历史，成为雕塑艺术的源头；另一方面，雕塑又是能够经受时间涤荡并承载文化意蕴的一门独特的艺术。早在人类社会初期，用于民族膜拜、祈祷、祭祀用的图腾雕塑的出现，意味着雕塑艺术的产生。雕塑同音乐、舞蹈、绘画等艺术形式一起，成为早期人类精神生活的重要方式。

一、中国雕塑艺术

（一）史前雕塑（公元前 6500—公元前 221 年）

中国目前发现最早的原始雕塑艺术作品应该是新石器时期民族所遗留下来的物品。这个时期的雕塑艺术形式主要是饰物。这些饰物装饰性很强，造型夸张、风格粗犷。同一时期出现的陶塑人物刻画虽然比较概括，但在艺术形式上却生动活泼，具有很强的代表性。史前雕塑作为人类早期对自然的探索与追求，在人类文明发展史上具有极其重要的地位。原始陶塑的造型方式分为三种：一是将实用器皿的整个外形塑造成一个动物的形象，二是对实用器皿的局部以圆雕或浮雕的形式进行装饰（图 10-2），三是小型的独立动物（图 10-3）和人物泥塑（图 10-4）。

图 10-2 人像移陶壶

图 10-3 鹰形陶鼎

图 10-4 陶人头壶

人类为了适应生活环境便不断地学会改变生存的条件，从流离不定的游牧生活发展到安定的农耕生活。安居于一块土地之上，不但要利用这块土地生养百谷、牲畜，还要利用这块土地来制作生活需要的器物。没有哪个民族像我们的祖先一样这么热爱泥土。远古的祖先口渴，走到河边双手捧水用嘴吮吸时，合拢的双手形成一个半圆凹曲的形状，这应该是最早“陶碗”出现的灵感来源。当拿着用泥土制作的碗去河边盛水时，人们便又寻求一种方式来制造永恒的美，这种方式不仅要适应人类的生存，还要寻求美的永恒，陶塑便凝固了人类寻求美的过程。

图 10-5 四羊方尊

商周时期，冶炼技术逐渐成熟，开启了古代中国的青铜时代，人们开始制作大量青铜器皿。1938 年，湖南宁乡县（今宁乡市）出土的四羊方尊（图 10-5）是现存商代青铜方尊中体型最大的，现藏于中国国家博物馆。四羊方尊造型雄奇、匠心独运。艺术造型上，其集线雕、浮雕、圆雕于一器，把平面纹饰与立体雕塑融会贯通，把动物的形体与器皿恰到好处地结合起来，铸造工艺十分精湛。

（二）秦代雕塑（公元前 221—公元前 206 年）

公元前 221 年，秦始皇统一中国，中国开始进入封建社会的初始阶段。政权统一、国力强盛，带来了雕塑艺术的空前发展。这一时期的艺术作品注重写实，追求逼真，取得了辉煌的艺术成就，成就了中国雕塑史上的第一个高峰。秦始皇陵兵马俑就是秦代陵墓雕塑艺术的典范。

秦始皇陵兵马俑

（三）汉代雕塑（公元前 206—公元 220 年）

汉代雕塑不仅继承了秦代雕塑气势恢宏的风格，也突出了雕塑作品雄伟刚健的艺术个性，这个时期的陵墓雕塑已经从秦陵的地下墓葬形式发展成为地上陵墓装饰雕塑，大型的纪念性石雕是汉代雕塑最主要的特点。

（1）《马踏匈奴》（图 10-6）。西汉初期，西北地区经常受到匈奴侵扰，汉武帝多次派骠骑将军霍去病北越大漠，安定边疆，建立河西四郡。《史记》记载：“骠骑将军……元狩六年卒，天子悼之，发属国玄甲军，陈自长安至茂陵，为冢象祁连山。”这组雕像虽然没有用写实的手法刻画战争的场景和霍去病本人，但很巧妙地让战败者畏缩仰卧在马腹之下。雕像外形庄重、气势威武，凸显出战胜侵略者的民族英雄气概，成为我国古代纪念碑雕刻中一件非常杰出的经典之作。

（2）《击鼓说唱俑》（图 10-7）。此雕塑 1957 年出土于四川成都。陶俑在汉代的雕塑中有着十分重要的地位，不仅题材广泛，而且内容丰富。这个说唱俑动感的造型和发自内心的微笑，不仅塑造了一位热情、憨厚、乐观、充满生命力和幽默感的老人，而且让观赏者仿佛置身于那热闹且精彩的表演场景之中，体现了汉代陶塑艺术生动活泼的特征。

图 10-6 马踏匈奴

图 10-7 击鼓说唱俑

图 10-8　马踏飞燕

（3）《马踏飞燕》（图 10-8）。其又名《马超龙雀》，1969 年出土于甘肃省武威市，是东汉时期青铜艺术的杰出代表。作品刻画了一匹体态健美、疾驰飞奔的千里马。它三足腾空，仰天嘶鸣，右后蹄下踏着一只展翅而过的飞鸟。这件构思巧妙、造型生动的作品堪称中国古代现实主义与浪漫主义相结合的艺术典范。它以飞鸟的疾速来衬托奔马的神速，又将奔马的不羁之势与平稳的力学结构巧妙地结合在一起，现出蓬勃的生命力和一往无前的气势。

（四）魏晋南北朝时期雕塑（公元 220—公元 581 年）

魏晋南北朝时期，随着封建统治政权的瓦解，整个社会处于割据状态。在思想文化领域，原本居于正统地位的儒家思想受到冲击，老百姓生活困苦不堪。在这种环境下，佛学得到发展，并开始与儒家思想结合交融。在统治者的支持下，各地大兴寺庙、开凿石窟，出现了云冈石窟、龙门石窟、麦积山石窟等具有代表性的石窟艺术。

魏晋南北朝时期雕塑

（五）隋唐时期雕塑（公元 581—公元 907 年）

图 10-9　菩萨立像

经历了 300 多年的割据与动荡后，隋唐时期的社会重新获得了安定，政治和经济空前繁荣，雕塑艺术也进入了发展的新阶段。隋唐时期的雕塑艺术，既融合了南北朝时期的雕塑艺术，又通过丝绸之路吸收了异域艺术，形成了独特的风貌，产生了许多具有时代特色的经典作品。出土于西安北郊的菩萨立像（图 10-9）是用一整块汉白玉雕刻而成的，透明柔润，质地细腻，虽然残缺无首，但充满活力，被誉为“东方的维纳斯”。

（六）宋元明清时期雕塑（公元960—公元1911年）

宋、辽、金时期的雕塑艺术出现了不同于前代的风格特征，其雕塑在保留了民族特色的同时，逐步趋向生活化与世俗化，创作手法写实，材料更加多样化，制作工艺也进一步得到了提高。这一时期的雕塑可分为宗教雕塑、陵墓雕塑和手工艺雕塑三大类。

宋代的帝王陵墓形式基本沿袭唐代，但规模不及。陵墓雕刻注重局部刻画，有明显的写实倾向。虽与汉唐雕塑艺术相比在造型及精神性功能上相对逊色，但从反映现实生活的世俗化角度来看，有其独特的创新之处。

元、明、清时期的石窟造像逐渐走向衰退，寺庙造像的造型也缺乏活力，但建筑雕刻却十分发达。

二、西方雕塑艺术

西方雕塑发展至今，经历了几千年的历史，各个国家和地区在不同的时代产生了大量的经典雕塑艺术作品，为人类文明发展积淀了文化精华。

（一）古代雕塑

远古时期，人类在生产劳动过程中，创造了劳动工具——石器，这些石器便是人类雕塑艺术的早期雏形。位于英国伦敦西南约 120 千米的一个小村庄阿姆特伯里的索尔兹伯里巨石阵，既是人类雕塑艺术史上浓墨重彩的一笔，也是人类史前遗迹的代表作之一。

西方雕塑最早发源于古希腊、古罗马时期，而古希腊的早期雕塑又深受古埃及的雕塑影响。

约公元前 4000 年，作为世界上最早的奴隶制国家，古埃及的雕塑艺术伴随着古埃及早期的建筑出现，并深受神话故事和宗教的影响。金字塔作为上层法老政权和奴隶主追求永恒的产物，就是古埃及文明的象征。在胡夫金字塔法老的陵墓前，有一座巨大的狮身人面像，它是由一整块岩石雕刻而成的。这种神、人、兽三位一体的艺术处理手法与当时的宗教图腾有着很深的关系，也代表了这一时期的雕塑艺术特色。

到古希腊时期，受到追求民主与自由思潮的影响，雕塑艺术得到良好的发展。虽然选材大多数仍然来自神话故事，但艺术表达的诉求却是现实生活的欢乐。这一时期的雕塑艺术可分为古风时期、古典时期及希腊化时期。

古风时期人们开始关注人体的完美比例及运动姿态，并在运动中发掘人体的静态之美。人物表情通常面带微笑，可以看出有着明显的东方神韵，被称为“古风的微笑”。

古典时期相对于古风时期，雕塑有了进一步的创新，“古风的微笑”悄然消失，艺术家们更加注重塑造人物的个性与情感。米隆的《掷铁饼者》是古典时期最具代表性的作品之一，它通过抓住运动的一瞬间，打破静止的场面，从而表现人物内心的情感变化。

希腊化时期是古希腊雕塑艺术的一座高峰。在创作手法上，艺术家运用写实技法刻画人体的姿态来表现人物丰富的内心世界，人物表情生动、衣物纹理处理细腻、线条流畅富有动感。米洛斯的《维纳斯》是其经典代表作。

古罗马艺术在古希腊艺术的基础上发展而来，但弱化了浪漫主义色彩，更加注重写实和叙事。受到为帝王歌功颂德风气和僧侣习俗祭祀的影响，雕塑艺术产生了两种不同的风格，一种注重写实主义，另一种则多了些理想化成分。这个时期的雕塑代表作品《奥古斯都全身像》就是一尊充满英雄主义的帝王雕像。

到了欧洲中世纪，基督教成为主要的统治力量，这一时期的雕塑艺术作品带有浓厚的宗教、政治色彩。中世纪是建筑艺术的一个巅峰时期，代表作品如罗马式教堂和哥特式教堂。而雕塑对建筑起装饰作用，巴黎圣母院中就陈列有大量的雕塑作品，如《亚当》《巴黎圣母院》和《圣母子》。（2019 年 4 月 15 日，巴黎圣母院起火，大火导致整座建筑损毁严重，目前正对其进行修复。）

文艺复兴运动从某种意义上来讲是对古希腊、古罗马文化的一种复兴，但实际上是新兴资产阶级在精神上的一种创新。这一运动从15世纪下半叶到16世纪盛行于欧洲许多国家。这一时期的艺术形式逐渐多样化，雕塑也开始摆脱建筑的依附地位而独立发展。艺术家主张用科学的眼光观察世界和表现世界，宗教化题材也逐渐世俗化。艺术家通过运用透视学与解剖学，使得人物形象的塑造更加细腻、逼真，人物形象上更富有立体感与真实性，形体也极富动感与夸张的艺术效果。被称为“文艺复兴三杰”之一的米开朗琪罗的代表作《大卫》，就是采用写实的处理手法，并运用人体解剖的知识来塑造人物形象。

17世纪，巴洛克风格产生于意大利，并影响了整个欧洲国家的艺术创作。贝尼尼就是这一时期杰出的雕塑艺术家，他的创作线条处理夸张复杂，具有动感，他的雕塑创作中的人物充满了华丽的色彩和浓烈的艺术气氛，深受追捧。

18世纪，法国宫廷中兴起一种艺术风格——洛可可风格，法尔孔奈是洛可可雕塑艺术的主要代表人物之一，代表作有《浴女》《吓唬人的爱神》。

此后，欧洲古代雕塑还出现了新古典主义雕塑、浪漫主义雕塑、写实主义雕塑、现实主义雕塑等。法国著名雕塑家、现实主义雕塑的杰出代表罗丹被誉为西方传统雕塑的集大成者。他深受米开朗琪罗作品的启发，运用现实主义创作手法，创造了《青铜时代》《思想者》《雨果》《巴尔扎克》等一系列享誉世界的经典作品。

（二）现代雕塑

20世纪初，工业文明不仅改变了人们的生活方式，也极大地影响了人们的思想观念。受此影响，雕塑艺术也呈现出多元化的发展倾向，各种艺术流派与新思潮交相辉映，开创了艺术发展的新局面。这一时期比较重要的雕塑艺术家有亨利·摩尔和贾科梅蒂。

亨利·摩尔是英国最主要的雕塑家，他把原始艺术对人的生命的热烈追求和表现形式的率真质朴，与现代艺术反对模仿、摒弃再现，以及追求形式本身的独立价值的观念结合起来，走上了一条既保持西方传统艺术精神，又具有现代审美品格的艺术之路。亨利·摩尔始终将人像作为他作品的中心题材。无论是单个的人像还是群体像，无论是躺卧还是坐立，无论是室内还是室外，他的作品都同自然环境融为一体，表现出强大的生命力。

贾科梅蒂是瑞士超现实及存在主义雕塑大师。作为经历了第二次世界大战的艺术家，他将自己的生命体验融入作品创作当中，揭示了战争的罪恶与人性的困境。他摆脱传统意义上的体块关系，以线为人体的基本造型元素，塑造出憔悴的、幽灵般的人体。人像表面斑驳不平的肌理仿佛满布劫难的创伤，给人的心理与视觉带来强烈的冲击（图10-10）。

图10-10 贾科梅蒂《行走的人》

第二节　雕塑艺术的审美特征

作为造型艺术，雕塑是以雕、刻、塑、铸、焊等手段制作三维空间形象，反映社会生活并表达审美思想的艺术形式。雕塑按形态不同，可分为圆雕、浮雕和透雕（镂空雕）三大类。其中，以圆雕和浮雕最为普遍。所谓圆雕，就是完全立体、可供四面观赏的雕塑。所谓浮雕，就是在平面上雕出凸起形象的雕塑。它通常是用一块底板作为依托。正因为浮雕是依附在一个平面上的，所以只有一个观赏面。浮雕根据表面凸出的厚度不同，一般分为高浮雕和浅浮雕两种。除了按形态分类外，雕塑根据所用材料不同，还可分为石雕、木雕、泥塑、陶塑和金属雕塑等；根据用途和放置地点不同，又可分为城市雕塑、园林雕塑、纪念碑雕塑或纪念雕塑、室内雕塑和案头雕塑等。

一、雕塑艺术的语言

雕塑艺术用三维空间的体积，表现某种形象和节律，达到交流思想感情的目的。雕塑艺术最主要的语言，就是物质实体性的形体及其空间变化。罗丹说："雕塑家一切都要在空间中思考。"说明雕塑家要对体积和空间的变化有高度的敏感，要善于利用和强调体积的组合变化，强调体积感和空间感，使之成为某种力量、某种感觉和某种韵律，必须使体积组合得有对比、有转折、有变化。例如，古希腊菲迪阿斯的雕像是四个面，重心在一只脚，另一只脚是"稍息"的状态，一前一后的两个膝盖，组成一个面，盆骨转向相反方面，又是一个面，胸部又向膝盖的方向转动，成为第三个面，头侧向另一方，是第四个面。这样，表现的是一种稳定、自信、舒展、昂然的感觉。动作的转折很小而且微妙、协调，表现了希腊黄金时代稳定、含蓄、有力、自信的情绪。雕塑正是以这种实体性形体、体积、面的变化，以人体体积的转折及转折的韵律来表现情绪、思想，甚至一个时代的精神。

同时，雕塑艺术的语言还与雕塑的影像和周围的环境密切相关。雕塑的影像是指雕塑整体的大轮廓，实际上就是空间形象。雕塑家为了使自己的作品能吸引人，就要善于抓住对象的突出特点，而舍弃一切与主题无关的东西，以突出主题。雕塑和周围的环境应协调统一、互相衬托，雕塑艺术感染环境，环境使雕塑作品放射出更加夺目的艺术光彩。

二、雕塑艺术之美

雕塑的本领在于它能突出地表现概括了的、理想性强的、单纯的性格、品质和气概。雕塑艺术的美主要体现在以下三方面。

（一）形体之美

一件雕塑作品给人的印象与感受，首先来自它的空间形体。雕塑艺术正是借由"形体"向欣赏者表达色感、触感、质感和情感。我们欣赏雕塑艺术时，不仅要通过视觉去感受，而且要通过触觉去感知，还要结合雕塑作品所处的环境去感悟。

（二）质材之美

雕塑创作需要借助物质媒介材料才能将艺术形象固化。不同的材料和媒介可以产生不同的美感特性，例如，木质纹理清晰美观、色泽深沉、古朴典雅，适合雕刻历史题材、古代人物；大理石质地光洁细腻，适宜表现纯洁、优美的艺术形象；青铜材料坚固、富丽、有金属光泽，适宜表现崇高、高贵的艺术形象。

（三）意蕴之美

雕塑是静态的空间形象，由于受造型语言的限制，只能在动与静的交叉点上，通过瞬间的形象凝练地表达某种思考或内心情感。一位杰出的雕塑家总是能够充分利用雕塑本身的特征，由静制动、由个别见一般、由局部见整体，使作品的造型具备一种从有限中见无限的本领，塑造出富有变化的、高度概括的、美的形象，引发观赏者的遐思。

三、雕塑艺术的欣赏方法

欣赏雕塑作品主要从以下三方面入手：

（1）感受雕塑艺术的形体特征。形体之美是雕塑形式美的灵魂。优秀的雕塑家在塑造艺术形象时，总是在三维空间中透过瞬间的造型展示形象的动势、情绪和生命力。我们在欣赏雕塑艺术时，无疑也应从形体入手，从外在的形体，感受其内蕴的思想感情和生命活力。

（2）探求雕塑作品的精神内蕴。一件雕塑作品创作，总是与艺术家生活的时代、人生的经历及他的审美崇尚有着千丝万缕的联系。欣赏雕塑作品，就要善于循着作者的心灵轨迹去探知单纯的造型形象中蕴含的情绪和审美倾向，从而寻求作品表达的理性诉求和审美理想。

（3）厘清作品与环境的相互关系。雕塑作为一种在三维空间中塑造形体的艺术，不可避免地要与其所处的环境发生联系。我们在欣赏一件雕塑作品时，应当有意识地观察雕塑所处的自然环境和人文环境，琢磨雕塑与环境之间是否存在内在的呼应、对话或共鸣。

第三节　雕塑作品欣赏

一、秦《兵马俑》

《兵马俑》（图 10-11）充分体现了我国古代雕塑高超的艺术水平。这些俑采用陶土烧制而成，运用绘塑结合的表现方式，手法细腻、明快，注重传神。每个陶俑的装束、神态各具特色，情态惟妙惟肖，如坚毅果敢的将军俑、意气风发的武士俑等。兵马俑体型高大，与真人真马几乎等高。其中，武士俑高约 1.8 米，马俑高约 1.5 米。目前发掘出土的兵马俑 8 000 多件，这些俑排列整齐，形成规模庞大的军阵。纵观这规模宏大的俑群，其整体气势之浩大、风格之雄浑厚重、造型之洗练，无不给人以强烈的震撼。

图 10-11　秦《兵马俑》

二、人民英雄纪念碑浮雕

为了纪念在人民解放战争和人民革命中牺牲的人民英雄，中国人民政治协商会议第一届全体会议决定，在北京天安门广场中心修建人民英雄纪念碑。在纪念碑碑身下方，镶嵌着八幅巨大的汉白玉浮雕（图 10-12），分别以“虎门销烟”“金田起义”“武昌起义”“五四运动”“五卅运动”“南昌起义”“抗日游击战争”“胜利渡长江”为主题。浮雕高 2 米，总长 40.68 米，镌刻着 170 多个人物形象，每个人物都和真人一样大小，他们的面貌感情和姿态形象都不相同，生动而概括地表现出中国人民 100 多年来，特别是在中国共产党领导下反帝反封建的伟大革命斗争史实，具有重大的社会意义。这组浮雕作品群，汇集了一批当时全国著名的雕塑家，历时 6 年完成，集中反映了当时我国雕塑艺术的水平。

人民英雄纪念碑浮雕

图 10-12　人民英雄纪念碑浮雕（局部）

三、埃及《纳芙蒂蒂像》

纳芙蒂蒂在古埃及语中是“美丽来临”的意思。《纳芙蒂蒂像》（图 10-13）高 47 厘米，重约 2 千克，至今保存完好。

图 10-13 纳芙蒂蒂像

《纳芙蒂蒂像》被誉为世界雕塑史上最美的女子雕像之一，雕像摆脱了古埃及程式化的艺术特点，造型活泼清丽，色彩质朴生动，特别是皇后清秀的面孔、端正的五官、温和的表情、略带微笑的嘴角和优美的脖颈曲线，构成庄重优雅的仪态。

美的体验

1. 课外阅读

阅读山东画报出版社出版的图书《中国雕塑的故事》，以班为单位举办一次以“雕塑背后的故事”为主题的交流会，与同学们分享读书心得。

2. 实践体验

从雕塑的审美特征出发，向同学们介绍你最喜欢的一件雕塑作品。

3. 思维拓展

随着现代科技的不断发展，人们交流的方式与学习的方式都发生了很大的变化，人们逐渐忽略了身边的美。尝试做一个自塑像，或是捏塑一个你最熟悉的人。

第十一章 绚丽多姿的服饰美

本章导读

服饰是社会综合信息的载体，是人类社会文化的重要组成部分。服饰从起源开始，就积淀了人们的生活习俗、色彩喜好、审美情趣，以及各种文化心态和宗教信仰，这些构成了服饰文化精神文明的内涵。服饰作为一种人工制品，具有一定的功能来满足人们的各种需要。由于人的需求是多层次、多方面的，服饰的功能也表现多方面、多层次的内容，通常把服饰能够满足人的各种物质需要的功能称为物质功能和实用功能，把服饰满足于人各种精神需要的功能称为精神功能，其中包括认知功能和审美功能。随着人类物质经济的迅速发展，人们追求美的精神欲望也变得强烈，审美功能在现代社会就显得越发重要。

思政目标

1. 了解中国传统服饰的发展历史，挖掘中国传统服饰“和谐”“统一”的文化内涵，继承和发扬中华优秀传统文化。

2. 在了解自我的基础上，做到服饰与自己的性格、职业、所处场合密切结合，实现服饰与环境和谐、与职业和谐，以及与性格和谐，形成舒适、大方、得体、和谐的服饰搭配理念。

美学思考

1. 从服饰的演变中可以看出历史的变迁、经济的发展和中国文化审美意识的嬗变。无论是商的“威严庄重”、周的“秩序井然”、战国的“清新”、汉的“凝重”，还是六朝的“清瘦”、唐的“丰满华丽”、宋的“理性美”、元的“粗壮豪放”、明的“敦厚繁丽”、清的“纤巧”，无不体现出中国古人的审美设计倾向和思想内涵。你喜欢中国哪个时期的服饰？说说你的理由。

2. 中西方服饰有何异同？它们分别折射出怎样的文化特点？

美的印象

1972 年，长沙马王堆古墓被发掘。马王堆古墓中出土的著名文物有很多，但是最著名的文物当属一件保存完好的素纱禅（dān）衣，如图 11-1 所示。素纱禅衣全名为“西汉直裾素纱禅衣”，衣长 128 厘米，通袖长 190 厘米，袖口宽 29 厘米，腰宽 48 厘米，下摆宽 49 厘米，共用原料约 2.6 平方米，仅重 49 克。此件素纱禅衣为交领，右衽，直裾，款式类似于当时西汉流行的上下衣裳相连的深衣，面料为素纱，边缘为几何纹绒圈锦。因其无颜色且没有衬里，故出土册称其为素纱禅衣。素纱丝极细，重量还不到 50 克，如果除去袖口和领口，禅衣重量只有 25 克左右，折叠后甚至可以放入火柴盒中，可谓“薄如蝉翼”“轻若烟雾”。这件素纱禅衣代表了西汉养蚕、缫丝、织造工艺的最高水平。

图 11-1　素纱禅衣

美的漫步

第一节　服饰艺术发展概述

一、中国服饰发展史

中国是四大文明古国之一。我国各个民族和各个朝代的服饰互相影响，服饰历史源远流长，其以鲜明特色为世界所瞩目。

中国服饰文化发源于原始社会旧石器时代晚期，从旧石器时代晚期出土的骨针推断，在“未有麻丝，衣其羽皮”的原始社会，人类已经开始利用兽皮等一类自然材料来制作简单的衣服，目的主要是保护身体、抵御寒冷。

商周时期，由于阶级制度严格，当时的统治阶级制定了一套详尽而周密的礼仪制度，以规范社会，安定天下。服装是阶级的标志，穿着规定是非常严格的。衣冠制度初步建立于夏商时期，完善于周朝，中国服饰的基本形制在这个时期被奠定。

春秋战国时期，各种礼仪逐渐废除，男子着装衣长不过膝，以交领、窄袖、腰间束带为基本形式，制衣用料轻薄，为防止薄衣缠身，采用平挺的棉类织物镶边，边上再饰云纹图案，这就是“衣作绣、锦为沿”，它将实用性与审美性巧妙地结合在一起。男子的服饰有冕服、弁服、玄端、深衣等，女子服饰则有炜衣、褕翟、阙翟、鞠衣、展衣、禄衣、纯衣等。

秦汉时期是中国封建社会初步形成与巩固发展的时期，从出土的马王堆衣饰、秦始皇兵马俑等可以看出当时的服饰日益讲究，着装趋于华丽。随着汉代舆服制度的建立，服饰的官阶等级变得特别严格，据史书记载，该时期服饰有皇帝和群臣的礼服、朝服、常服等20多种，服饰的等级差别已十分明显。特别是冠服，在因袭旧制的基础上，发展成为区分等级的基本标识。男子服饰主要有袍、禅衣等，其中，秦汉男子以袍为贵、以袍为尚，秦汉官员的服装除了衣、冠、履的组合外，还讲究佩绶。女子的服饰则主要为深衣和襦裙。

魏晋南北朝时期的服饰基本保留了汉代的基本形式，但在风格特征上也有其独到之处——由汉代的云纹图案发展成卷草花纹。此外，由于当时佛、道思想成为主流思想，等级服饰有所变革，各民族服饰交融，宽衣博带成为上至王公贵族、下至平民百姓的流行服饰。另外，少数民族受汉朝典章影响也穿起了汉服。魏晋南北朝时期的服饰推动了中国服饰文化的发展。

隋唐时期是中国服饰史上一个极为重要的时期：一方面它上承历代冠服制度，下启后世衣冠之径道；另一方面这一时期的服饰兼容并蓄，大放异彩。隋唐时期，社会发生变化，无论官服或民服、男装或女装都表现出开放的思想，服饰日趋华丽，空前繁荣。这一时期的服饰大多是由彩帛、皮革制成的，贵妇人的礼服多以袒胸、低领、大袖为主，同时还有襦裙、半臂巾、披帛巾。唐代的织造技术已达到很高的水平，各种织锦的出现对唐代服饰的发展也起到了促进作用。彩锦、宫锦和刺绣及各种印染花纹（分多套染和单色染）对服饰的影响也非常大。

宋、辽、金、元的服饰大多沿袭隋唐时期的服饰，样式变化不多，色彩也不如唐代鲜艳。在宋代理学及禅宗思想的影响下，服饰风尚趋于拘谨、质朴、高雅，审美观上推崇洁净自然和简约朴素的风格。其中，两宋时期男子以襕衫为尚；宋代妇女服饰上衣大多为袄、襦、衫、抹胸等短制里衣，下身配裙子，颜色常以红紫色为主，通常在外面再穿一件对襟的褙子。辽代服饰以长袍为主。金代服饰为宽袖左衽袍衫。元代服饰沿用了宋代服制，直到公元 132 年元英宗时才制定了上衣连下裳的服制，并且出现了“比甲”“比肩”服饰。

明代对于整顿和恢复传统的汉族礼仪十分重视，上采周汉，下取唐宋，将服饰制度重新做了规定，出现了区别官阶秩序的又一重要标志——补子（在官服胸前或后背上织缀的一块圆形或方形织物）。古代服饰发展到明代，最突出的特点就是之前的纽扣代替了带结，衣裙的比例倒置，由上衣短下衣长到上衣长下衣短，明代织物的样式也更为丰富，如云纹、如意纹、龙凤纹及花鸟虫蝶、福寿字等图案。男子的服装以袍衫为主，而官员以“补服”为常服，其图案和颜色被用于区分官阶。明代普通老百姓的服装或衫或裙，基本上承袭了传统，且品种十分丰富，服饰的颜色大多为紫、绿、桃红等颜色，以免与官服正色相混。

清代的主要服饰是长袍马褂。由于汉族、满族发展不一，汉族女性服饰在康熙、雍正时期还保留着明代的款式，流行小修衣和长裙；乾隆时期以后，衣服渐肥、渐短，袖口日宽，又加云肩，花样繁多；到了晚清，都市女性去裙，改穿裤子，衣服上还镶花边。而满族女性一起都穿“旗装”和花盆底的“旗鞋”。但到清代后期，“旗装”也为汉族的贵妇所用。

中华民族的服饰进入新时代是在辛亥革命之后。在男装方面，民国初年出现了西装革履与长袍马褂并行的局面；在女装方面，辛亥革命带来了多样化，女性除了穿一身袄裤之外，还穿袄裙套裤装。在 20 世纪 20 年代以后，女性喜爱旗袍，旗袍逐渐成为时装而不衰。中华人民共和国成立初期，受苏联的影响，人们以列宁装、布拉吉（连衣裙）、乌克兰衬衫、苏联工人帽为时尚坐标，旗袍、西服逐渐消失，中式长衫、中山装广为盛行。在全面建设社会主义时期，中山装、军便装、人民装是当时的首选服饰，由于特定历史时期“工人阶级领导一切”口号的提出，各大工厂的工作服成为主要样式。后来，绿军装、军便装、军大衣等是主要服饰。改革开放后的一段时间，西装、夹克衫、风衣、西装套裙、运动装、喇叭裤、牛仔裤等服装成为主流。社会主义现代化建设时期，人们的价值观、审美观发生了翻天覆地的变化，有个性 、敢不同成为年轻人的代名词，国际贸易、品牌化盛行，中国服饰朝着多样化、个性化发展。

二、西方服饰发展史

西洋服饰发展主要包括古代（古西亚、古埃及、古希腊、古罗马）、拜占庭时期、中世纪时期、文艺复兴时期、巴洛克时期、洛可可时期、工业革命时期、第一次世界大战时期、第二次世界大战前、第二次世界大战后等阶段。

古西亚地区主要有四种服饰类别，分别是苏美尔服饰、巴比伦服饰、亚述服饰、波斯服饰。

苏美尔服饰主要为包裹式。巴比伦服饰为缠绕式，故又称卷衣。亚述服装种类繁多，流苏装饰得到了广泛的运用。波斯服饰继承了巴比伦、亚述风格的宽大披挂式，同时放弃了巴比伦的缠绕式，减省了多余的流苏装饰，采取了亚述人的直筒紧身式。袖子呈喇叭状，在后肘做出许多褶裥，形成下垂造型，面料也基本沿用亚麻、毛织物等材料。由于古埃及天气炎热，其服饰具有四个特点：简单、宽敞、轻盈、省布，布料多用亚麻布，常用金丝装饰，主要服饰有腰衣、筒形衣裙、褶纹衣、组合装束等。古希腊服饰优美、典雅。古罗马服饰豪华、富丽、庄严，其中托加长袍是世界上最大的衣服，而且罗马法律规定只有罗马男性公民才能穿。

拜占庭时代初期的服装基本上沿用罗马帝国末期的样式，但随着基督教文化的普及，其服装逐渐失去了古罗马服装的朴素和单纯，造型变得呆板、僵硬，而色彩绚丽、华美，流苏、绲边及宝石装饰非常普遍。

中世纪服装受基督教影响十分强烈。由于秉承基督教的教义宗旨，所以人们把鄙视钱财、反对豪华装饰的教义宗旨也融入服装体系中来。因此，中世纪服装大多数表现出结构上的封闭性及造型宽大的特征，颜色上也以素色为主要色彩。基督教的教徒都会穿着一款名为“达尔玛提卡”款式的袍衣。这种袍衣主要特色是从两肩向下，有两条长条状饰带。女性在服饰上变得相当保守，出现把身体紧紧包裹起来的服装款式。中世纪时期最具代表性的服装风格就是哥特式风格，它继承了哥特式教堂建筑风格，新奇、怪诞、大胆。

文艺复兴时期，人们追求人的个性，反对宗教对人的束缚。中世纪时期那种把人的形体层层掩盖的服装，在人文主义的光辉下黯然失色，人们开始通过服装表现人体的形体美、曲线美。

巴洛克服饰上也一改以前灰暗而直板的艺术风格，把目光从人体移到了人与自然的联系上。在服装变得自然、松弛的同时，装饰得到了很大程度的重视并趋向奢侈，这个时期也是男装最艳丽、最疯狂的时期，男性视美如命，他们追逐一切刺激的颜色和饰物，如夸张的假发、华丽的领饰、各种花边的大翻领、丝巾等；女性服饰摆脱了过于人为夸张的特点，丢弃了宽大的裙撑，腰线上移，收腰不明显，使女性外形变得平缓、柔和和圆浑。

洛可可时期的服饰将女性推到繁华至极的盛装时代，一百多年前的裙撑又一次出现，并成了后来几十年中女装不可缺少的重要道具。男装基本继承了巴洛克时期的形式，只是将繁复装饰去掉，渐渐吸收英国绅士风格，简洁、严谨、实用。

工业革命时期，男女服装最显著的变化就是崇尚简朴和古典风范。

第一次世界大战前夕，女性服装仍然流行的是20世纪末的S型样式，服装的造型基本相同，紧凑的上身、宽大的裙子、高耸的衣领，强调胸部，臀部突出，小腹平直，夸张的帽子上有复杂而庞大的鸵鸟毛或鹦鹉毛装饰。

第一次世界大战后，女性从紧身胸衣中解放出来。这一阶段女装变化最显著的特点是流行了数十年的S型服装逐渐消退，紧身胸衣得到改良，其线条趋于直线，在年轻女性与中老年女性穿着行为的激烈较量中，女装从丰胸、束腰、翘臀的传统形态向平胸、松腰、束臀的现代形态转变，裙子逐渐变短，女装具有男服风格。随后香奈儿、迪奥等设计师品牌问世，西方服装逐渐多样化、自由化。

第二节　服饰艺术的审美特征

一、服饰的审美功能

服饰的产生、变化和发展与人类社会的产生、变化和发展密切相关，服饰的发展史就是人类生活史的侧影。服饰审美特征成为服饰美学研究的重要内容。在交际过程中，服饰不仅具有传递信息的作用，而且能够给人以充分的审美享受。对服饰的审美情趣，在一定程度上能表现一个人的精神风貌、知识修养等内在气质，服饰是借助物质手段直接美化人自身的艺术，比其他艺术形式更密切地联系人们日常生活中的审美活动。现代人的形体美和容貌美都同服饰有着密切的关系，形体美要借助于服饰才能表现出来，而容貌美也离不开服饰的渲染和衬托。服饰的造型和色彩的不断变化，能够极其巧妙而灵活地改变和调节人的外表的审美意义，甚至改变形体和容貌原有的审美特征。

二、服饰的审美特征

服饰的审美特征主要体现在两个方面：一是服饰的色彩，二是服饰的造型。

（一）服饰美源于色彩

色彩是能引起人们共同审美愉悦的最为敏感的形式要素，是最有表现力的要素之一，因为它的性质能够直接影响人们的感情。俄国抽象主义绘画大师康定斯基在他的著作《论艺术的精神》中对色彩这一问题就做过阐述。基于他的理论成就，现今人们普遍认同：红色被认为是令人兴奋和激动的，因为它使人们想到火、血和革命的含义；绿色能够唤起人们对自然的联想，它象征生命、青春、和平、新鲜等；而蓝色则像水那样清凉，是典型的冷色，表示沉静、冷淡、理智、高深等；黑色为无色相、无纯度之色，往往给人的感觉是沉静、神秘、严肃、庄重、含蓄等。服饰色彩包括面料色彩、装饰色彩、整体色彩形象等内容。色彩美的最终目的就是协调，色彩除了自身需要协调外，还需要与环境、人体生理特征、时间、空间、物质功能、文化等协调起来。例如，服装上大面积的色彩宜沉着，不宜过分鲜艳，以便使人们在视觉上产生舒适、平衡的感觉。上衣和下装的色彩要协调，不能过于对比，但是，服装的色彩又不能黯淡无光、毫无生气，必须广泛地运用类似色对比或鲜明的色彩对比，以突出重点，使人感到新颖、活泼。

人类的生活是丰富多彩的，而服装的功能也是多样的。不同场合、时节、职业穿着的服装，由于功能和社会意义的不同，也就要求有相应的不同的色彩，从而达到思想、美观和功能的统一。家庭居室的便服，要求式样简练、穿着随意，色彩素雅而沉着，便于从事家务劳动，易于洗涤。在办公室或重大会议上，服装色彩应该庄重、整洁，不宜过于飘逸。运动服，特别是登山服和滑雪衫，要求色彩鲜明夺目，它不但便于运动员在白雪皑皑的山谷比赛时能迅速观察对手，加快自己的速度，而且即使是万一受伤或坠落狭谷中时，也易被直升机发现而得到抢救。另外，不同的年龄、体形、肤色、性格和职业的人们所穿着的服装，色彩也都是各不相同、各得其所的。

（二）服饰美源于造型

人是服饰的载体，服饰是人体美的展示。服饰只有与人体相结合，在人体的各种活动中才能显示出其特有的艺术魅力。服饰是以人体为基础进行造型的，通常被人们称为是人的“第二层皮肤”。在挑选服饰的过程中，应该注重服装版型、饰物样式及其与服装的搭配，扬长避短，使其充分体现人体美，展示服饰与人体完美结合的整体魅力。

服饰的造型，即服饰的款式，是以人的体形、身量和服饰功能为基础设计出来的服饰样式。纵然服饰款式千变万化，然而最终还是要受到人体的局限。不同地区、不同年龄、不同性别人的体态骨骼不尽相同，服饰在人体运动状态和静止状态中的形态也有所区别。20 世纪 30 年代，法国时装设计大师克里斯汀・迪奥，以拉丁字母为形式，按服饰的外轮廓剪影归纳成A、H、X、Y四个基本造型模式。在基本型的基础上稍做变化修饰又可产生出多种变化造型来，如以A型为基础能变化出帐篷线、喇叭线等造型，对H、Y、X型进行修饰也能产生更富情趣的轮廓型。决定外形线变化的主要部分是肩、腰和底边。例如，腰部是服饰造型中举足轻重的部位，其中腰部的松紧度和腰线的高低，是影响造型的主要因素。腰部从宽松到束紧的变化可以直接影响服饰造型从H型向X型的改变，H型自由、简洁，X型纤细、窈窕。腰节线高度的不同变化可形成高腰式、中腰式、低腰式等不同造型的服装，腰节线的高低变化可直接改变服饰的分割比例关系，表达出迥异的着装情趣。

第三节　欣赏服饰美

一、中国服饰

（一）古代服饰

中国服饰文化源远流长。从夏商周时期到近现代的服饰发生了巨大变化，由开始的保守、呆板、等级森严，逐渐向美观、适体、方便、平民化转变，如图 11-2 所示。

秦汉

魏晋

南北朝

隋朝

图 11-2 中国古代女性服饰变迁（秦汉时期至清朝）

1. 原始社会服饰

原始人将兽皮拼接成衣服御寒，多以兽皮为材料，以兽齿、鱼骨、石珠、海贝为装饰。上古时期，在原始经济基础的条件下，原始人类以毛皮围系于下腹部，或许为了御寒，或许为了遮羞和装饰，如图 11-3 所示。

2. 商周时期服饰

商周时期的服饰主要是宽衣长带外加腰饰，即上身穿“衣”，下身穿“裳”，腰间束一条宽边的腰带，肚腹前再加一条“韨”，用来遮蔽下身及膝部，如图 11-4 所示。

图 11-3 上古时期服饰

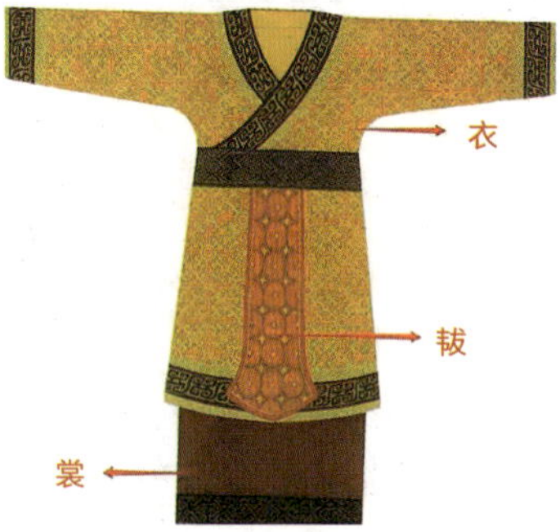

图 11-4 商周时期服饰

3. 秦汉时期服饰

襦裙是汉服的一种，上身穿的短衣和下身束的裙子合称为襦裙，是典型的“上衣下裳”衣制，如图 11-5 所示。襦裙以裙腰之高低，分为齐腰襦裙、高腰襦裙、齐胸襦裙；以领子的样式，分为交领襦裙和直领襦裙等。此外，曲裾深衣也是汉服的一种。《礼记》记载，深衣的一大特点是“续衽钩边”，也就是说，这种服饰的共同特点是都有一幅向后交掩的曲裾，如图 11-6 所示。

图 11-5 襦裙

图 11-6 曲裾深衣

4. 魏晋南北朝时期服饰

魏晋南北朝时期的杂裾垂髾服（图 11-7）是在服装上饰以“纤髾”。所谓“纤”，是指一种固定在衣服下摆部位的饰物，通常以丝织物制成，其特点是上宽下尖、形如三角，并层层相叠。所谓“髾”，指的是从围裳中伸出来的飘带。由于飘带拖得比较长，走起路来如燕飞舞。

5. 唐朝服饰

襦裙是唐朝女性的主要服式。在隋朝及初唐时期，女性的短襦都用小袖，下着紧身长裙，裙腰高系，普通都在腰部以上，有的甚至系在腋下，并以丝带系扎，给人一种俏丽细长的感觉。中唐时期的襦裙比初唐时的较宽阔一些，如图 11-8 所示。

图 11-7 杂裾垂髾服

图 11-8 中唐时期的襦裙

6. 宋朝服饰

宋装继承唐装遗制，女服仍以衫、襦、袄、褙子、裙、袍、褂、深衣为主，宋代褙子（图 11-9）又名背子、绰子，是宋代妇女的日常服饰，是由隋唐时期的“半臂”演变而来的。其样式以直领对襟为主，腋下开胯，衣襟部分时常敞开，两边不用纽扣或绳带系连，任其露出内衣。

图 11-9 宋代褙子

7. 明朝服饰

明朝官服[图 11-10(a)]中最具特点的是乌纱帽，乌纱帽翅因戴者官职、身份不同而各异。其形制前低后高，两旁各插一翅，通体皆圆[图 11-10(b)]。帽内另用网巾以束发。

(a)

(b)

图 11-10 明朝官服与乌纱帽

8. 清朝服饰

清军入关后严格要求汉族男性遵从满族服制，而汉族女性服饰仍沿用明朝服装形制。如图 11-11 为汉族女性所穿的窄袖、大襟、花缎、阔边大袄和绒地绣花对襟大袖袄。图 11-12 为清朝皇帝服饰。

图 11-11 清朝汉族女性服饰

图 11-12 清朝皇帝服饰

（二）近现代服饰

1. 民国时期服饰

20 世纪 20 年代最流行的女装是旗袍。旗袍原为清朝满族女性所穿用的一种服装，两边不开衩，袖长约为 27~33 厘米，衣服的边缘绣有彩绿。辛亥革命以后为汉族女性所接受，并经过西方服装制作工艺的改良，变为直领，右斜襟开口，紧腰身，衣长至膝下，两边开衩，袖口收小，旨在突出女性的曲线美，如图 11-13 所示。

图 11-13　旗袍

2. 改革开放前服饰

改革开放前，与革命相关的服饰成为主流。20 世纪 50 年代，男性主要穿中山装，如图 11-14 所示。女性主要穿布拉吉（连衣裙），如图 11-15 所示。60—70 年代，绿军装成为人们青睐的时装，如图 11-16 所示。

图 11-14　中山装

图 11-15　连衣裙

图 11-16　绿军装

3. 改革开放后服饰

改革开放后，人们的观念发生变更，男士爱穿西装，女士热衷于喇叭裤，如图 11-17 所示。服装的颜色也不再是单一的蓝色、绿色，而是变得丰富多彩。年轻人追求个性和自我，只要自己喜欢什么服装都可以穿，超短裙、短裤、长裙、吊带裙、品牌时装盛行，中国服饰繁荣发展。

图 11-17　改革开放后的服饰

（三）民族服饰

少数民族传统服饰是广大少数民族在漫长的历史长河中所积淀的具有鲜明民族特色的文化结晶。不可否认，少数民族传统服饰是广大少数民族传统文化的重要载体。民族服饰在使用层面上可满足人们的日常生活需求，同时在文化层面上它还是一个民族的象征，蕴含着深厚的文化内涵。我国一共有 56 个民族，在特定的生活环境中，经过时间的发展，每个民族都形成了具有鲜明特色的民族服饰。

1. 维吾尔族服饰

维吾尔族是个爱花的民族，人们戴的是绣花帽，着的是绣花衣，穿的是绣花鞋，围的是绣花巾，背的是绣花袋，其服饰无不与鲜花息息相关。维吾尔族女性喜用对比色彩，使红的更亮，绿的更翠；维吾尔族男性讲究黑白效果，这样更加粗犷奔放，如图 11-18 所示。

图 11-18　维吾尔族男性服饰

2. 蒙古族服饰

蒙古族服饰也称为蒙古袍，主要包括长袍、腰带、靴子、首饰等。蒙古族人民不论男女都爱穿长袍。牧区冬装多为光板皮衣，也有绸缎、棉布衣面者；夏装多布类。长袍身端肥大，袖长，多为红、黄、深蓝色。男女长袍下摆均不开衩。红、绿绸缎做腰带。蒙古族服饰在图案设计上运用了卷草纹、回纹、万字纹等，蒙古袍的领、襟和开衩部位会用多彩的库锦镶边，在工艺上打造特殊的肌理感，如图 11-19 所示。

图 11-19　蒙古族服饰

3. 苗族服饰

银饰、苗绣、蜡染是苗族服饰（图 11-20）的主要特色，从用色上看，他们善于选用多种强烈的对比色彩，努力追求颜色的浓郁和厚重的艳丽感，一般为红、黑、白、黄、蓝五种颜色。

图 11-20　苗族服饰

4. 藏族服饰

藏族的服饰特点是肥腰、长袖、大襟长袍，色彩依次递增。下摆等处多以细毛皮、氆氇或色布镶边。人在白天劳动时多脱掉一袖或双袖，盘扎于腰间。袍内穿一件长袖衬衣。男性束腰带时，一般将袍子下摆提至膝盖。藏族女性的首饰非常丰富，她们用珠宝、金银、象牙、玉器做首饰，比较有特色的是头顶上的“巴珠”、发辫上装饰的银币、胸前挂的护身佛盒“嘎乌”，以及腰上佩的长串金属币、腰刀、火镰盒子等，如图 11-21 所示。

图 11-21 藏族服饰

二、西方服饰

（一）中世纪时期服饰

中世纪时期，主要流行哥特式服饰。男性上衣下裤，头戴罩帽、披肩，身后则垂吊帽尖，垂袖，下裤是紧身的连裤长筒袜。女性则穿连衣裙，贴体、前襟锁扣，长垂袖，下身喇叭形长裙，拖在地面。如图 11-22 所示。

图 11-22 哥特式服饰

（二）文艺复兴时期服饰

文艺复兴时期的服饰，男性衣服上厚下轻；女性服装恰好相反，重心下移，上身收细腰，下身则被夸大，使身体像铜钟，再配以东方丝绸、折扇，以及精巧的服饰配件等，如图 11-23 所示。

图 11-23 文艺复兴时期服饰

（三）巴洛克时期服饰

巴洛克时期出现了长及小腿的筒形长裤，这是西方服饰史上首次出现长裤，其一般有边饰。此外，还出现了像水桶的长筒靴，靴口很大，装饰有蕾丝边饰，向外翻或口朝上，很富有装饰性。如图 11-24 所示。

图 11-24 筒型长裤及长筒靴

（四）洛可可时期服饰

洛可可时期的服装偏于奢华，色彩柔和。裙撑又一次出现并由之前的圆形发展成前后扁平、左右横宽的椭圆形。紧身胸衣经过改良后，改为由后面系戴，下部呈尖三角形，鲸须竖直嵌入，尺寸贴身，比较舒适。臀垫取代裙撑，后臀部又一次膨胀起来，这种前腹稍平后臀翘起的裙形称为巴斯尔样式。18 世纪中叶，男士上衣开始去掉多余的量，衣摆不那么向外张，缓解紧束的腰身，变得更加实用，这种上衣被称为夫拉克。这种服装的特点在于门襟自腰围线开始斜向后下方，是下一时代燕尾服的先声，如图 11-25 所示。

图 11-25 夫拉克上衣

美的体验

1. 课外阅读

阅读 1~2 本中西方服饰类图书，如《中西服饰史》《中国古代服饰研究》等。

2. 实践体验

线下组织一场“服装展”，同学们须穿着中国不同时期的服饰参与活动，现场演示服饰的穿法，相互交流不同时期服饰的特点，现场进行服装展示表演，展示中国服饰之美。

3. 思维拓展

中国服饰制作工艺除了绣花、绛丝、绒花、点翠外还有哪些？作为中国非物质文化遗产，我们可以通过哪些方式来保护它？

第十二章

精美绝伦的器皿美

本章导读

器皿是指用以盛装物品的物件的总称。器皿可以由不同的材料制成，并做成各种形状，以满足人们的不同需求。人类造物历史源远流长，随着生产力的发展、生活的开拓和人们对自然界认识的深化，所创造出的器皿品类越来越多，器皿的功能愈加完善，器皿的造型和装饰也随着人们审美情趣的发展而日益丰富起来。

思政目标

1. 了解中国器皿悠久的历史，感受中华优秀传统文化中器皿的魅力，增强文化自信、民族认同感和自豪感，激发爱国热情。

2. 从欣赏古代的陶器、青铜器、玉石器和瓷器中，掌握对中国古代器皿设计文化的美学解读。

美学思考

1. 中国器皿有哪几种?

2. 说说你所了解的青铜器有几种类型。

美的印象

青铜器在古时被称为“金”或“吉金”，是红铜与其他化学元素（如锡、铅等）的合金。刚刚铸造完成的青铜器是金色的，而出土的青铜器则因为锈蚀变为青绿色，故称为青铜器。

中国青铜器在中国仰韶文化早期和马家窑文化时期就已经出现。中国最初出现的是小型工具或饰物。夏代始有青铜容器和兵器。商中期，青铜器品种已很丰富，并出现了铭文和精细的花纹。商晚期至西周早期，是青铜器发展的鼎盛时期，器型多种多样，浑厚凝重，铭文逐渐加长，花纹繁缛富丽。随后，青铜器胎体开始变薄，纹饰逐渐简化。春秋晚期至战国时期，由于铁器的推广使用，铜制工具越来越少。秦汉时期，随着陶器和漆器进入日常生活，铜制容器品种减少，装饰简单，多为素面，胎体也更为轻薄。

中国青铜器制作精美，在世界青铜器中享有极高的声誉和艺术价值，它代表着中国5 000多年青铜发展的高超技术与文化。图12-1中的两组青铜器器形大气、纹饰精美。猜一猜，它们的用途是什么?

图12-1 青铜器

美的漫步

第一节 器皿发展概述

器皿的设计贯穿着人类文明的始终，从人类的起源到现代化的今天，器皿始终伴随着人们的生活起居。随着生产力的发展，古人逐渐赋予它以装饰使用，这更体现出古人的美学观念。器皿造型伴随着人类文明的发展，经历了漫长的演变和发展过程，大致可以分为古代器型阶段、近代器型阶段和现代器型阶段。

一、古代器型阶段——追求美感的容器

这一阶段主要是指人类原始社会、奴隶社会，以及16世纪前的封建社会阶段。早在旧石器时代，人类就已经开始使用器皿。最初的器皿多以自然界中天然木、竹等为材料，造型也是对材料进行简单修改。直到陶器的发明才出现了有一定实际意义的“设计”造型器。例如，我国半坡时期的小口尖底瓶，在瓶中间的两侧各有一耳，其功能为在河中打水的时候能倒下装水，拉起后能保持直立；在龙山文化中出土的陶器——鬲，是一种模仿动物形态制作的器皿，这种器型能够直接放于火上，且其空足，能够扩大受热面积，提高实用性。到商代时，青铜器得到了充分发展。

在古希腊的“荷马时期”，工匠们会运用平行线、交叉线、三角形、波形纹和四形纹来装饰陶器，构图讲究均匀对称，并结合器物形状，使其具有层次感和节奏感，并富于活泼而稳重的视觉效果。“四马盖罐”就是这一时期古希腊陶器装饰风格的典型。其造型扁平，具有稳重之感；盖子上四匹陶马比肩而立，皆引颈昂首，整齐之中又体现了个体的形态特征，形成了一种富于气势的动态美。“四马盖罐”为浅土红色，上面装饰着由折线、菱形、平行斜线和平行垂线组成的几何图案。这些图形与陶罐平滑优美的造型被巧妙地统一起来。而在用垂线分割的格子里绘有十字交叉的圆圈纹，四周又饰以辐射状短线，充满了象征意味。

在世界范围内，不同的文明大致都有着相似的经历，但是每一个文明都有其独特的一面。像古埃及人，早在公元前3000年就开始以手工方法熔铸或吹制的玻璃器皿来盛装物品；古希腊文明则非常擅长用石材；古代欧洲有广袤的森林，很早就用木板箍桶来酿酒。相对于国外器皿造型的制式，中国古代器皿的造型更加强调器物的使用功能。器皿可以比拟为人，一个器皿或有口、颈、耳、肩、腹，腹有底，底有膛，有柄，有足，或有盖、有钮等。它们之间权衡处理，可以造成各具神气情态的器物。它们大致有器皿的外廓形象：器皿的口，器皿的颈，器皿的耳，器皿的肩，器皿的腹，器皿的足，器皿的盖。

二、近代器型阶段——实用与审美的结合

此阶段相当于 16 世纪末到 19 世纪。这一阶段的西欧、北美国家先后进入资本主义社会，生产力和商品经济都得到较快的发展。两次工业革命更使人类的社会生产力成倍增长。这一时期的器皿制作技术更为完善。19 世纪初，人们发明了使用玻璃瓶、金属罐保存食物的方法，生产机械用来大规模地制造商业器皿。19 世纪中期，英国产生的工艺美术运动是针对当时品质低劣的大众化工业化产品，以复兴手工业，为大众生产美观而实用的物品为宗旨的，但这并不是真正的现代设计运动。近代器皿设计主要是以适应商品的特性并使之便于贮存、保护及运输的附加手段。

三、现代器型阶段——工业化与人性化并存

现代器型实质上是从 20 世纪以后开始的，伴随着商品经济的全球化发展和现代科学技术的高速发展，新的材料和新的技术不断涌现。这一时期的设计师把产品的功能性和实用性紧密结合，同时把实践、展示、销售结合在一起。他们设计的产品至今看来仍然经典、实用，甚至很“现代”。

各个国家都有着各自民族风格的特色。例如，俄罗斯的构成主义探索了一些新的艺术风格。北欧国家则力求把手工艺和现代工业设计结合起来，创造出一种具有艺术性的工业产品。在认同功能主义的同时，它还强调产品设计的人情味。他们的设计简洁优雅，做工精致考究，形式与功能完美统一，多在传统和民间的样式及自然的元素中获得设计的灵感，采用自然的材料中生命的纹理和温暖的肌理感。德国本身就涵盖着一种严谨、认真的特性，因此它的器皿造型更加注重质量、功能、技术，强调系统性和秩序感，逻辑性和标准化是其思想核心。意大利的设计则是传统工艺、现代思维、个人才能、自然材料、现代工艺、新材料等的综合体。而日本不仅能延续发展其民族传统风格，还可以将大量的新科技运用于器皿造型设计上，并成为一大亮点。

第二节 陶器

陶器是黏土或陶土经捏制成形后烧制而成的器具，在古代是一种生活用品，现今一般作为工艺品收藏。中国陶器历史源远流长，简单粗糙的陶器在新石器时代就已出现，它们古朴中透着大气，庄重中不失美观，是中华民族历史中永不褪色的文化瑰宝。下面从地域文化和外观呈现两个方面来展现陶器的发展历程。

一、从地域文化来看

从地域文化来看，比较有代表性的是裴李岗文化、仰韶文化、马家窑文化、大汶口文化等。裴李岗文化是黄河中游地区新石器时代早期文化的代表，代表器型主要有罐、杯、豆、三

足钵、三足壶等，以泥质红陶数量最多，少有纹饰，显得纯粹、质朴，如图 12-2、图 12-3 所示。仰韶文化是黄河中游地区的新石器时代彩陶文化，代表器型主要有盆、罐、钵和小口尖底瓶等，以细泥红陶和夹砂红陶为主，造型优美，纹饰以黑彩为主，兼用红色，如图 12-4 所示。马家窑文化是仰韶文化在今甘肃、青海地区的进一步发展，其彩陶制作特别发达，器型主要有钵、瓮、盆、双耳罐等，器物上的纹饰（如涡纹、小波纹、三角纹、菱形纹等）粗细匀净，图案流利生动、富有动感，如图 12-5 到图 12-7 所示。大汶口文化因山东省泰安市大汶口遗址而得名，其陶器色彩丰富，以白陶、蛋壳陶闻名，典型器型为钵、豆、背壶、高柄杯、瓶和大口尊等，如图 12-8、图 12-9 所示。

图 12-2 裴李岗文化红陶双耳壶

图 12-3 裴李岗文化红陶深腹罐

图 12-4 仰韶文化彩陶钵

图 12-5 马家窑文化彩陶涡纹壶

图 12-6 马家窑文化舞蹈纹彩陶盆

图 12-7 马家窑文化彩陶曲折纹罐

图 12-8 大汶口文化彩陶盉

图 12-9 大汶口文化彩陶背壶

二、从外观呈现来看

根据外观呈现的不同，陶器可分为红陶、黑陶、灰陶、白陶、彩陶、印纹陶和釉陶等。红陶、黑陶和灰陶之所以颜色不同，是因为烧制过程中陶坯与氧气的接触程度不同。红陶烧制时陶坯与氧气充分接触；黑陶烧制时将窑密封，避免陶坯与氧气接触；灰陶烧制时则有意减少入窑的空气，使氧气供应不足。红陶最为常见，其器表呈红色，显得质朴大气，如图 12-10 所示；黑陶温雅细腻，其中的细泥薄壁黑陶有“黑如漆，声如磬，薄如纸，亮如镜，硬如瓷”的美誉，如图 12-11 所示；灰陶则较为别致，如图 12-12、图 12-13 所示。白陶的原料并非陶土，而是高岭土，烧成后质地洁白细腻，是一种极珍贵的工艺品，如图 12-14 所示。彩陶是指在打磨光滑的橙红色陶坯上，用赭石和氧化锰作为呈色材料，描绘图案后入窑烧制，烧制后呈现出赭红、黑、白多种颜色的陶器（图 12-15），仰韶文化时期是彩陶最繁荣的时期。印纹陶是新石器时代晚期至汉代的模印纹饰陶器，它是在做好的陶坯未干时，用印模将所需花纹捺印在特定部位再进行烧制，如图 12-16 所示。釉陶是指表面有釉的陶器，出现于汉代（图 12-17），始为单色，后发展为三色。唐三彩（图 12-18、图 12-19）的出现代表釉陶发展到了顶峰。

图 12-10 红陶

图 12-11 黑陶鼎

图 12-12　汉代敞口缓肩平底灰陶壶

图 12-13　崧泽文化灰陶绳索纹罐

图 12-14　白陶鬶

图 12-15　磁州窑龙凤纹罐

图 12-16　印纹陶罐

图 12-17　东汉绿釉陶壶

图 12-18　唐三彩陶器

图 12-19　唐三彩瓷器

第三节 青铜器

中国青铜器的历史源远流长，绽放着绚丽璀璨的光芒。它揭示了先秦时期的铸造工艺、文化水平和历史源流，因此被史学家们称为“一部活生生的史书”。青铜器的特点是器形独特、纹饰精美、铭文典雅。其按用途可分为食器、酒器、水器等。

一、食器

食器，即古人盛黍、稷、稻、粱等食物的器具，主要有鼎、簋(guǐ)、豆等。现今已发现的最大的青铜食器是商代的后母戊鼎(图 12-20)，该鼎呈长方形，鼎身以云雷纹为底纹，上有龙纹盘绕，四角为饕餮纹，工艺精美，形制雄伟，被称为“鼎中之王”。簋是商代和西周时期宴享和祭祀时盛黍、稷等食物的器具，器形威严庄重，代表了贵族的地位，如图 12-21 所示。豆是日常盛放腌菜、饭食的器具，器形圆润，流行于春秋战国时期，如图 12-22 所示。

图 12-20 后母戊鼎

图 12-21 西周窃曲纹簋

图 12-22 战国青铜蟠龙纹豆

二、酒器

在古代，酒是祭神享祖、礼仪交往、宴宾会客等活动的必备之物，盛酒的青铜器自然就成了礼器。酒器包括尊、壶、爵、角等。商代的四羊方尊是我国现存最大的青铜方尊，此尊器制浑厚，造型雄奇，设计精巧，让人叹为观止，被史学界称为“臻于极致的青铜典范”，如图 12-23 所示。壶是古代的一种盛酒器，流行于商代至汉代，较为著名的是春秋晚期的绹索龙纹壶（图 12-24），它高体、束颈、鼓腹，遍布纹饰，极为精美。爵是一种用于盛放、斟倒和加热酒的青铜器具，表面刻有精美的花纹，看起来高雅古朴，如图 12-25 所示。角用于盛酒、温酒和饮酒，同时又是一种量器，形制与爵相似，盛行于商代，如图 12-26 所示。

图 12-23 四羊方尊

图 12-24 绹索龙纹壶

图 12-25 商代兽面纹爵

图 12-26 史迹角

三、水器

水器，即贮水器具。商周时期，贵族在祭神拜祖、宴前饭后进行严格的沃盥之礼时，会使用浇注和盛水的青铜水器，因此青铜水器也可归为礼器。最常见的水器是盘和匜（yí），如图 12-27、图 12-28 所示。

图 12-27　鱼龙纹铜盘

图 12-28　青铜匜

第四节　玉石器

玉石器在我国已有 7 000 多年的历史。在漫长的发展历程中，玉石器被人们赋予了丰富的文化内涵，已经成为我国文化的重要组成部分。我国早期的玉石器出现于新石器时代，该时期的玉石器以动物题材为主，风格质朴而豪放，象征性极强。其中，具有中国玉石文化代表性的新石器时代玉石器有玉雕龙，其呈碧绿色，体卷曲，形似“C”字，背有一对穿圆孔，可供穿挂用，如图 12-29 所示；还有玉双虎首璜，其风格朴素雅致，有兽面纹及其他繁密精细的装饰花，令人瞩目，如图 12-30 所示。

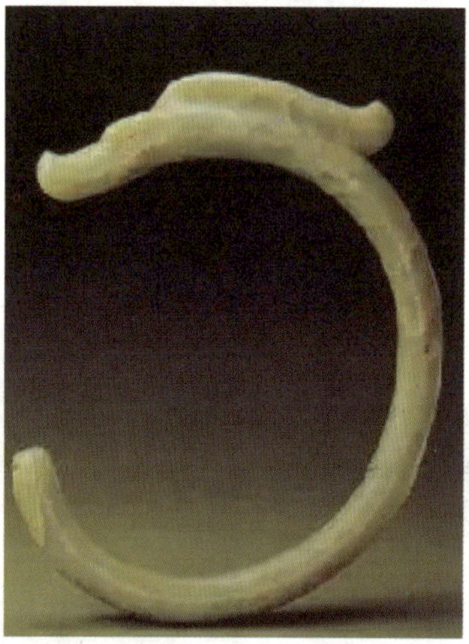

图 12-29　玉雕龙

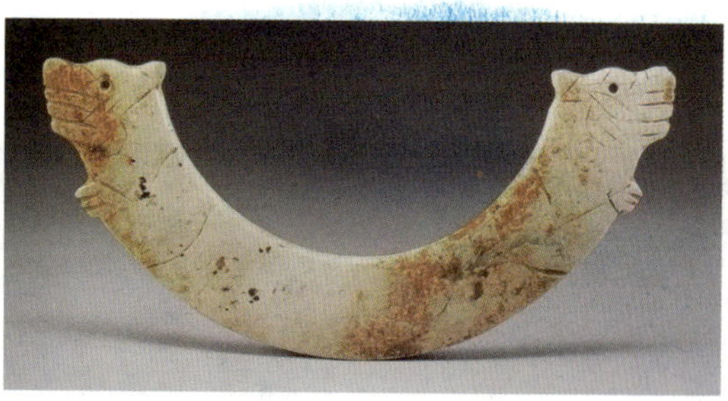

图 12-30　玉双虎首璜

汉代是玉石器创作的一个高峰，具有代表性的有透雕双龙高钮谷纹白玉璧（图 12-31）、西汉双龙玉佩（图 12-32）、廓龙纹玉佩（图 12-33）等，各个精雕细琢、浑厚豪放，彰显着汉代的艺术风格。两宋、元朝的玉石器承袭了两宋画风，画面构图复杂，多层次，形神兼备，有浓厚的绘画趣味。南宋荷叶形白玉杯（图 12-34），元朝的春水玉（图 12-35）、秋山玉（记录契丹等北方游牧民族在春秋季狩猎活动的玉作，称为“春水”“秋山”）是代表这一时期琢玉水平的佳作。明清时期是我国玉石器的鼎盛时期，该时期的玉石器造型丰富、工艺精巧细腻，产生了无数精巧绝伦的玉石器精品，从明代青玉镂雕枝叶葵花杯、梅花花插，清代的玉如意、白玉宫扇等可见一斑，如图 12-36 到图 12-39 所示。

图 12-31 透雕双龙高钮谷纹白玉璧

图 12-32 西汉双龙玉佩

图 12-33 廓龙纹玉佩

图 12-34 南宋荷叶形白玉杯

图 12-35 元朝春水玉饰

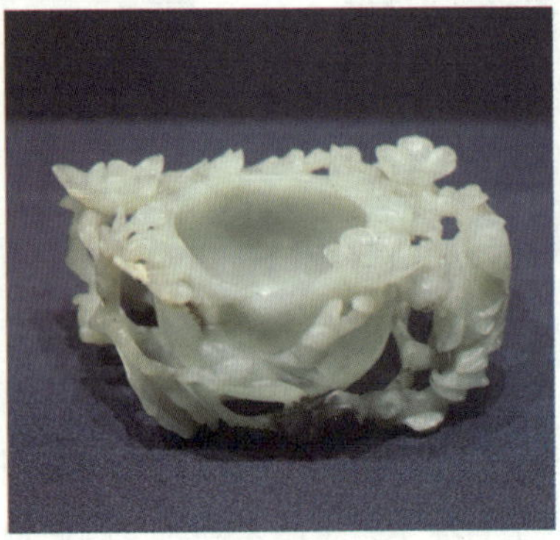

图 12-36 青玉镂雕枝叶葵花杯

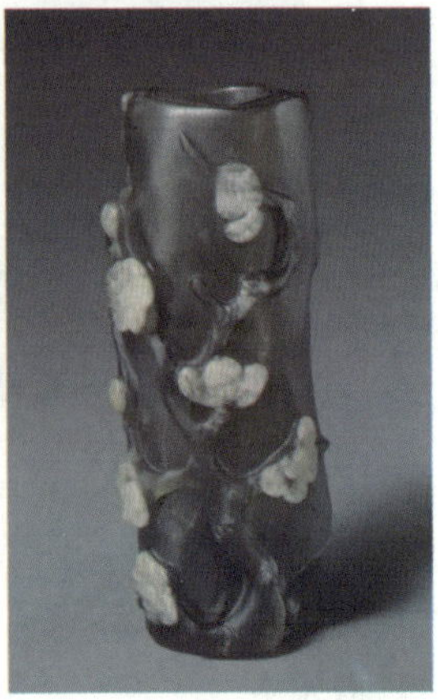

图 12-37 梅花花插

图 12-38　清代白玉浮雕岁岁丰收如意

图 12-39　白玉宫扇

第五节　瓷器

我国是世界上最早发明瓷器的国家，在瓷器技术和艺术上的成就很早就传播到了世界各国，并享有“瓷器之国”的盛誉。

原始瓷自商周时期出现，发展至东汉时期已形成了真正的瓷器。隋唐五代是我国古代瓷业全面发展的时期，该时期的瓷器精品以隋代白瓷罐和白瓷龙柄鸡首壶为代表，它们造型独特，制作精致，釉质温润洁白，显示出隋代白瓷生产的极高水平，如图 12-40、图 12-41 所示。

图 12-40　白瓷罐

图 12-41　白瓷龙柄鸡首壶

宋代是我国古代瓷器制作的全面鼎盛时期，当时的瓷器制作已有了明确的分工，所谓五大名窑——定窑、汝窑、官窑、哥窑、钧窑，就是典型代表，它们都有其独特的风格。例如，宋代官窑的瓷器施釉较厚，釉质精细，釉面光润，成乳浊状，有玉质感，釉色以天青色和淡雅的青绿色为上品，有粉青、翠青和月白等多种颜色，如图 12-42、图 12-43 所示；钧窑以烧制铜红釉为主，蚯蚓走泥纹是其特征之一（图 12-44），古人曾用“夕阳紫翠忽成岚”等诗句来形容钧瓷釉色灵活、变化微妙之美。到了清代，匠人的制瓷技巧达到了历史的又一巅峰。清代彩瓷在明代的基础上分化出更多的颜色，涌现出了一些青花瓷精品及珐琅彩瓷、粉彩瓷等新品种（图 12-45 到图 12-47），从而丰富了清代的瓷器装饰及品种。

图 12-42　南宋郊坛下官窑鬲式炉

图 12-43　南宋官窑粉青釉三足炉

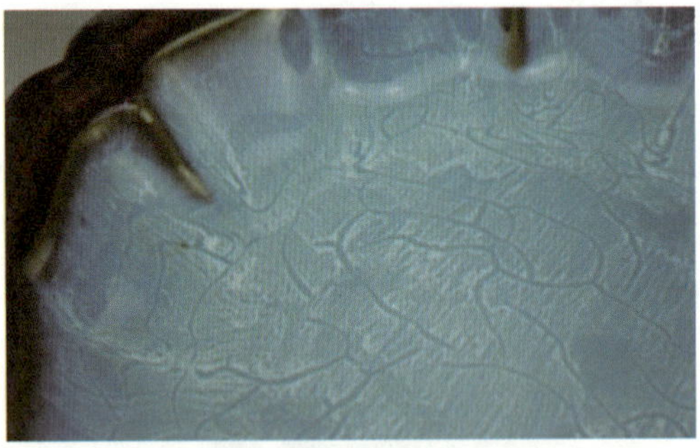

图 12-44　蚯蚓走泥纹

图 12-45　清代景德镇窑青花仙芝祝寿纹瓶

图 12-46　掐丝珐琅缠枝莲狮纽香薰

图 12-47　清代双联花瓶

此外，青瓷是我国陶瓷烧制工艺的珍品，它以瓷质细腻、线条明快流畅、造型端庄浑朴、色泽纯洁而斑斓著称于世。青瓷被称为“青如玉，明如镜，声如磬”的“瓷器之花”，是瓷中之宝，珍奇名贵（图 12-48、图 12-49）。

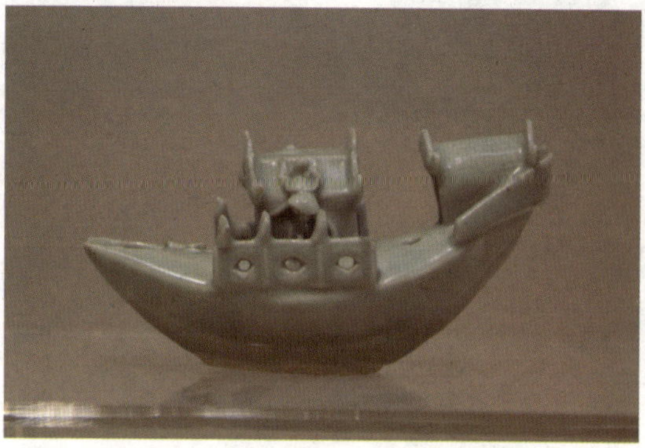
图 12-48 元代龙泉窑青瓷舟形砚滴

图 12-49 宋代龙泉窑青釉菊瓣纹盘

美的体验

1. 课外阅读

实地观看一次博物馆展览，感受中国古代器皿之美。

2. 实践体验

登录中国国家博物馆网站（https://www.chnmuseum.cn/），感受中华民族辉煌灿烂的文明。

3. 思维拓展

（1）了解器皿构成的基本要素，体会器皿之美。

（2）掌握器皿艺术的审美特征与欣赏方法。

第十三章

独具特色的饮食美

本章导读

我国的饮食文化经过数千年的发展和积淀，凭借其厚重的文化底蕴以及丰富的精神内涵和思想价值，成为我国优秀传统文化中最瑰丽的组成部分，中国饮食文化可以从时代与技法、地域与经济、民族与宗教、食品与食具、消费与层次、民俗与功能等多种角度进行分类，展示出不同的文化品位，体现出不同的使用价值，异彩纷呈。中国的烹饪，不仅技术精湛，而且有讲究菜肴美感的传统，注意食物的色、香、味、形、器的协调一致。中国人在饮食过程中讲究饮食品质、审美情趣、情感活动及社会功能等独特的文化底蕴。此外，不同的地域也展现出不同的饮食习惯，中国饮食之美可谓是美得丰富多彩。

思政目标

1. 了解灿烂的中国饮食的审美特征和饮食文化，坚定文化自信。

2. 通过学习中国菜品文化、酒文化、茶文化中的育人元素，深入挖掘蕴藏文化背后的审美意象、思想道德和价值观念，培养人文素养，增强民族自豪感，继承和发扬中华传统文化。

美学思考

1. 对于酒文化中的“中庸文化”，你是如何理解的？

2. 你喜欢哪个菜系？说说你的理由。

美的印象

北宋元丰二年十二月（公元 1080 年初），著名政治家和文学家苏轼因“乌台诗案”被贬至湖北黄州（今湖北省黄冈市黄州区）任协团练副使。由于贬职，苏轼每月薪俸不多，生活并不宽裕。后老友马正卿为他请得黄州城东旧时营防废地数十亩，让他在那里亲自带人开垦耕种。次年冬天，苏轼即乔居黄州城东坡躬耕，在荒地树林里筑起了一间草房，并在房壁上绘上雪景，名曰“东坡雪堂”，因而自号“东坡居士”。他在这里除常与人赋诗下棋外，闲暇时便研究起烹饪技术，还亲自烹制各式菜肴，经常与友人一起吟诗唱酬，煮肉喝酒，借以发泄政治上失意苦闷。驰名全国的东坡肉（图 13-1）就是由苏轼在这一时期亲自创制的。后来，随着苏轼的升迁，此菜传遍大江南北，曾相继被介绍流传于苏、杭等地。

那么，黄州东坡肉又是怎样创制出来呢？因黄州物产丰富，粮多猪多，肉价便宜，又因苏轼一向喜食猪肉，有一次家中来客，他即烹制猪肉飨客，把猪肉下锅，着水放调料后，以微火慢慢煨着，便与客人下起棋来，两人对弈，兴致甚浓，直至局终，苏轼才恍然想起锅之肉。他原以为一锅猪肉定会烧焦，于是急忙进厨房，却顿觉香气扑鼻，揭锅一看，只见猪肉色泽红润，汁浓味醇，吃起来醇香可口，糯而不赋、香而不腻，并博得客人们的高度评价，苏轼本人也由此得到了启发，尔后如法复制，同样味美。自这以后，他便常做此菜，有客待客，无客自食，还将烹制这道菜的经验进行总结，写了一首《猪肉颂》：“洗净铛，少着

图 13-1　东坡肉

水，柴头罨烟焰不起。待他自熟莫催他，火候足时他自美。黄州好猪肉，价贱如泥土。贵者不肯食，贫者不解煮。早晨起来打两碗，饱得自家君莫管。”

苏轼煮食猪肉，确属烹制得法。按他自己总结的烹饪要领是“慢着火，少着水”，故而烹制出的东坡肉味极鲜美。因为“慢着火，少着水”能使汤汁稠浓，味道自然醇厚强烈。

第一节　中国饮食的审美特征

我国饮食文化是中国文化的重要组成部分，其内容博大精深，涵盖面极广。人们的生活离不开“柴米油盐酱醋茶”，人的生存、繁衍、发展都离不开饮食，吃，似乎是人生活中的第一件大事。饮食的审美特征，主要包括烹调美、名字美、色彩美、口味美、造型美、器具美等。

一、烹调美

烹调，就是烹与调的组合。烹，是指将食物由生变熟；调，是指五味调和，形成色香味俱全的美食。要达到此效果，第一，要了解原材料自身的特性。原材料不同，处理也不同。了解了原材料的特性，才能在烹饪中保证食材原有的味道。第二，菜料的搭配要科学、合理。要处理好主菜与配菜的关系、色彩的搭配等。第三，烹饪应掌握火候，大火用作爆炒，中火用于烧、烤、煮，小火用作焖、蒸。第四，关于调料的选择，由于不同的调料其性质、属性、色彩、原料不同，用法、用量应考虑季节、地区。只有这样，才能制作出美味佳肴。

二、名字美

我国美食的名字颇为讲究，不仅丰富多彩，而且寓意深刻。中国菜的名字，除了菜品本身的标签外，还糅合了文学、艺术的特征。有写实的，如辣子鸡丁、酸辣土豆丝、西红柿炒鸡蛋等；有写意的，如佛跳墙、狮子头、燕子归巢等；有以人物命名的，如东坡肉、麻婆豆腐、贵妃鸡等；有具有文化艺术色彩的，如年年有鱼、蚂蚁上树、过桥米线、鲤跃龙门等。中国菜的名字从表达方式上来讲，充分反映了我国人民的文化素养和美学追求，食客在品尝菜品之前就已经有了美的感受。

三、色彩美

饮食的色彩美来源于两个方面：一是食材的本色，利用加热后食材自然的色彩给人以美的享受；二是科学的染色，有意识地加工处理，主要运用于面食和糕点之中。色彩美给人印象最直接、最深刻，能够使人胃口大增。

四、口味美

口味美包括“香”和“味”，“香”给人以嗅觉美感，有清香、醇香、酱香、五香、辣香等；“味”给人以味觉美感，有咸、淡、辣、甜、酸、麻、苦等。烹饪方式、调料、火候等的不同，也会产生不同的口味。

五、造型美

我国饮食的造型美一直保持着优良的传统。饮食造型分热菜、冷盘、面点等多种，有单菜独体造型、单菜群体造型、多菜组合搭配造型等，食物经过加工造型后，已经脱离了物质原有的形态，视觉享受远远超过口欲之福。饮食的造型美可以说是饮食形式美的关键，没有好的造型就不会给人以美的精神享受，正是造型把饮食从单纯的口腹满足提升到精神享受的高度。

六、器具美

如果说色香味形是对食物本身的赞赏，那么器具则是对饮食餐具的讲究。形形色色的餐具不仅是饮食风俗的重要内容，也是饮食美学的重要内容。我国的饮食器具随着陶器的产生而产生，制作工艺精美，如古代的酒器“爵”“尊”“杯”等，这几种酒器的主体部分都雕有各种生动形象的花纹，有的还以动物形象出现。此外，古色古香的陶盘、青花瓷碗、华贵典雅的金花银线盘盏也都是色彩鲜艳、制作精美、生动形象。随着时代的发展，如今的器具材质、形状、制作手法都更为丰富，器具和食物搭配起来，营造出一种意境，使人获得更深广的美的感受。

第二节　地方菜系

我国土地面积辽阔，由于地理位置、气候、风俗等的不同，衍生出了丰富多彩的地方美食。

一、鲁菜

鲁菜也称山东菜。鲁菜是四大菜系中的自发型菜系，在中国最早形成了系统的烹饪理论和烹饪技法。其源远流长、一脉相承，是历史最悠久、最见功力的菜系。由于山东位于黄河下游，气候温和，省内汇集有大河、大湖、丘陵、平原、大海等多样性的地貌，造就了鲁菜的食材选料品种异常丰富与均衡，丰富的食材品种直接激发了鲁菜烹饪技法的丰富多样。山东大地得天独厚的物质条件，加上2 000多年来浸润着儒家学派“食不厌精，脍不厌细”的精神追求，终成鲁菜系的洋洋大观。其代表菜品有葱烧海参（图12-2）、奶汤蒲菜、德州扒鸡、烩乌鱼蛋汤、白扒四宝、蟹黄鱼翅、油爆双脆、一品豆腐、清汤西施舌、奶汤核桃肉、糖醋黄河鲤鱼、九转大肠（图12-3）等。

图 13-2　葱烧海参

图 13-3　九转大肠

二、川菜

川菜，即四川地区的菜肴，是中国汉族四大菜系之一，也是最有特色的菜系、民间最大菜系，同时被冠以“百姓菜”之名。川菜以麻、辣、鲜、香为特色。原料多选用家常食材，以“味”闻名，味型较多，富于变化，以鱼香、红油、怪味、麻辣较为突出。川菜的风格朴实而又清新，具有浓厚的乡土气息。代表菜品有鱼香肉丝、回锅肉、麻婆豆腐（图 13-4）、水煮鱼、毛血旺（图 13-5）、钵钵鸡等。

图 13-4　麻婆豆腐

图 13-5　毛血旺

三、粤菜

粤菜，即广东菜，其最大特点就是生、鲜、活、杂，口味以鲜香为主。选料精细，清而不淡，鲜而不俗，嫩而不生，油而不腻。粤菜讲究菜的气势、档次。在世界各地粤菜与法国大餐齐名，国外的中餐也基本上是粤菜。因此有不少人认为粤菜是海外的中国代表菜系。其代表菜品有白切鸡（图 13-6）、烧鹅、烤乳猪、红烧乳鸽、蜜汁叉烧（图 13-7）、上汤焗龙虾、清蒸石斑

图 13-6　白切鸡

鱼、菠萝咕噜肉（图 13-8）等。

图 13-7 蜜汁叉烧

图 13-8 菠萝咕噜肉

四、苏菜

苏菜，即江苏菜，是中国汉族八大菜系之一。由于苏菜和浙菜相近，因此其又和浙菜统称为江浙菜系。主要以金陵菜、淮扬菜、苏锡菜、徐海菜等地方菜组成。苏菜起源于2 000多年前，其中金陵菜起源于先秦时期，当时吴人善制炙鱼、蒸鱼和鱼片。1 000多年前，鸭已为南京美食。南宋时，苏菜和浙菜同为“南食”的两大台柱。苏菜擅长炖、焖、蒸、炒，重视调汤，保持菜的原汁原味，风味清鲜，浓而不腻，淡而不薄，酥松脱骨而不失其形，滑嫩爽脆而不失其味。著名菜肴有金陵烤鸭（图 13-9）、清炖蟹粉狮子头（图 13-10）、大煮干丝、三套鸭、软兜长鱼、水晶肴肉、彭城鱼丸等。

图 13-9 金陵烤鸭

图 13-10 清炖蟹粉狮子头

五、湘菜

湘菜，又称湖南菜，是中国历史悠久的汉族八大菜系之一，早在汉朝就已经形成菜系，以湘江流域、洞庭湖区和湘西山区的三种地方风味为主。湘菜制作精细，用料上比较广泛，口味多变，品种繁多；色泽上油重色浓，讲求实惠；品味上注重香辣、香鲜、软嫩。其代表菜品有辣椒炒肉、剁椒鱼头（图 13-11）、湘西外婆菜、吉首酸肉、永州血鸭、腊味合蒸（图 13-12）等。

图 13-11　剁椒鱼头

图 13-12　腊味合蒸

六、闽菜

闽菜是中国八大菜系之一，历经中原汉族文化和闽越族文化的混合而形成。闽菜发源于福州，以福州菜为基础，后又融合闽东、闽南、闽西、闽北、莆仙五地风味菜而形成。

闽菜狭义上是指福州菜，最早起源于福建福州闽县，后来发展成福州、闽南、闽西三种流派，即广义上的闽菜。由于福建人民经常往来于海上，于是饮食习俗也逐渐形成带有开放特色的一种独特的菜系。闽菜以烹制山珍海味而著称，在色香味形俱佳的基础上，尤以“香”“味”见长，其清鲜、和醇、荤香、不腻的风格特色，以及汤路广泛的特点，在烹坛园地中独具一席。闽菜除招牌菜佛跳墙（图 13-13）外，还有鸡汤汆海蚌、八宝红鲟饭，白炒鲜竹蛏、太极芋泥、淡糟香螺片、爆炒双脆、南煎肝、荔枝肉、醉排骨、荷包鱼翅、龙身凤尾虾、翡翠珍珠鲍、姜母鸭（图 13-14）等。

图 13-13　佛跳墙

图 13-14　姜母鸭

七、浙菜

浙菜，即浙江菜，是中国汉族八大菜系之一。浙江山清水秀，物产丰富，故谚曰：“上有天堂，下有苏杭。”浙菜菜式小巧玲珑，清俊逸秀，菜品鲜美滑嫩，脆软清爽。运用香糟、黄酒调味。烹调技法丰富，尤为在烹制海鲜、河鲜时有其独到之处。其口味注重清鲜脆嫩，保持原料的本色和真味。菜品形态讲究，精巧细腻，清秀雅丽。代表菜品有东坡肉、西湖醋鱼（图 13-15）、干炸响铃、荷叶粉蒸肉（图 13-16）等。

图 13-15 西湖醋鱼

图 13-16 荷叶粉蒸肉

八、徽菜

徽菜起源于南宋时期的古徽州，徽菜即安徽菜，是以皖南菜为代表的皖南菜、皖江菜、合肥菜、淮南菜、皖北菜的总称。口味以鲜辣为主。擅长烧、炖、蒸，而爆、炒菜少，重油、重色、重火功。重火功是历来的，其独到之处集中体现于擅长烧、炖、熏、蒸类的功夫菜上，不同菜肴使用不同的控火技术，形成酥、嫩、香、鲜的独特风味，其中最能体现徽式特色的是滑烧、清炖和生熏法。其代表菜品为腌鲜鳜鱼、蒸香菇盒、卤甲鱼（图 13-17）、黄山炖鸽等。

图 13-17 卤甲鱼

第三节 茶文化

中国是世界上最早发现茶树、利用中国茶叶和栽培中国茶树的国家。茶树的起源至少已有六七万年的历史。茶被人类发现和利用，大约也有四五千年的历史。中国从何时开始饮茶，众说不一，西汉时已有饮茶之事的正式文献记载，饮茶的起始时间应当比这更早一些。茶以文化面貌出现，是在汉魏两晋南北朝时期。茶是中国人的国饮，中医上讲茶有明目、清脑、利尿等功能。茶中含有多种维生素、儿茶素、矿物质等成分，现代科学也证明茶有医学上的效用，对人体有益处。因此，茶已被世界各国公认为是天然的健康饮料之一。

一、茶叶的分类

茶叶可以分为绿茶（图 13-18）、红茶（图 13-19）、白茶、黄茶（图 13-20）、黑茶、乌龙茶等。绿茶主要包括毛尖、龙井、碧螺春、毛峰、剑毫、瓜片等。红茶包括正山小种、滇红、信阳红等。乌龙茶包括铁观音、黄金桂、大红袍、单纵等。黄茶包括蒙顶黄芽等。绿茶是采取茶树的新叶或芽，未经发酵，经杀青、整形、烘干等工艺制作而成的，保留了鲜叶的天然物质。红茶属于全发酵茶，是以适宜的茶树新芽、叶为原料，经萎凋、揉捻（切）、发酵、干燥等一系列工艺过程精制而成的茶。萎凋是红茶初制的重要工艺，红茶在初制时称为“乌茶”。红茶因其干茶冲泡后的茶汤和叶底色呈红色而得名。从制作工艺上来说，黄茶相比于绿茶只是多了一道闷黄的工艺，因此茶叶呈现黄色。

图 13-18　绿茶

图 13-19　红茶

图 13-20　黄茶

二、茶文化

中国茶文化是中国制茶、饮茶的文化，茶文化是中华文化教育的重要组成部分，其历史悠久，内涵丰富。无论是历史文人生活中的“琴棋书画酒诗茶”，还是平民百姓生活中的“柴米油盐酱醋茶”，茶都是不可缺少的。茶文化发展至现代，茶的社会功能更加突出，归纳其重要方面大致有 21 项：以茶会友、以茶联谊、以茶示礼、以茶代酒、以茶倡廉、以茶表德、以茶为模、以茶养性、以茶为媒、以茶祭祀 、以茶作禅、以茶作诗、以茶作画、以茶歌舞、以茶献艺、以茶旅游、以茶做菜、以茶为食、以茶设宴、以茶健身、以茶制药。

三、茶艺

茶艺包括选茗、择水、烹茶技术、茶具艺术、环境的选择创造等一系列内容。茶艺背景是衬托主题思想的重要手段，它渲染茶性清纯、幽雅、质朴的气质，增强艺术感染力。不同风格的茶艺有不同的背景要求，只有选对了背景才能更好地领会茶的滋味。要想泡好一壶工夫茶，须注意水质、水温、茶量与茶具等要素。水质，必须选用清新的软水（含矿物质较少者），切忌用硬水。水温，随不同茶叶的冲泡而有所不同。对大部分的茶种而言，以接近 100 ℃冲泡为宜，但绿茶类及轻发酵茶类则水温不宜过高，通常不宜超过 90 ℃。茶量，亦因不同的茶种而异，从茶壶容量的 1/4 到 3/4 均有可能。泡后约 1 分钟倒出饮用，但因茶而异，再次冲泡时间则须相对延长。至于茶具，以紫砂陶壶最佳，茶壶大小配以适宜的茶杯，杯内以白色较佳，以便于判辨汤色。除此之外，一场完整的茶艺表演还包含活煮甘泉、孔雀开屏（介绍茶具）、叶嘉酬宾（介绍茶叶）、孟臣沐淋（用沸水冲壶，提高壶温）、高山流水（烫洗品茗杯）、百丈飞瀑（用沸水冲洗茶叶，使其翻滚）、悬壶高冲、凤凰三点头（用三起三落的手法将水注满）、二探兰芷、尽杯谢茶等，极具观赏性和艺术性，如图 13-21 所示。

图 13-21 茶艺

第四节 酒文化

中华优秀酒文化源远流长。中国科学院自然科学史研究所 2015 年 1 月发布的 85 项“中国古代重要科技发明创造”中明确指出，“含酒精饮料的酿造”位列技术发明类项目中的第四位，距今约有 8 000 年。中华优秀酒文化既以啤酒、白酒等不同类型的酒的形式呈现，还以古人诗词歌赋中透露出的与酒相关的洒脱、释怀的心理情绪表达的形式出现。中华优秀酒文化在长期的历史发展中已经形成了具有丰富内涵的文化形态。

一、酒与文学

明代杨慎《临江仙 · 滚滚长江东逝水》中有：“一壶浊酒喜相逢，古今多少事，都付谈笑中。”

《三国演义》中也有“曹操煮酒论英雄”“关云长温酒斩华雄”等精彩篇章。《红楼梦》的作者曹雪芹性格傲岸、愤世嫉俗、豪放不羁、才气纵横，一生“嗜酒”。《水浒传》更是一部渗透了中华优秀酒文化的文学作品，如第二十二回“景阳冈武松打虎”的“三碗不过岗”、第二十九回“武松醉打蒋门神”。酒也是唐宋诗词中出现频率最高的意象。如李清照《如梦令·常记溪亭日暮》中写道：“常记溪亭日暮，沉醉不知归路，兴尽晚回舟，误入藕花深处。争渡，争渡，惊起一滩鸥鹭。”《如梦令·昨夜雨疏风骤》中写道：“昨夜雨疏风骤，浓睡不消残酒。试问卷帘人，却道海棠依旧。知否，知否？应是绿肥红瘦。”此外，最善于借酒抒情和写酒的诗人当然是诗仙李白，他风流倜傥、洒脱不羁、气势豪放，一生与酒为伴，写出了“鲁酒不可醉，齐歌空复情。思君若汶水，浩荡寄南征”等千古佳作。

二、酒与礼仪

中华民族在漫长的历史发展中，建构起了十分成熟的伦理道德价值体系。在此影响之下，中国人形成了尊敬年长者、贤能者、辈高者及位高者的心理习惯，因此，在酒桌上安排座次时，以年长者、辈高者、位高者为尊，尊者居主座，在饮酒的过程中也把对饮酒者的尊重放在最重要的位置上。圆桌的座次安排以面朝门口为尊，若房间内没有面朝门口的位置则面向东方为尊。在酒桌上，敬酒时要举杯，举杯要齐眉，碰杯时杯子应略低于对方。俗话说：“来而不往非礼也。”主人对宾客的敬酒、劝酒体现了其对宾客的尊敬和热情。宾客应邀出席酒宴，得到主人的热情招待，也应该对主人表示感谢，因此在主人敬酒之后，宾客要回敬，礼节与敬酒相同。如果因身体状况或其他因素所限不能饮酒，可找人代饮。代饮这种方式既照顾了敬酒人的面子，让其发出的邀请不被直接拒绝；又照顾了被敬酒人的面子，避免暴露其生理或其他方面的缺陷。酒桌上的点点滴滴都是中国传统礼仪文化的一部分，都蕴含着更深层次的文化内涵。透过礼仪的表面，可以窥探到中华民族人文世界的方方面面。

美的体验

1. 课外阅读

阅读《一食一味》《寻味》等美食类书籍，体验中华饮食之美，并将所思所悟提交到云教学平台上。

2. 实践体验

自己动手制作一道菜品，在制作过程中体现出烹调美、名字美、色彩美、口味美、造型美等审美特征，并与家人或同学一同分享。

3. 思维拓展

当今社会，人们生活节奏加快，快餐、外卖等饮食方式已成为年轻人最青睐的选择，如何在这个“快餐时代”传承烹饪技艺，领略工匠精神？说说你的想法。

参考文献

[1] 宗白华. 艺境[M]. 北京：北京大学出版社，1987.
[2] 李泽厚. 美的历程[M]. 北京：生活·读书·新知三联书店，2017.
[3] 张玉花，王树良. 艺术学基础知识精要[M]. 重庆：重庆大学出版社，2012.
[4] 朱向前. 诗史合一：另解文化巨人毛泽东[M]. 长沙：湖南文艺出版社，2015.
[5] 王国维. 宋元戏曲史[M]. 北京：团结出版社，2006.
[6] 高居翰. 图说中国绘画史[M]. 李渝，译. 北京：生活·读书·新知三联书店，2014.
[7] 杨琪. 你能读懂的中国美术史[M]. 北京：中华书局，2011.
[8] 申睿，倪晶晶. 大学生美育[M]. 北京：高等教育出版社，2017.
[9] 徐江，邓河. 环艺雕塑设计与制作[M]. 北京：机械工业出版社，2012.
[10] 彭泽立，李莹波. 书法艺术[M]. 长沙：湖南大学出版社，2010.
[11] 张建. 中国传统文化[M]. 2 版 . 北京：高等教育出版社，2014.
[12] 张建. 大学美育[M]. 北京：高等教育出版社，2017.
[13] 黄士龙. 中西服饰史[M]. 3 版. 上海：东华大学出版社，2019.
[14] 张志春. 中国服饰文化[M]. 2 版. 北京：中国纺织出版社，2009.
[15] 尉民. 大学美育[M]. 长沙：湖南大学出版社，2022.
[16] 唐秀华，李洪彬，季翠兰. 中职美育[M]. 北京：航空工业出版社，2019.
[17] 张运贵. 试论中国饮食的审美特征[J]. 民族艺术研究，1995(2)：50-59.